Betreuung Volljähriger: Hilfe oder Eingriff

D1866209

UNTERSUCHUNG DES FACHBEREICHS RECHTSPFLEGE DER NIEDERSÄCHSISCHEN FACHHOCHSCHULE FÜR VERWALTUNG UND RECHTSPFLEGE HILDESHEIM

Gefördert durch
den Verein der Freunde des Fachbereichs Rechtspflege
der Niedersächsischen Fachhochschule
für Verwaltung und Rechtspflege e.V.
und den Bund Deutscher Rechtspfleger
- Landesverband Niedersachsen -

Schriften zur
Freiwilligen Gerichtsbarkeit

Karl-Dieter Pardey

Betreuung Volljähriger: Hilfe oder Eingriff

- Anspruch und Leistungsfähigkeit des Betreuungsrechts im Lichte des Grundgesetzes -

EHV

Dr. Karl-Dieter Pardey
Vors. Richter am Landgericht Braunschweig,
Fachhochschullehrer an der Nds. Fachhochschule
für Verwaltung und Rechtspflege,
Fachbereich Rechtspflege
in Hildesheim

CIP-Kurztitelaufnahme der Deutschen Bibliothek

Pardey, Karl-Dieter:

Betreuung Volljähriger: Hilfe oder Eingriff: Anspruch und Leistungsfähigkeit des Betreuungsrechts im Lichte des Grundgesetzes. Karl-Dieter Pardey - Sarstedt: Haferland, 1989
(Schriften der freiwilligen Gerichtsbarkeit)
ISBN 3-923194-11-0

Das Werk einschließlich aller seiner Teile ist urheberrechtlich geschützt. Jede Verwertung außerhalb der engen Grenzen des Urheberrechtgesetzes ist ohne Zustimmung des Verlages unzulässig. Das gilt insbesondere für Vervielfältigungen, Mikroverfilmungen, Übersetzungen und die Einspeicherung und Verarbeitung in elektronischen Systemen.

Verlag: EHV Elisabeth Haferland Verlag . 3203 Sarstedt

Vorwort

Bei dem ersten Kontakt mit den Diskussionsentwürfen zum Betreuungsrecht mußte Begeisterung entstehen. Endlich wurden neue Wege aus dem festgefahrenen Vormundschafts- und Pflegschaftsrecht für Volljährige aufgezeigt. Je weiter die Diskussion fortschritt, je intensiver die Beschäftigung mit den vorgeschlagenen Einzelregelungen wurde, desto mehr entstand der Eindruck, es könnte sich doch nur um (geschickt verpackte) "neue Kleider des Kaisers" handeln. Der Versuch, die Vorschläge an der Verfassung zu messen, verweist auf deutliche Grenzen unterhalb des Reformanspruchs. Die Reform, ihr Anliegen, ist zu wichtig, als daß zugewartet werden darf, ob das Bundesverfassungsgericht das "flexible" neue Recht tolerieren wird. Der Gefahr der Kassation sollte in der Diskussion ebenso begegnet werden wie überspannten Hoffnungen an die Inhalte dieser Reform. Die erforderliche verfassungskonforme Auslegung reduziert viele der beabsichtigten Neuerungen auf bloße Variationen des geltenden Rechts. Manche erforderliche Bestimmung hat bisher noch überhaupt keine Kontur erhalten.

Hildesheim, im März 1989

Karl-Dieter Pardey

Inhaltsverzeichnis

L i t e r a t u r v e r z e i c h n i s

Alternativkommentar — Kommentar zum Bürgerlichen Gesetzbuch in sechs Bänden, 1979 ff (zit.: AK-BGB/Bearbeiter)
Kommentar zum Grundgesetz für die Bundesrepublik Deutschland, 1984 (zit.: AK-GG/Bearbeiter)

Barby v., Hanno — Der Anspruch auf Erlaß einer Rechtsverordnung, NJW 1989, 80

Baumbach/Lauterbach/Albers/Hartmann — Zivilprozeßordnung mit Gerichtsverfassungsgesetz und anderen Nebengesetzen, 47. Aufl., 1989 (zit.: Baumbach/Bearbeiter)

In der Beeck/Wuttke — Geistige Gebrechlichkeit und § 1910 BGB, NJW 1968, 1165

dies. — "Geistesschwäche" und § 681 ZPO, NJW 1968, 2268

Betreuungsgesetz
- Diskussions-Teilentwurf Gesetz über die Betreuung Volljähriger Hrsg. vom Bundesminister der Justiz 1987 (zit.: BtG-DiskE I; Paginierung gem. Ausgabe Bundesanzeiger) und 1988 (zit.: BtG-DiskE II; Paginierung gem. Umdruck BMJ)
- Referentenentwurf vom 2.11.1988 (zit.: BtG-RefE)
- Bundesratsvorlage (BR-Drucksache 59/89; zit.: BtG/BR-E)

Bienwald, Werner — Vormundschafts- und Pflegschaftsrecht in der sozialen Arbeit, 2. Aufl., 1987 (zit.: Bienwald, Vormundschafts- und Pflegschaftsrecht)

ders. — Empfiehlt es sich, die gesetzlichen Regelungen über Vormundschaft und Pflegschaft in der Bundesrepublik Deutschland grundlegend zu ändern?, in Große Schriftenreihe/Bundesvereinigung Lebenshilfe für Geistig Behinderte Bd. 13, 1986 (zit.: Bienwald in Beiträge)

ders.	Zur Notwendigkeit und Umfang einer Reform des Vormundschafts- und Pflegschaftsrechts, FamRZ 1987, 533
ders.	Reform des Vormundschaftsrechts und Rechtstatsachenforschung, FamRZ 1987, 1000
ders.	Zum "Diskussions-Teilentwurf eines Gesetzes über die Betreuung Volljähriger (Betreuungsgesetz-BtG)", FamRZ 1988, 902 und 1012
Birkenfeld, Wolfram	Rechnungslegung und Rechnungsprüfung in Vormundschafts- und Nachlaßsachen, FamRZ 1976, 197
Bittmann, Folker	Vollstreckung zur Herausgabe eines Kindes, DGVZ 1987, 134
Bobenhausen, Dieter	Entschädigung für Vormund und Pfleger, Rpfleger 1985, 426
ders.	Feststellung der Geschäftsunfähigkeit im Tenor der Anordnung der Gebrechlichkeitspflegschaft, Rpfleger 1986, 248
ders.	Entschädigung des Berufsvormunds, Rpfleger 1988, 175
Böckenförde, Ernst-Wolfgang	Grundrechtstheorie und Grundrechtsinterpretation, NJW 1974, 1529
ders.	Die Methoden der Verfassungsinterpretation Bestandsaufnahme und Kritik, NJW 1976, 2089
Bonner Kommentar	Kommentar zum Bonner Grundgesetz 1950 ff (zit.: Bearbeiter in BK)
Brehm, Wolfgang	Freiwillige Gerichtsbarkeit, 1988
Brimer, Dr. A.	Zum Diskussionsteilentwurf der Bundesregierung zum Gesetz über die Betreuung Volljähriger (BtG), DRiZ 1988, 376
Bruder, Jens	Empfiehlt es sich, das Entmündigungsrecht, das Recht der Vormundschaft und der Pflegschaft über Erwachsene sowie das Unterbringungsrecht neu zu ordnen?, Gutachten für den 57. DJT 1988
Bund Deutscher Rechtspfleger	Neues Betreuungsrecht - Reform nur auf dem Papier?, RpflBl. 1988, 49

Bundesminister der Justiz — Informationen des, Reform des Entmündigungs-, Vormundschafts- und Pflegschaftsrechts, Recht Nr. 6, 1988

Bundesvereinigung Lebenshilfe für geistig Behinderte e.V. — Positionspapier zur Frage der Schwangerschaftsverhütung bei Menschen mit geistiger Behinderung (zit.: Positionspapier Lebenshilfe)

Burckhardt, Klaus — Aufbruch zum Umdenken, DRiZ 1989, 34

ders. — Das Argwohn-Prinzip, DRiZ 1988, 346

Bürgle, Helmut — Auf dem Weg zu einem neuen Betreuungsrecht, NJW 1988, 1881

Canaris, Claus-Wilhelm — Verstöße gegen das verfassungsrechtliche Übermaßverbot im Recht der Geschäftsfähigkeit und im Schadensersatzrecht, JZ 1987, 993

ders. — Zur Problematik von Privatrecht und verfassungsrechtlichem Übermaßverbot, JZ 1988, 494

Clasen, Hannelore — Zur emotionalen Situation zwischen Generationen, ZfJ 1986, 546

Coester, Michael — Das Kindeswohl als Rechtsbegriff, 1983

van Delden, Gerrit — Fehlender Rechtsschutz in Entmündigungsverfahren, ZRP 1979, 34

Deutscher Juristentag, 57. — Beschlüsse der Abteilung Vormundschaftsrecht, NJW 1988, 2999

Deutscher Richterbund — DRB begrüßt Reform des Vormundschaftsrechts, DRiZ 1988, 427

Deutscher Verein für öffentliche und private Fürsorge — Stellungnahme zur Weiterentwicklung des Vormundschafts- und Pflegschaftsrechts für Volljährige, NDV 1986, 225

Deutsches Institut für Vormundschaftswesen — Gebrechlichkeitspflegschaft: Aufenthaltsbestimmung und Vermögenssorge, Abgrenzungsfragen, Personensorge/Vermögenssorge, Gutachten vom 5.5.1988, DAVorm 1988, 601 dass. Reform des Entmündigungs-, Vormundschafts- und Pflegschaftsrechts, DAVorm 1989, 121

Diamand, Werner Vorläufige Vormundschaft und Gebrechlichkeitspflegschaft als Ersatzformen der Entmündigung, 1931

Dieck/Naegele (Hrsg.) Sozialpolitik für ältere Menschen, Altersforschung für die Praxis Bd. 1, 1978 (zit: Bearbeiter in Dieck/Naegele)

Dieckmann, Albrecht Empfiehlt es sich, das Entmündigungsrecht, das Recht der Vormundschaft und der Pflegschaft über Erwachsene und das Unterbringungsrecht neu zu ordnen?, JZ 1988, 789

Diederichsen, Uwe Zur Reform des Eltern-Kind-Verhältnisses, FamRZ 1978, 461

ders. Juristische Voraussetzungen in: Psychiatrische Begutachtung. E. prakt. Handbuch für Ärzte u. Juristen. Hrsg. von Ulrich Venzlaff, 1986

ders. Zur Reform des Vormundschafts- und Entmündigungsrechts in der Bundesrepublik Deutschland, in Festschrift für Keller (1989) S. 3

Dörner/Plog Irren ist menschlich - Lehrbuch der Psychiatrie/Psychotherapie, 3. Aufl., 1986

Dörr, Dieter Die neuere Rechtsprechung des Bundesverfassungsgerichts zur Eigentumsgarantie des Art. 14 GG, NJW 1988, 1049

Dreher/Tröndle Strafgesetzbuch und Nebengesetze, 44. Aufl., 1988

Dunz, Walter Grundrecht und Bevormundung, JZ 1960, 475

Dürr, Erwin Persönliche Hilfen und rechtlicher Schutz, ZRP 1983, 273

van Els, Hans Ein Vormundschaftsrichter für alte und/oder behinderte Volljährige, DAVorm 1988, 201

Engelhard, Hans A. Ansprache in der Eröffnungssitzung des 57. DJT, Bd. II, Sitzungsberichte, Teil H, 1988

Erman — Handkommentar zum Bürgerlichen Gesetzbuch, 7. Aufl., 1981

Fieseler/Herborth — Recht der Familie und Jugendhilfe, 1985

Finger, Peter — Die Sterilisation geistig Behinderter und § 1905 BGB i.d.F. des BtG, DAVorm 1989, 11

Foerster, Klaus — Der psychiatrische Sachverständige zwischen Norm und Empirie, NJW 1983, 2049

Frowein, Jochen Abr. — Die Versammlungsfreiheit vor dem Bundesverfassungsgericht, NJW 1985, 2376

Gassner, Erich — Die Situationsgebundenheit des Grundeigentums und das Gesetz, NVwZ 1982, 165

Gaßner, Otto — Sittenwidrigkeit eines Ratenkreditvertrages durch Verstoß gegen die ZPO?, NJW 1988, 1131

Geck, Wilhelm Karl — Zum Versammlungsbegriff des Art. 8 GG, DVBl. 1980, 797

Gephart, Wolfgang — Sozialpsychiatrische Beratungsstellen im Spannungsfeld von Eingriffsverwaltung und Therapie, dargestellt am Beispiel der Gebrechlichkeitspflegschaft in Psychiatrie in Hannover, H. Haselbeck u.a., 1987, S. 128 ff

Gernhuber, Joachim — Lehrbuch des Familienrechts, 3. Aufl., 1980 (zit.: Gernhuber, FamR)

ders. — Kindeswohl und Elternwille, FamRZ 1973, 229

ders. — Der Senior und sein Zwangsvermögenspfleger, FamRZ 1976, 189

Gick, Dietmar — Freiheit und Grundgesetz, JuS 1988, 585

Göppinger, Horst — Betrachtungen zur Unterbringung psychisch Kranker, FamRZ 1980, 856

Görlich, Wolfgang — Das Gebot staatlicher Familienfürsorge im Steuerrecht, NJW 1979, 1575

Görner, Gerold — 59. Konferenz der Justizminister und -senatoren, DRiZ 1988, 455

Götz, Volkmar — Allgemeines Polizei- und Ordnungsrecht, 1. Aufl. 1970, 9. Aufl. 1988

Grabitz, Eberhard — Der Grundsatz der Verhältnismäßigkeit in der Rechtsprechung des Bundesverfassungsgerichts, AöR 98, 568

Gusy, Christoph — Der Gleichheitssatz, NJW 1988, 2505

Haverkate, Görg — Gesetzesgestaltung und Rechtsanwendung im Leistungsrecht, NVwZ 1988, 769

Heinen, Bert — Die Berufung der Eltern Volljähriger zum Vormund und Pfleger, ZfJ 1984, 511

Heldrich, Andreas — Die Betreuung behinderter Volljähriger durch Bestellung eines Repräsentanten oder Beistands in Frankreich, Belgien, der Schweiz und England, in Gutachten zu einer Reform des Entmündigungs-, des Vormundschafts- und des Pflegschaftsrechts, hrsg. vom Bundesminister der Justiz 1985

Helle, Jürgen — Zwangsbefugnisse des Vormundes Erwachsener, FamRZ 1984, 639

ders. — Freiheitsentziehung bei der Unterbringung Minderjähriger, ZfG 1986, 40

ders. — Zur Kompetenz des Landesgesetzgebers im Vormundschaftsrecht, JR 1986, 180

ders. — Die Heilbehandlung des untergebrachten psychisch Kranken, MedR 1987, 65

ders. — Freiheitsbeschränkende Zwangsmaßnahmen gegenüber untergebrachten psychisch Kranken, MedR 1989, 7

Hellmann, Ulrich — Gesetzliche Regelungen des Rechtsschutzes geistig behinderter Menschen in der DDR, den Niederlanden, Frankreich und England, in Große Schriftenreihe/Bundesvereinigung Lebenshilfe für Geistig Behinderte Bd. 13, 1986

Hendel, Dieter — Die Gebrechlichkeitspflegschaft - eine taugliche Ersatzform für die Entmündigung?, FamRZ 1982, 1058

Hertwig, Stefan — Verfassungsrechtliche Determinanten des Minderjährigenschutzes, FamRZ 1987, 124

Hesse, Konrad — Grundzüge des Verfassungsrechts der Bundesrepublik Deutschland, 16. Aufl., 1988

Hohm, Karl-Heinz — Grundrechtsträgerschaft und "Grundrechtsmündigkeit" Minderjähriger am Beispiel öffentlicher Heimerziehung, NJW 1986, 3107

Holzhauer, Heinz — Empfiehlt es sich, das Entmündigungsrecht, das Recht der Vormundschaft und der Pflegschaft über Erwachsene sowie das Unterbringungsrecht neu zu ordnen?, Gutachten für den 57. DJT 1988

Hopf, Gerhard — Das österreichische Sachwalterrecht, in Große Schriftenreihe/Bundesvereinigung Lebenshilfe für Geistig Behinderte Bd. 13, 1986

ders. — Referat in der Abt. Vormundschaftsrecht: Empfiehlt es sich, das Entmündigungsrecht, das Recht der Vormundschaft und der Pflegschaft über Erwachsene sowie das Unterbringungsrecht neu zu ordnen?, 57. DJT 1988 (Sitzungsberichte 1989)

Husmann, J.H. — Zwangspflegschaft, fingierte Prozeßunfähigkeit und Grundgesetz im beamtenrechtlichen Zurruhesetzungsverfahren, DÖD 1974, 145

Karpen, Ulrich — Gesetzesgestaltung und Gesetzesanwendung im Leistungsrecht, NJW 1988, 2512

Keidel/Kuntze/Winkler — Freiwillige Gerichtsbarkeit (Teil A), 12. Aufl., 1987 (zit.: Keidel/Bearbeiter)

Kemper, Roland — Zur Neuregelung von Entmündigung, Vormundschaft und Pflegschaft, DAVorm 1987, 417

Kokott, Erika — Mein Eindruck vom 1. Vormundschaftsgerichtstag (VGT) in Bad Bevensen, DAVorm 1989, 113

Krause, Peter — Empfiehlt es sich, soziale Pflege- und Betreuungsverhältnisse gesetzlich zu regeln?, Gutachten für den 52. DJT, 1978

Lachwitz, Klaus — Das Vormundschaftsrecht ist veraltet, ZRP 1987, 364

Langelüddeke, Albrecht — Gerichtliche Psychiatrie, 3. Aufl., 1971

Langelüddeke/Bresser — Gerichtliche Psychiatrie, 4. Aufl., 1976

Lehr, Ursula — Gebrechlichkeitspflegschaft - ein Diskussionsbeitrag aus altenpsychologischer Sicht, FamRZ 1982, 1169

Leibholz/Rinck — Grundgesetz für die Bundesrepublik Deutschland, Kommentar anhand der Rechtsprechung des Bundesverfassungsgerichts, 6. Aufl., 1979 ff

Leister, Christian — Gedanken eines Amtsrichters zur Neuregelung von Entmündigung, Vormundschaft und Pflegschaft, DAVorm 1987, 297

Lempp, Dietrich — Zur Neuregelung des Rechts der Entmündigung und der Vormundschaft und Pflegschaft, FamRZ 1987, 766

ders. — Diskussionsentwurf eines Gesetzes über die Betreuung Volljähriger, DAVorm 1988, 573

Lempp, Reinhart — Das Persönlichkeitsrecht geistig behinderter Menschen, in Große Schriftenreihe/Bundesvereinigung Lebenshilfe für Geistig Behinderte Bd. 13, 1986

Lepa, Manfred — Der Inhalt der Grundrechte, 5. Aufl., 1985

Loschelder, Wolfgang — Staatlicher Schutz für Ehe und Familie, FamRZ 1988, 333

Maaß, Rainald — Die neuere Rechtsprechung des BVerfG zum allgemeinen Gleichheitssatz - Ein Neuansatz?, NVwZ 1988, 14

Mahnkopf, Ulrike — Begrüßungsansprache zum Ersten Vormundschaftsgerichtstag 1988, Betrifft Justiz 1988, 360

Martens, Joachim — Grundrechtsausübung als Spiel ohne Grenzen?, NJW 1987, 2561

Maunz/Dürig/Herzog/Scholz — Grundgesetz, Kommentar 1987 (zit.: Bearbeiter in Maunz/Dürig)

Max-Planck-Institut für ausländisches und internationales Privatrecht, Hamburg	Die Vormundschaft und Pflegschaft im niederländischen Recht, in Gutachten zu einer Reform des Entmündigungs-, des Vormundschafts- und des Pflegschaftsrechts, hrsg. vom Bundesminister der Justiz 1985
Mende, Werner	Psychiatrische Implikationen zur Vorbereitung einer Neuordnung des Rechts der Endmündigung, der Vormundschaft und Pflegschaft für geistig Behinderte sowie der Unterbringung nach Bürgerlichem Recht, in Gutachten zu einer Reform des Entmündigungs-, des Vormundschafts- und des Pflegschaftsrechts, hrsg. vom Bundesminister der Justiz 1985
Model/Müller	Grundgesetz für die Bundesrepublik Deutschland, 10. Aufl., 1987
Möhring, Oskar	Vermögensverwaltung in Vormundschafts- und Nachlaßsachen, 6. Aufl., 1981
Morvilius, Theodor	Die Aufgabenverteilung in Betreuungssachen - "Entmündigung" des Rechtspflegers?, RpflBl. 1988, 17
Moser, Hans	Humane Gebrechlichkeitspflegschaft, Rpfleger 1984, 45
Mugdan, Benno	Die gesamten Materialien zum Bürgerlichen Recht für das Deutsche Reich, Bd. I, 1899 (Neudruck 1979)
von Münch, Ingo (Hrsg.)	Grundgesetz-Kommentar, 3. Aufl., 1985 (zit.: Bearbeiter in v. Münch, GGK)
Münchener Kommentar	Münchener Kommentar zum Bürgerlichen Gesetzbuch, 1978, Bde. 1 und 5: 2. Aufl., 1984 und 1987 (zit.: MünchKomm/Bearbeiter)
Münder, Johannes	Familien- und Jugendrecht, 2. Aufl., 1985
ders. (Mitverf.)	Frankfurter Kommentar zum Gesetz für Jugendwohlfahrt, 4. Aufl., 1988 (zit.: Münder, JWG)

Neumann, Volker	Freiheitssicherung und Fürsorge im Unterbringungsrecht, NJW 1982, 2588
Oberloskamp, Helga	Mehr Einzelvormünder/Einzelpfleger statt Amtsvormünder/Amtspfleger?, FamRZ 1988, 7
Ossenbühl, Fritz	Die Interpretation der Grundrechte in der Rechtsprechung des Bundesverfassungsgerichts, NJW 1976, 2100
Paehler, Hans-Hermann	Gedanken zu einem neuen Entmündigungsrecht, DRiZ 1987, 54
Palandt	Bürgerliches Gesetzbuch, 48. Aufl., 1989 (zit.: Palandt/Bearbeiter)
Pardey, Karl-Dieter	Vormundschaft und Pflegschaft, 1988
ders.	Verfassungsrechtliche Rahmenbedingungen einer gesetzlichen Neuregelung der bürgerlich-rechtlichen Betreuung Volljähriger, Diss. Göttingen 1988 (zit.: Pardey Verf.rechtl. Rahmenbedingungen)
ders.	Vermeidung von Diskriminierung durch Verzicht auf Begriffsbildung, Rpfleger 1987, 402
ders.	Gesetzlich Vertretene als Erben eines Kaufmannes oder Komplementärs, FamRZ 1988, 460
ders.	Betreuung für Volljährige, ZRP 1988, 330
ders.	Wider die Formulare zur Bestimmung von Aufgabenkreisen, Rpfleger 1988, 451
ders.	Informationelles Selbstbestimmungsrecht und Akteneinsicht, demnächst in NJW 1989
Ramm, Thilo	Drittwirkung und Übermaßverbot, JZ 1988, 489
Rasehorn, Theo	Zur Reform des Vormundschafts- und Pflegschaftswesens, Recht und Politik 1988, 57
RGRK	Das Bürgerliche Gesetzbuch mit besonderer Berücksichtigung der Rechtsprechung des Reichsgerichts und des Bundesgerichtshofes, 12. Aufl., 1974 ff

Reis, Hans | Sterilisation einsichtsunfähiger Menschen aus verfassungsrechtlicher Sicht, in Große Schriftenreihe/Bundesvereinigung Lebenshilfe für Geistig Behinderte Bd. 18, 1987 (zit.: Reis)

ders. | Sterilisation bei mangelnder Einwilligungsfähigkeit, ZRP 1988, 318

Rink/Bauer | Richterliche Erfahrungen mit den Grundsätzen des neuen Betreuungsrechtes in der Praxis des geltenden Pflegschafts-/Entmündigungsrechtes, FamRZ 1988, 1229

Rink, Jürgen | Einheitsentscheidung im Betreuungsrecht in Rpfleger 1989, 14

Saldeen/Westmann | Grundzüge und Probleme des schwedischen Vormundschaftsrechts (übersetzt von Dopffel, Peter), in Gutachten zu einer Reform des Entmündigungs-, des Vormundschafts- und des Pflegschaftsrechts, hrsg. vom Bundesminister der Justiz 1985

Sandfort, Lothar | Hoffnung und Bedrohung, Die Randschau 1987, Nr. 6, S. 7

Schach, Hans-Jürgen | Reform des Vormundschaftsrechts?, DAVorm 1988, 211

ders. | Ist in Zukunft der Hauptgemeindebeamte Oberbetreuer?, DAVorm 1989, 123

Schmidt, Karsten | Gesetzliche Vertretung und Minderjährigenschutz im Unternehmensprivatrecht, BB 1986, 1238

Schmidt-Bleibtreu/Klein | Kommentar zum Grundgesetz für die Bundesrepublik Deutschland, 6. Aufl., 1983

Schnapp, Friedrich E. | Die Verhältnismäßigkeit des Grundrechtseingriffs, JuS 1983, 850

Scholz, Rupert | Rechtsfrieden im Rechtsstaat, NJW 1983, 705

Schönke/Schröder | Strafgesetzbuch, Kommentar, 23. Aufl. 1988 (zit.: Schönke/Bearbeiter)

Schulte, Bernd	Reformvorstellungen unter besonderer Berücksichtigung der ausländischen Regelungen und Erfahrungen, in Große Schriftenreihe/Bundesvereinigung Lebenshilfe für Geistig Behinderte Bd. 13, 1986
ders.	Anmerkungen zur Reform des Entmündigungs-, Vormundschafts- und Pflegschaftsrechts, ZRP 1986, 249
Schulz von Thun, Friedemann	Miteinander reden: Störungen und Klärungen - Psychologie der zwischenmenschlichen Kommunikation, 65 - 75 Tsd., 1986
Schumacher, Ulrich	Zur Bedeutung und Bewertung von Gebrechlichkeitspflegschaften, oder Wie die Justizverwaltung verfassungswidrige Verfahrensweisen provoziert, Betrifft Justiz 1987, 154
ders.	Hypertrophie der Verfahrensgarantien im Betreuungsgesetz-Entwurf?, ZRP 1989, 7
Schumacher/Jürgens	Anmerkungen zum Betreuungsgesetzentwurf, Recht und Psychiatrie 2/88, 2
Schütz, Harald	Mehr Rechte für das Kind - Fluch oder Segen für die Erziehung?, NJW 1987, 2563
Schwab, Dieter	Referat in der Abt. Vormundschaftsrecht: Empfiehlt es sich, das Entmündigungsrecht, das Recht der Vormundschaft und der Pflegschaft über Erwachsene sowie das Unterbringungsrecht neu zu ordnen?, 57. DJT 1988 (Sitzungsberichte 1989)
Schwerd, Wolfgang (Hrsg.)	Kurzgefaßtes Lehrbuch der Rechtsmedizin für Mediziner und Juristen, 3. Aufl., 1979
Simitis, Spiros	Konsequenzen des Volkszählungsurteils: Ende der Übergangsfrist, NJW 1989, 21
Soergel/Siebert	Bürgerliches Gesetzbuch mit Einführungsgesetz und Nebengesetzen, 11. Aufl., 1978 ff; Bd. 1 (1988) und Bd. 8 (1987): 12. Aufl. (zit.: Soergel/Bearbeiter)

Spiegel-Report — "über die westdeutschen Alten- und Pflegeheime: Da verliert der Mensch seinen Schatten", Spiegel Nr. 41 vom 10.10.1988, S. 104 ff

Städtetag Nordrhein-Westfalen — Stärkung des ehrenamtlichen Elements im Bereich der Erwachsenenvormundschaft, DAVorm 1988, 207

Starck, Christian — Die Grundrechte des Grundgesetzes, JuS 1981, 237

Staudinger — Kommentar zum Bürgerlichen Gesetzbuch mit Einführungsgesetz und Nebengesetzen, 12. Aufl., 1979 ff
(zit.: Staudinger/Bearbeiter)

Stein/Jonas — Kommentar zur Zivilprozeßordnung, 19. Aufl. (Bd. II), 1972
(zit.: Stein/Jonas/Bearbeiter)

Stöcker, Hans A. — Empfiehlt es sich, das Rechtsinstitut der Entmündigung ersatzlos abzuschaffen?, DAVorm 1982, 719

Täschner, Karl-Ludwig — Forensisch-psychiatrische Probleme bei der Beurteilung von Drogenkonsumenten, NJW 1984, 638

Trompisch, Heinz — Praxisbericht über erste Erfahrungen mit dem neuen Sachwalterrecht, in
Große Schriftenreihe/Bundesvereinigung Lebenshilfe für Geistig Behinderte Bd. 13, 1986

Unruh, Trude — Voraussetzungen für ein funktionierendes "Beistandswesen", Grauer Panther 1988/1

Verband evangelischer Einrichtungen für Geistig und Seelisch Behinderte e.V. — Persönliche Hilfen und rechtlicher Schutz, 1982
(zit.: Verband ev. Einr.)

Vormundschaftsgerichtstag, 1. — Diskussionsergebnis der Arbeitskreise, DAVorm 1989, 113

Waldner, Wolfram — Der Rechtsschutz im Entmündigungsverfahren, NJW 1982, 316

Wendt, Rudolf — Der Garantiegehalt der Grundrechte und das Übermaßverbot, AöR 104, 414 ders. — Der Gleichheitssatz, NVwZ 1988, 778

Wesche, Otto — Neues Betreuungsrecht erfordert neuen Betreuungspfleger, oder: Gedanken zu Zuständigkeitsfragen im neuen Betreuungsrecht, DAVorm 1988, 499

ders. — Neuregelung des Betreuungsrechts, Rpfleger 1988, 227

Wienand, Manfred — "Zwangs-Gebrechlichkeitspflegschaft" - persönliche Hilfe oder faktische Entmündigung?, NDV 1987, 91

Wieser, Eberhard — Verstößt § 105 BGB gegen das verfassungsrechtliche Übermaßverbot, JZ 1988, 493

Winterstein, Peter — Der 57. Deutsche Juristentag, Abteilung Vormundschaftsrecht, JZ 1989, 32

Wolf, Alfred — Personenbezogene Entscheidungen im Diskussionsentwurf eines Betreuungsgesetzes, ZRP 1988, 313

Wolf, Manfred — Gerichtsverfassungsrecht aller Verfahrenszweige, 6. Aufl., 1987

Zentrale des Sozialdienstes Katholischer Männer e.V. — Vormundschafts- und Pflegschaftsarbeit im Sozialdienst Katholischer Männer, 1988

dies. — Aktuelle Beiträge - Zur Reform des Entmündigungs-, Vormundschafts- und Pflegschaftsrechts 2, 1988

Zenz/von Eicken/Ernst/Hofmann — Vormundschaft und Pflegschaft für Volljährige, 1987
- mit Zusammenstellung der veröffentlichten Rechtsprechung und Literatur bis Juli 1986
Zum deutschen Recht: S. 125 ff
Zum österreich. Sachwalterrecht: S. 145 ff -
(zit.: Zenz u.a.)

Zuck, Rüdiger — Befangenheit als Fehlerquelle für ein faires Verfahren, DRiZ 1988, 172

1. Einleitung

1.1. Betreuungsrecht und Verfassung

Das Entmündigungs-, Vormundschafts- und Pflegschaftsrecht (für Volljährige) soll reformiert werden. Ziel der Neuregelung ist insbesondere die Abschaffung von Diskriminierung und eine Verbesserung der Rechtsstellung der Betroffenen. "Unnötige Entrechtungen sollen abgeschafft und individuelle Freiheitsrechte soweit wie möglich erhalten bleiben"[1]. Dabei kann sich leicht ein Grundwiderspruch ergeben. "Dem Fürsorgedenken ist die leidige Konsequenz zu eigen, die Selbstbestimmung dessen, für den gesorgt werden soll, aus dem Blickfeld zu rücken"[2]. Dies fordert auf, sich mit den betroffenen Grundrechten, insbesondere auch den Freiheitsrechten näher zu beschäftigen. Obwohl mehr Freiheit als Ziel angesprochen wird, ist eine derartige Diskussion bisher nur in Ansätzen erkennbar[3]. Juristen, die diese Thematik aufgreifen[4], sind als contraproduktiv bezeichnet worden. In den Diskussionen auf dem 1. Vormundschaftsgerichtstag ist angeklungen, Juristen sähen nur die Rechte und vergäßen darüber die Hilfe[5]. Die Diskussion über die Grundrechte ist noch nicht abgeschlossen. Im Gegenteil gilt es, sie zunächst

---

1) BMJ-Information Recht 6/1988, S. 103; BtG/BR-E S. 2/3.

2) Neumann NJW 1982, 2590.

3) Vgl. Finger DAVorm 1989 11, 32 bei Fn. 93 (zu der in das BtG integrierten Frage der <Neu->Regelung einer Sterilisation).

4) Ansatzweise z.B. Mahnkopf in der Begrüßungsansprache zum 1. VGT, Betrifft Justiz 1988, 360; Dieckmann JZ 1988, 789, 800 und Diederichsen in Festschrift für Keller unter III 3.

5) Da der 57. DJT, Abteilung Vormundschaftsrecht, überwiegend von Juristen besucht war, sind dort derartige Vorwürfe verständlicherweise ausgeblieben. - Der Hinweis von Kokott (betr. 1. VGT) DAVorm 1989, 114, die (dort) mitdiskutierenden Richter neigten dazu, sich in der Fähigkeit zu überschätzen, die tatsächliche Situation der Klienten zu beurteilen, sollte sehr nachdenklich stimmen.

zu intensivieren und zu vertiefen. Das neue Recht soll Reform, nicht bloße Novelle sein; das geltende Recht nicht fortgeschrieben, vielmehr abgelöst werden. Es ist nicht erkennbar, daß dafür bisher eine tragfähige Basis geschaffen worden ist.

Bei der praktischen Umsetzung des geltenden Rechts haben sich im materiellen Bereich verfassungsrechtlich relevante Fragen ergeben, deren befriedigende Antwort bisher aussteht[6]. Die BtG-Diskussionsentwürfe sind ebensowenig wie der Referentenentwurf oder der dem Bundesrat vorgelegte Entwurf darauf eingegangen. Besondere und augenfällige Probleme haben sich im verfahrensrechtlichen Bereich ergeben. Die 1965 geäußerte Erwartung des BVerfG, die Gerichte würden für eine rechtsstaatlich unbedenkliche Verfahrensabwicklung Sorge tragen[7], hat sich - jedenfalls erstinstanzlich - nicht erfüllt[8]. Unerledigt sind darüber hinaus verschiedene Hinweise und Aufträge des BVerfG an den Gesetzgeber zu Themen, die in dieser Reform Regelungsgegenstand sein müssen. Der Gesetzgeber ist aufgefordert, die inhaltlichen Grenzen der Vertretungsmacht gesetzlicher Vertreter zum Teil neu zu bestimmen[9]. Die Entschädigungen für Betreuung sind zu überdenken[10]. Das Volkszählungsurteil betrifft nicht nur in Dateien erfaßte, sondern auch aktenmäßig

---

6) So z.B. BayObLG FamRZ 1988, 320 f zu Eingriffen in das Brief- und Fernmeldegeheimnis - mit Darstellung des Streitstandes - oder vgl. die Diskussion zu der Ermächtigungsgrundlage für gerichtlich unterstützte Zwangsmaßnahmen gegen gesetzlich Vertretene. Dazu Helle FamRZ 1984, 639 und Bittmann DGVZ 1987, 134 (letzterer betr. Kinder). Den insoweit diskutierten § 1631 III BGB will der BtG/BR-E (§ 1908 i BGB) nicht mehr in Bezug nehmen.

7) BVerfGE 19, 93, 99.

8) Pardey, Verf.rechtl. Rahmenbedingungen, S. 65 ff.

9) BVerfG NJW 1986, 1859 ff. Zu der Erstreckung auf volljährige Vertretene Pardey FamRZ 1988, 460, 462.

10) BVerfGE 54, 251, 269.

verwaltete Informationen[11]. Deshalb muß insbesondere, wenn man mit dem BGH Drittinteressen als Anordnungsgrund für gesetzliche Vertretung eines Volljährigen[12] genügen lassen will, geregelt werden, welche erhobenen Daten des Betroffenen dem Dritten ausgeliefert werden dürfen.

Canaris hat auf die verfassungsrechtliche Problematik der gegenwärtigen Regelungen über die Begrenzung der Geschäftsfähigkeit hingewiesen[13]. Er hat zwar engagierten Widerspruch erfahren[14], aber offenbar die Entwurfsverantwortlichen so verunsichert, daß der Bundesminister der Justiz die Erklärung für erforderlich gehalten hat, diese Thematik könne mit der Reform nicht aufgegriffen werden[15], widrigenfalls der vorgesehene (Zeit-)Rahmen gesprengt würde und gesetzgebungsreife Vorschläge hierzu lägen nicht vor[16]. Es ist zu bezweifeln, ob gesetzliche Vertretung wirklich unter Ausklammerung dieser Frage konzipiert werden kann. So hat Canaris die Regelung des BtG-DiskE zu den Voraussetzungen der Anordnung einer Betreuung als denkbare Maßnahme zum Auffangen eines Teiles seiner Bedenken bezeichnet[17], weil damit in einer sehr offenen Regelung der Erforderlichkeitsgrundsatz als Regulativ anerkannt werde. Diese Offenheit ist aber - bewußt - ein Ausschlagen zum anderen Extrem als gegenwärtig. Die Anordnungsvoraussetzungen werden dadurch so diffus[18], daß erneut die Frage nach der Verfassungswidrigkeit, diesmal mangels ausreichender Bestimmtheit, aufgeworfen werden muß.

---

11) Simitis NJW 1989, 21.

12) BGHZ 93, 1 ff.

13) Canaris JZ 1987, 993, 996.

14) Ramm JZ 1988, 489; Wieser JZ 1988, 493.

15) Engelhard, Ansprache 57. DJT, Sitzungsberichte H 19.

16) BtG/BR-E S. 107.

17) Canaris JZ 1988, 494, 497.

18) Bürgle NJW 1988, 1881, 1883 "..... viel zu unbestimmt". Bürgle stellt die naheliegende verfassungsrechtlich orientierte Wirksamkeitsfrage aber nicht, schließt vielmehr nur einfach-gesetzliche Ausfüllungsüberlegungen an.

Letztlich zeigt sich an dieser Stelle eines der Hauptprobleme der Reform sehr deutlich. Jede gesetzliche Regelung von Hilfen im Bürgerlichen Recht muß entweder als entmündigungsähnliches System ausgestaltet werden oder es bleiben alternativ möglichst eingriffsfreie, anlaßbezogene Maßnahmen, die dann aber durch eine Kette von Sonderregelungen für Folgeeingriffe begleitet werden müssen. Im bisherigen Recht ist grundsätzlich die Entmündigung vorgesehen. Das dazu geregelte Verfahren soll sicherstellen, daß der in der Entmündigung liegende Eingriff nur auf rechtsstaatlich gesicherter Grundlage zustande kommt. Die von der Praxis zur Alternative erhobene Gebrechlichkeitspflegschaft leidet unter der Divergenz von Regelungsdichte und tatsächlicher Inanspruchnahme. Bei der Entmündigung legitimiert der Eingangseingriff grundsätzlich Folgemaßnahmen des Vormundes, auch solche mit Zwang. So hat das BVerfG bei der Behandlung von Unterbringungen nicht beanstandet, daß der Vormund eine Unterbringung überhaupt veranlassen kann. Das wurde als feststehend zugrunde gelegt[19].

> "Mit Recht wird vielmehr übereinstimmend davon ausgegangen, daß die Befugnis zur Unterbringung des Mündels in einer geschlossenen Anstalt nach wie vor materiell auf dem Recht des Vormundes beruht, den Aufenthalt des Mündels zu bestimmen; ....."

und

> "so daß nach bürgerlichem Recht der Vormund ..... den Mündel in einer geschlossenen Anstalt, etwa einer Irrenanstalt oder einer Trinkerheilanstalt, unterbringen kann, und zwar auch unter Anwendung von Zwang."

Vom BVerfG ist lediglich eine richterliche Genehmigung verlangt worden (Art. 104 II GG). Ob das BVerfG das heute auch noch so umfassend beschreiben würde, erscheint zweifelhaft, mag hier aber dahingestellt bleiben. Anders sieht es jedenfalls bei der Gebrechlichkeitspflegschaft aus. Hier ist im Einzelfall problematisch, welche Maßnahmen durch die Rechtsmacht des Pflegers noch gedeckt sind, insbesondere bei Zwangsmaßnahmen. Diese Zweifel müssen sich für Eingriffe in grund-

---

19) BVerfGE 10, 302, 310 und 313 f; vgl. auch Helle JR 1986, 180, 182 f.

rechtlich besonders geschützte Bereiche verstärken, wenn die bei der Gebrechlichkeitspflegschaft verlangte Feststellung der Geschäftsunfähigkeit (§ 1910 III BGB) nicht mehr Anordnungsvoraussetzung sein soll. Ein so bestellter Betreuer wird sicher helfen dürfen. Ob es ihm aber auch erlaubt ist, z.B. zu diesem Zweck ohne wirksame Zustimmung in die Wohnung vorzudringen, erscheint sehr fraglich. Das gilt um so mehr, wenn der Betreuer nicht mehr als grundsätzlich allkompetenter (Vormund bzw. darauf bezogener teilzuständiger) Pfleger, sondern nur noch als gesetzlicher Vertreter vorgesehen wird. Vertretung ist deutlich weniger als Sorgeberechtigung (vgl. z.B. §§ 1626, 1629, 1793 BGB). Nach dem BtG/BR-E soll das Erfordernis gesetzlicher Vertretung Anordnungsvoraussetzung werden.

In den juristischen Stellungnahmen zu der Reform ist wiederholt bezweifelt worden, daß eine derartige offene Regelung - wie vom BtG/BR-E vorgeschlagen - zulässig sei. Demgegenüber liegt dieser Stellungnahme die Hypothese zugrunde, gesetzliche Vertretung könne als Betreuung (auch ohne Eingangseingriff) ausgestaltet werden. Die Anforderungen an die begleitenden Regelungen werden dann allerdings ungleich höher sein. Zweifelhaft erscheint allerdings, ob die bisherigen Entwürfe dieser Unterscheidung genug Beachtung geschenkt haben. Während für die Eingangsentscheidung grundsätzliche neue Regelungen vorgesehen sind, soll für die Folgemaßnahmen weitgehend auf das alte Recht bzw. das Recht der Vormundschaft über Minderjährige verwiesen werden. Eine derartige Verweisung auf ein anders strukturiertes Recht ist zumindest überdenkenswert.

Das Bundeskabinett hat am 1.2.1989 beschlossen, daß ein neues Betreuungsrecht eingeführt werden soll. Der Entwurf ist mit Schreiben des Bundeskanzlers vom selben Tag dem Bundesrat zugeleitet worden[20]. - Der Bundesminister der Justiz sieht die

---

20) Die Bundesrats-Drucksache 59/89 (648 S.) faßt die Begründungen der BtG-DiskE und des BtG-RefE zusammen. Der BtG/BR-E enthält alle vorgeschlagenen Normen mit Einzelbegründung.

Gewährleistung der einen besonderen Schwerpunkt der Reform darstellenden rechtsstaatlichen Ausgestaltung in dem Ausbau des Verfahrensrechts[21]. Die dazu vorgeschlagenen Regelungsinhalte sind einerseits sehr stark formalisiert, um den bisherigen zweifelhaften Usancen entgegenzutreten. Sie öffnen sich andererseits in so starker Weise Dritteinflüssen, z.B. Vorgaben und Vorbewertungen von Sachverständigen (§ 68 b FGG i.d.F. des BtG/BR-E), daß zu fragen ist, ob das nicht gleichfalls unzulässige Entscheidungsverlagerung, mithin Verfassungswidrigkeit intendiert.

Die erstrebten Neuerungen sind so wichtig, daß es dringend geboten erscheint, die Diskussion der betroffenen Verfassungsfragen erneut anzuregen. Daraus können sich im übrigen neue Bewertungen für die Anwendung des geltenden Pflegschaftsrechts, Anregungen für die Strukturierung der Reform wie erste Hilfen für die durch das erwartete neue Recht vorgezeichneten Auslegungsprobleme ergeben. Der Verfasser sieht den Bedarf aus der Perspektive des zivilrechtlich orientierten Richters und Fachhochschullehrers mit eigener Praxis, systematisierter Praxisauswertung[22], wie feed-back bei Fortbildungsseminaren. Wenn es gelingt, in der erstrebten Diskussion entsprechende Vorgaben zu vermitteln, wird den zu Schützenden mehr geholfen sein als mit der bloßen Unterstützung des Versuches, die vorgeschlagenen Texte möglichst kurzfristig Gesetz werden zu lassen.

1.2. Hintergrund des geltenden Rechts

Die Rechtsgrundlagen über die Betreuung Volljähriger gehen auf Ideen zurück, die sich in nahezu allen vergleichbaren Rechtsordnungen bereits vor langer Zeit fanden. So kannte schon das

---

21) Engelhard, Ansprache 57. DJT, Sitzungsbericht H 21; gegen das zugrundeliegende Vorverständnis Burckhardt "Das Argwohn-Prinzip" DRiZ 1988, 346.

22) Pardey, Vormundschaft und Pflegschaft 1988.

römische Zwölftafelgesetz die rechtlich geregelte Fürsorge für psychisch Kranke und Verschwender[23]. Diese zunächst im Familienverband angesiedelte Kuratel wurde in späterer Zeit als staatliche (landesherrliche) Fürsorgeaufgabe verstanden[24]. Das preußische allgemeine Landrecht von 1794 sah eine Fürsorge u.a. für "Blödsinnige, Rasende und Wahnsinnige" durch die Bestellung eines Vormundes nach einem gerichtlichen Verfahren unter Beteiligung ärztlicher Sachverständiger vor[25]. Die dabei zugrunde gelegte rechtliche Gleichstellung von vergleichbar Beeinträchtigten mit Kindern ist von dem BGB übernommen worden. Die Übernahme entsprach dem Erkenntnisstand der damaligen Psychiatrie und Psychologie[26]. Das für die Messung der Intelligenzleistung von Kindern entsprechend ihrem Altersfortschritt entwickelte System wurde als Grundlage eines normalen Intelligenzniveaus verstanden. Die Feststellung eines unternormalen Intelligenzniveaus war danach einem bestimmten (kindlichen) Entwicklungsalter zugeschrieben. Erwachsene mit einem entsprechenden Niveau mußten nach diesem Verständnis den Kindern dieser Altersstufen zugeordnet werden.

Die Regelungen über die Anordnung einer Betreuung für Volljährige sind gegenwärtig im wesentlichen im BGB (§§ 6, 104 Nr. 3, 114, 1910 BGB), der ZPO (§§ 645 ff ZPO) und dem FGG (§§ 35 ff FGG) zu finden.

Die noch geltenden Vorschriften über die regelmäßig anzutreffenden vier Phasen (Grundentscheidung, Auswahl des Betreuers, Bestandsaufnahme, laufendes Kontrollverfahren) beruhen hauptsächlich auf den medizinischen, gesellschaftlichen und sozi-

---

23) Stöcker DAVorm 1982, 719, 721/722; BtG-DiskE I S. 26; BtG/BR-E S. 129. Ausführliche Darstellung der historischen Grundlagen und Entwicklung bei Holzhauer B 12 ff.

24) BtG-DiskE I a.a.O.; BtG/BR-E S. 130.

25) §§ 27, 28 I 4 ALR 1794; Holzhauer B 18 f; BtG/BR-E S. 131; Lempp in Beiträge S. 10 f.

26) Dörner/Plog S. 469 ff; Lempp a.a.O. S. 13.

alen Vorstellungen des letzten Jahrhunderts. Die ZPO von 1877[27] enthielt die Grundzüge des Entmündigungsverfahrens als das BGB konzipiert und beraten wurde. Die Bestimmungen des BGB griffen die Ideen auf und sahen Fürsorge für beeinträchtigte Volljährige in der Regel durch Entmündigung vor. Die seit dem 1.1.1900 geltenden Regelungen sind im Kern wenig verändert worden. Durch das Familienrechtsänderungsgesetz vom 11.8. 1961[28] wurde infolge der Entscheidung des Bundesverfassungsgerichts zu dem Erfordernis richterlicher Entscheidungen über eine freiheitsentziehende Unterbringung[29] die gerichtliche Unterbringungsgenehmigung eingeführt (§ 1800 Abs. 2 BGB a.F.). Durch das Gesetz zur Neuregelung des Volljährigkeitsalters vom 31.7.1974[30] wurde als weiterer Entmündigungsgrund die Rauschgiftsucht aufgenommen. Das Gesetz zur Neuregelung des Rechts der elterlichen Sorge vom 18.7.1979[31], das eine deutliche Veränderung der Gewichtungen im Eltern-Kind-Verhältnis (§§ 1626 ff BGB) vornahm, hat die für die Betreuung Volljähriger relevanten Vorschriften nur am Rande erfaßt.

Der medizinisch/psychologische Ansatz auch des BGB ist heute ebenso überholt[32] wie sich die Gruppe der von den Regelungen Betroffenen gewandelt hat. Während sich früher im Schwerpunkt behinderte Erwachsene, Trunksüchtige und Verschwender im Blickfeld der Gesetzgeber befanden, haben die Veränderung der Lebenserwartung, der Altersstruktur der Bevölkerung und die mit dem Alter zum Teil eintretenden Beeinträchtigungen[33] einen großen Kreis neuer Betroffener geschaffen, an deren Erfassung

---

27) RGBl. I, S. 83.

28) BGBl. I, S. 1221.

29) BVerfGE 10, 302 ff.

30) BGBl. I, S. 1713.

31) BGBl. I, S. 1061.

32) Lempp a.a.O. S. 13 f; In der Beeck/Wuttke NJW 1968, 2268 f.

33) Lehr FamRZ 1982, 1169 ff.

in dieser Form nicht gedacht worden ist[34]. Auch die Suchtstoffabhängigkeit und ihre Folgeproblematik werden heute anders gesehen, als bei der Schaffung des BGB[35].

Eine weitere wesentliche Veränderung des tatsächlichen Rahmens für die betreuten Volljährigen hat sich sowohl im therapeutischen wie gesellschaftlichen Umfeld ergeben[36]. Die therapeutischen Ansätze verlangen nach einer kooperativen Integration[37], das gesellschaftliche Verständnis ist vom Anspruch ebenso wie der Sprachgebrauch jetzt stärker davon geprägt, statt auf die Verwahrung oder isolierte Betreuung zum vermeintlichen Schutz der Gesellschaft auf die Individualität des Betroffenen abzustellen.

Die an den alten Leitbildern festhaltende Terminologie des BGB paßt zu diesen skizzierten Veränderungen ebensowenig wie die rechtlichen Ansätze der Regelungen im BGB, die durch Anknüpfung an die Frage der Geschäftsfähigkeitsbeeinträchtigung primär nur die rechtsgeschäftliche Problematik betonen[38]. Diese

---

34) Zum Teil wird heute in der Diskussion diese Gewichtsverlagerung schon wieder überbetont. So schlägt van Els (DAVorm 1988, 201 ff) die Schaffung von "Altendezernaten" vor. Dadurch würden die (jüngeren) Behinderten problematisch zurückgedrängt. Vgl. auch Unterüberschrift zu der DIV-Info betr. RefE DAVorm 1989, 121.

35) Lempp a.a.O. S. 12; Täschner NJW 1984, 638, 642 m.w. Nachw.; Holzhauer B 68 f.

36) Schulte in Beiträge S. 98 und ders. ZRP 1986, 249 f.

37) In der Beeck/Wuttke NJW 1968, 2268, 2270.

38) Ob es historisch zutreffend ist, daß die Vormundschaftsgesetzgebung seinerzeit hauptsächlich auf Interessen des Rechtsverkehrs bezogen war, was Holzhauer B 19, 20 (nicht ganz widerspruchsfrei zu B 56 f) gegen Zenz u.a. S. 35 bestreitet, kann insoweit dahinstehen. Die Art der gesetzlichen Einbindung hat jedenfalls einen nicht unerheblichen Teil der Folgeproblematik programmiert.

Unstimmigkeiten sind die Grundlage der engagierten Reformdiskussion, die sich dadurch auszeichnet, daß sie in den Schwerpunkten[39] ein übereinstimmendes Anliegen artikuliert, insbesondere in Stellungnahmen der politischen Parteien[40]. Die Bedeutung des Reformanliegens wird auch dadurch betont, daß z.B. in zahlreichen europäischen Ländern gleichartig veraltetes Betreuungsrecht für Volljährige reformiert worden ist[41]. Die Reform in Österreich durch das Sachwaltergesetz (in Kraft getreten am 1.7. 1984)[42], wird dabei besonders oft herangezogen[43]. Österreich hat sich damit von der Entmündigung nach der Entmündigungsordnung aus dem Jahre 1916 abgewandt.

---

39) Auflistung in der Begründung BtG/BR-E S. 150 ff. Vgl. auch Zenz u.a. S. 31 ff. - Für "bestens bewährt" scheint nur Morvilius das alte Recht und die alte Praxis zu halten (RpflBl. 1988, 17, 18 f).

40) In der Bundestagsdebatte nach Vorstellung des BtG-DiskE I ergab sich Zustimmung aller Parteien (Protokolle 11., 52. Sitzung, 14.1.1988, S. 3687 ff). - Der Bundestagsausschuß für Arbeit und Sozialordnung hat sich am 2.3.1988 einmütig für eine entsprechende Reform des Entmündigungs- und Pflegschaftsrechts ausgesprochen (ZRP 1988, 151/152). - Vgl. auch die Statements in der Diskussion der Fachtagung im März 1986 in Beiträge S. 147 ff und das Positionspapier Fachverbände (s. Lachwitz, ZRP 1987, 364 f).

41) Überblick bei Schulte in Beiträge S. 124 ff; Darstellung zu der Rechtsentwicklung in Frankreich, Belgien und der Schweiz bei Heldrich in Gutachten S. 59 ff mit Ergänzung S. 108 ff, den Niederlanden im Gutachten des Max-Planck-Instituts in Gutachten S. 146 ff; für Frankreich und die Niederlande ergänzend Hellmann in Beiträge S. 53 ff; und bezüglich Schweden bei Saldeen und Westmann in Gutachten S. 189 ff.

42) Vorgestellt z.B. von Hopf in Beiträge S. 26, 32 ff.

43) Eine Einführung bei Hopf und Trompisch in Beiträge S. 26 ff und S. 46 ff. Zur Entwicklung in Österreich bis 1988 Hopf im Referat für den 57. DJT unter III 2.

Inhaltlich hat für die Bundesrepublik Deutschland stets Einigkeit darüber bestanden, daß es an der Zeit ist, Diskriminierung abzubauen und für persönliche statt vermögensorientierte Betreuung Sorge zu tragen. Was darunter zu verstehen ist, bleibt allerdings in der Regel ebenso offen[44] wie der Versuch unterbleibt, die Ursachen des gegenwärtigen Dilemmas festzustellen[45].

1.3. Entwicklung von der Psychiatrie-Enquete 1975 bis zum Kabinettsbeschluß vom 1.2.1989

In dem Bericht der Sachverständigenkommission zur Lage der Psychiatrie sind 1975 wesentliche Mängel des geltenden Rechts aufgelistet worden[46]. Das Vormundschafts- und Pflegschaftsrecht für Volljährige leide unter der überholten Terminologie, an dem uneinheitlichen und schwerfälligen Verfahren, der Überlastung der Betreuer. Die Entmündigungsrate sei zu hoch. Die dort benannten Reformziele[47] sind unter psychiatrischer Sicht von Mende im Auftrag des Bundesministers der Justiz gutachtlich untersucht worden. In seinem Resümee[48] nennt er als Hauptgesichtspunkt für eine Reform, die unterschiedlichen Formen der Betreuung müßten jeden Rest von freier Selbstbestimmung der Betreuten respektieren. Geschäftsunfähigkeit und Gefährlichkeit seien nicht mit bestimmten psychiatrischen Krankheitsbildern gekoppelt.

---

44) Unter persönlicher Betreuung versteht Unruh (für die GRÜNEN) z.B. etwas anderes als der BtG/BR-E (s. Grauer Panther 1988/1). Wieder anders in der inhaltlichen Beschreibung z.B. Wienand NDV 1987, 91, 94.

45) Pardey, ZRP 1988, 330 f.

46) BT 7/4200 Kap. D. S. 367 ff.

47) BT 7/4200 S. 375; zusammengefaßt dargestellt bei Mende in Gutachten S. 11.

48) Mende a.a.O. S. 27 f.

Die Bundesregierung hat in ihrer Antwort auf die große Anfrage der SPD[49] unter dem 4.9.1986 die erstrebten Grundzüge einer Neuregelung dargelegt[50]. Das Nebeneinander von Vormundschaft und Pflegschaft soll durch ein möglichst wenig eingriffsintensives flexibles Betreuungsrecht abgelöst werden, das den Möglichkeiten der Rehabilitation Rechnung trägt. Die persönliche Betreuung soll in den Vordergrund gestellt, die überholte diskriminierende Terminologie bewertungsneutral umgestellt werden. Das Verfahren soll als einheitliches Verfahren der Freiwilligen Gerichtsbarkeit mit rechtsstaatlichen Garantien ausgestaltet werden. Die Unterbringungsvoraussetzungen sollen im Gesetz geregelt werden[51].

Die vom Bundesminister der Justiz beauftragte interdisziplinäre Arbeitsgruppe hat Ende 1987 auf dieser Grundlage einen ersten "Diskussions-Teilentwurf" für ein "Gesetz über die Betreuung Volljähriger" erstellt, der mit der im Bundesministerium der Justiz verfaßten Begründung im November 1987 herausgegeben worden ist (BtG-DiskE Teil I, im folgenden BtG-DiskE I). Ein zweiter Teil ist im April 1988 bekanntgegeben worden (BtG-DiskE II). Diese Veröffentlichungen erstrebten nach dem Vorwort des Bundesministers der Justiz Engelhard eine Diskussion besonders in der Fachöffentlichkeit. Die Diskussions-Teilentwürfe sehen zum Teil wesentliche Änderungen des BGB, der ZPO und des FGG vor, um das angestrebte Ziel eines einheitlichen Betreuungsrechts erreichen zu können. Bei den konzipierten neuen Vorschriften fällt die starke Zurückhaltung materieller Vorgaben für die erforderlichen gerichtlichen Entscheidungen auf. So soll die Diagnose z.B. einer psychischen Krankheit und die Feststellung einer dadurch gegebenen Verhin-

---

49) BT 10/4271.

50) BT 10/5970 S. 1/2.

51) Eine amtsrichterliche Vorlage, die das bisherige Fehlen derartiger materieller Regelungen für verfassungswidrig hielt, ist dazu inhaltlich vom BVerfG nicht beschieden worden (FamRZ 1987, 675; Vorlage sei unzulässig).

derung, die eigenen Angelegenheiten zu besorgen, die Bestellung eines Betreuers auslösen, "soweit dies erforderlich ist" (§ 1896 Abs. 1 S. 1 BtG-DiskE I). Der Aufgabenkreis des Betreuers, dessen Bestellung nur in Betracht kommt, wenn ein gesetzlicher Vertreter benötigt wird (§ 1896 Abs. 2 S. 2 BtG-DiskE I), soll u.a. das Anhalten der Post erfassen können (§ 1897 S. 3 BtG-DiskE I).

Die BtG-DiskE knüpften mit den Textvorschlägen an die allgemeine Reformdiskussion und die vorgestellten Regelungsabsichten der Bundesregierung an[52]. Aus Sicht dieser Diskussion verbieten sich tatbestandliche Voraussetzungen, wie sie bisher normiert sind. Das neue Recht soll sich offen und beweglich zeigen[53].

Die von dem BMJ erstrebte Diskussion ist jedenfalls in Teilbereichen durch die BtG-DiskE zielgemäß ausgelöst worden. Der Verlauf kann hier nicht im einzelnen wiedergegeben werden. Eine Skizze der wesentlichen Punkte erscheint aber zweckmäßig. Die Auseinandersetzung zu den Details ist insbesondere durch die Beschäftigung des 57. DJT in Mainz und daran anknüpfend des 1. VGT in Bad Bevensen, beide 1988, gefördert worden. In dem Zusammenhang der fachjuristischen Erörterung zeigt sich dabei bisher eine weitgehende Abstinenz bezüglich der Unter-

---

52) Im Zusammenhang mit der Vorstellung des BtG-RefE vom BMJ nochmals zusammenfassend dargestellt in Recht 6/1988, S. 103 f. - Vorstellung der BtG-DiskE vor dem 57. DJT durch den Vorsitzenden der Arbeitsgruppe Wolf in ZRP 1988, 313 ff.

53) Das wird in dieser Weise aber schon wieder dem Anliegen der Psychiatrie-Enquete widersprechen, die angeblich zu weiten Interpretationsspielräume einzuengen (BT 7/4200 S. 375). Sie dürften so eher noch größer werden. - Rasehorn, RuP 1988, 57, 58, meint, ein Beistand müsse bestellt werden, "ohne daß es auf eine Krankheits- oder Suchtfeststellung ankommt."

suchung verfassungsrechtlicher Vorfragen. Bisher scheint bei Medizinern[54] und betroffenen Verbänden[55] die Sensibilität stärker als bei in der Praxis tätigen Juristen ausgebildet zu sein, daß Betreuung nahezu zwangsläufig mit Eingriffen verbunden ist[56]. Diese Äußerungen neigen naturgemäß eher zu pauschaler Wertung. So enthält das Positionspapier der Fachverbände nach dem Eigenverständnis eine "ausführliche" Stellungnahme zur Vereinbarkeit des Vormundschaftsrechts mit den Grundrechten[57]. Dabei sind als Prüfungsmaßstab insbesondere Art. 1 und 2 GG genannt. Diese sind als elementare Grundrechte zwar von zentraler Bedeutung. Welche Grundlagen bei der Schaffung eines neuen Rechts zu beachten sind, muß aber weiter vereinzelt und auch den speziellen Grundrechten zugeordnet werden. - Für Juristen erscheint - so kann nur vermutet werden - das gegenwärtige Betreuungsrecht als so sichere rechtliche Grundlage[58], daß sie de lege ferenda primär[59] einfach-gesetzliche Ausgestaltungsprobleme sehen. Auch das juristische Teilgutachten von Holzhauer für den 57. DJT legt zu der Reform (ausführlich) die geschichtlichen Grundlagen dar und setzt sich dann mit dem BtG-DiskE auseinander. Materielle verfassungsrechtliche Fragen werden punktuell, so bei der Ehefähigkeit und dem Unterbringungsrecht erwähnt. Holzhauer beschränkt sich zum Unterbringungsrecht auf die Feststellung, Art. 104 II GG stehe seinen

---

54) Bruder C 16; R. Lempp in Beiträge S. 8 f.

55) Positionspapier Fachverbände, zusammengefaßt dargestellt durch Lachwitz ZRP 1987, 364.

56) Mahnkopf hat das zutreffend in der Eröffnungsansprache zum 1. VGT erwähnt; Betrifft Justiz 1988, 360.

57) S. Fn. 55. - Untersuchungsgegenstand ist insoweit das geltende Recht.

58) Wohl insbes. im Hinblick auf BVerfGE 10, 302 ff und BVerfGE 19, 93 ff.

59) Außer bei der Bundeskompetenz für ein umfassendes Unterbringungsrecht; s. BtG-DiskE I S. 79. Bundeskompetenz offengelassen von BVerfGE 58, 208, 229 f. - S. auch Holzhauer B 99/100 m.w.Nachw.

Thesen (zu der Beurteilung unterbringungsähnlicher Maßnahmen) nicht entgegen[60], obwohl er sich gegen das BVerfG für den "familialen Charakter" von Zwangsmaßnahmen durch angehörige Betreuer ausspricht[61]. Holzhauer meint, ungenehmigte Unterbringungen (wie unterbringungsähnliche Maßnahmen) "sollten ..... nicht rechtswidrig"[62] sein. Sie seien als bloße Pflichtverletzungen des Betreuers zu verstehen. Diese Frage wird nicht aus dem einfachen Recht beantwortet werden können. Holzhauer führt weiter aus, eine Einschränkung der Geschäftsfähigkeit des Betreuten könne zur Vereinfachung der Tätigkeit des Betreuers geboten sein[63]. Auch das ruft nach verfassungsrechtlich orientierter Begründung.

Ein Versuch, auf verfassungsrechtliche Positionen zurückzugreifen, zeigt sich dagegen ausgeprägt bei der auch sonst mit starkem Engagement geführten Diskussion um die Sterilisation. Das hat sich in den mündlichen Beiträgen auf dem 57. DJT wie auf dem VGT ebenso bestätigt, wie in den entsprechenden Beschlüssen[64]. Auch im Schrifttum bestätigt sich, daß sich insoweit in dem Grundverständnis offenbar im wesentlichen diejenigen[65], die sich auf ein verfassungsrechtlich verbürgtes Recht auf körperliche Integrität (gegen die Sterilisation) be-

---

60) B 102/104. - Zur Ehefähigkeit s. B 77.

61) B 104. - In BVerfGE 10, 302 ff war über die Unterbringung Volljähriger durch ihre Vormünder zu befinden. Im zweiten Fall (b) war der Vater bestellt worden (E 10, 302, 304). Das BVerfG hat für den Charakter der Maßnahmen (E 10, 302, 327) nicht zwischen beiden Fällen differenziert.

62) B 80.

63) B 74.

64) 57. DJT, Abt. Vormundschaftsrecht, unter 4 (NJW 1988, 3000) und 1. VGT Thesen der Arbeitsgruppe 5 (Sterilisation geistig Behinderter) DAVorm 1989, 117 f.

65) Vgl. z.B. Finger DAVorm 1989, 11, 32 (m. umfangr. Nachw. auch zu der Einzeldiskussion Sp. 11 ff) und Reis ZRP 1988, 318, 322.

rufen, denen[66] gegenübersehen, die aus der Verfassung das Recht auf freie Entfaltung, grundsätzlich auch im Sexualbereich, ablesen und dazu anführen, in vielen Fällen sei dann die Sterilisation der einzig realisierbare wie geringstmögliche Eingriff zur Gewährleistung dieser Freiheit.

Das allgemeine materielle Anliegen der Reform, wie es mit den BtG-DiskE vorgestellt worden ist, entspricht den Vorstellungen aller politischen Parteien[67] und hat mit relativ geringen Modifikationen - ablehnend aber weitgehend zur Benennung des Rechtsinstituts - grundsätzliche Zustimmung der Justizministerkonferenz[68], vieler Verbände[69] und beteiligter Organisationen[70] gefunden. Die Stellungnahmen der Praktiker in den eingeforderten internen Äußerungen sind dagegen von erheblicher Distanz geprägt. Auch das juristische Schrifttum[71] klingt erheblich zurückhaltender als die in der nichtjuristischen Öffentlichkeit geführte Diskussion. Während diese öffentliche Diskussion durch die Trostlosigkeit erheblicher Teile des ge-

---

66) S. Wolf ZRP 1988, 313, 316 bei Fn. 27 sowie unter c) ff.

67) S. oben 1.2. bei Fn. 40.

68) Bericht durch Görner DRiZ 1988, 456 unter 10.

69) Z.B. Unruh Grauer Panther 1988, 1; Lachwitz ZRP 1987, 364 (betr. Positionspapier Fachverbände); Zentrale des Sozialdienstes Kath. Männer Aktuelle Beiträge S. 5 u. 17 aber mit Beanstandung einer mangelnden Stützung der Vereine; diese Einwände finden sich auch in anderen Vereinsstellungnahmen. S. auch Beschluß II 6 des 57. DJT Abt. Vormundschaftsrecht NJW 1988, 2999. - Grundsätzlich zustimmend im übrigen z.B. der Richterbund DRiZ 1988, 427; eher distanziert der Bund Deutscher Rechtspfleger RpflBl. 1988, 49.

70) Z.B. Städtetag Nordrhein-Westfalen DAVorm 1988, 207. - Von den Städten ist später die beabsichtigte Schaffung eines individualen Behördenbetreuers beanstandet worden.

71) Außer den Gutachten zum 57. DJT vgl. z.B. Bienwald FamRZ 1988, 902 und 1012; Brimer DRiZ 1988, 376; Burckhardt DRiZ

genwärtigen (insbesondere Heim-)Alltags für Ältere[72] vorgeprägt ist, wonach jeder Schritt zu einer möglichen Besserung als begrüßenswert erscheint, sieht die juristische Praxis mit dem neuen Recht Anforderungen an die alltägliche Umsetzung gestellt, die vermeintlich kaum bewältigt werden können. Ausgegangen werde im BMJ offenbar von der Soll- nicht der Istsituation. Gerade die gegenwärtig insoweit festzustellende Abweichung bedinge einen erheblichen Teil der Vollzugsdefizite[73]. Die Anhebung der Sollbedingungen könne erst relevant werden, wenn das mangelhafte Ist aufgefangen worden ist.

Im juristischen Schrifttum sind Bedenken gegen die Eignung der neuen Vorschriften zu finden. Bürgle hält ebenso wie jetzt

---

71) 1988, 346 und 1989, 34; Bürgle NJW 1988, 1881; Dieckmann JZ 1988, 789; Diederichsen in Festschrift für Keller; Lempp FamRZ 1987, 766; Rasehorn RuP 1988, 57; Rink/Bauer FamRZ 1988, 1229; Schumacher/Jürgens Recht und Psychiatrie 2/88, 2; aus der Sicht eines Amtsvormunds: Schach DAVorm 1988, 211 und 1989, 123; und als Rechtspfleger: Morvilius RpflBl. 1988, 17 sowie Wesche Rpfleger 1988, 227 und DAVorm 1988, 499.

72) Vgl. Spiegel-Report, Spiegel Nr. 41 vom 10.10.1988 S. 104 ff.

73) Pardey ZRP 1988, 330, 333. - Bei der Diskussion im Arbeitskreis 7 des 1. VGT ist mir besonders deutlich geworden, wie wenig schon die engagierten Vormundschaftsrichter der Großstadtgerichte bereit sind, die Belastungen eines Flächenbezirks nachzuvollziehen. - Festzuhalten ist auch, daß die Kenntnis über die faktischen Bedingungen erst mit den Entwürfen durch Fragen an die Praxis aufgefangen werden sollte. Die bisherigen Statistiken geben nicht einmal Auskunft über die Zahl der unmittelbar in der Justiz Betroffenen (Richter und Rechtspfleger). Die im BtG/BR-E mitgeteilten Daten sind dementsprechend recht vage (S. 351 ff).

Diederichsen[74] den Verzicht auf die Feststellung der Geschäftsunfähigkeit für bedenklich[75]. - Allgemein wird betont, die Absicht der Arbeitsgruppe, mit der Neuregelung eine Identität von abstrakter mit konkreter Betreuung zu erzielen (keine Betreuung an sich ohne Betreuer), sei mit diesen Vorschlägen nicht zu verwirklichen[76]. - Ein homogenes Bild hat sich insgesamt nicht ergeben. Das zeigt sich beispielhaft in der Widersprüchlichkeit der Beschlüsse der Abteilung Vormundschaftsrecht des 57. DJT[77].

Der im November 1988 vorgestellte BtG-RefE hat die Ergebnisse der Diskussion nach den BtG-DiskE zum Teil berücksichtigt. Während die Grundkonzeption unverändert geblieben ist, ist andererseits z.B. das sog. Altersvorsorgetestament vorgesehen worden und ist in Einzelbereichen Bedenken z.B. zu den Aufteilungen der Entscheidungszuständigkeiten bei körperlichen Eingriffen und Heilbehandlungen (§ 1904 I BGB i.d.F. BtG-DiskE I)[78] Rechnung getragen worden. Der dem Bundesrat zugeleitete Entwurf entspricht diesem Diskussionsstand und enthält gegenüber dem BtG-RefE nur wenige Änderungen.

Die unveränderte Grundkonzeption fordert die Betonung der verfassungsrechtlichen Vorgaben. Ebensowenig wie die Betreuung Volljähriger so weiter durchgeführt werden darf wie bisher,

---

74) Bürgle NJW 1988, 1881, 1883; Diederichsen in Festschrift für Keller S. 17/18.

75) Differenzierte Bedenken auch bei Dieckmann JZ 1988, 789, 800.

76) Bürgle NJW 1988, 1881, 1884 bei Fn. 27; Bienwald FamRZ 1988, 902, 905 in Fn. 31; Pardey ZRP 1988, 330, 333 bei Fn. 38.

77) NJW 1988, 2999. Wie z.B. praktisch II 2 a) und c) (Beistandschaft nur bei dem Erfordernis gesetzlicher Vertretung) mit III 1 a.E. (keine Klärung der Fähigkeit, wirksame Willenserklärungen abzugeben) in Übereinstimmung gebracht werden kann, ist offen.

78) S. z.B. Pardey Verf.rechtl. Rahmenbedingungen S. 192 ff.

darf eine überschießende Orientierung am vermeintlich besser verstandenen Wohl der Betroffenen ein neues Konzept so diffus werden lassen, daß sich die alten Probleme im neuen Gewand fortsetzen oder sich gar ein neues Gesetz dem Verdikt der Verfassungswidrigkeit ausgesetzt sieht. Das alte wie das neue Recht sollten insbesondere im Lichte der Grundrechte gesehen werden. Hilfe und Eigenbestimmung müssen keine Gegensätze bleiben. Auch sie sind im Interesse der Beteiligten als aufeinander bezogen zu verstehen. Das kann in der Praxis aber nur gelingen, wenn die Beteiligten nicht wieder allein gelassen werden. Warum diese Gefahr durch den BtG/BR-E vorgegeben erscheint, soll hier dargestellt werden.

Ausgespart werden sollen die Fragen, die sich für sondergesetzliche Regelungen ergeben, wie insbesondere die Verknüpfung des Verlustes des Wahlrechts mit der Anordnung einer Betreuung, aber auch die Frage der Eheschließungsfähigkeit sowie andere weitergehende (bürgerlich-rechtliche) Einzelfragen, z.B. die Testierfähigkeit. Zwar liegen auch insoweit verfassungsrechtliche Bedenken auf der Hand. Warum z.B. eine Zwangspflegschaft bei partieller Geschäftsunfähigkeit in Mietangelegenheiten zum Ausschluß des Wahlrechts soll führen können, wie es dem herrschenden Verständnis von § 13 BWahlG und den entsprechenden Länderregelungen entspricht, wäre durchaus diskussionswürdig. Die gegenwärtige Regelung soll aber unstreitig abgelöst werden. Eine neue wird immer von der Ausgestaltung der Grundkonzeption eines neuen Pflegschaftsrechts abhängen. Über diese gilt es vorrangig nachzudenken. - Ausgespart werden soll auch die Problematik der Sterilisation. Diese Thematik ist von grundsätzlicher Bedeutung, die weit über den Bereich der Betreuung Volljähriger hinausgeht. Ob es wirklich glücklich war, die unzweifelhaft regelungsbedürftige Frage der Sterilisation mit der Reform zu koppeln, wird die Zeit erweisen müssen.

Das Bundeskabinett hat am 1.2.1989 beschlossen, ein Gesetz über die Betreuung Volljähriger nach Maßgabe der Entwürfe[79] über den Bundesrat noch in diesem Jahr in den Bundestag zu bringen. Die parlamentarischen Beratungen werden also demnächst die politischen Grundkonzeptionen verdeutlichen. (Auf sie ist hier nicht einzugehen.) Angesichts des bisherigen politischen Gleichklanges mag es gelingen, die geplante Verabschiedung noch in der laufenden Legislaturperiode zu verwirklichen.

Der Bundesrat hat mit seinem Beschluß vom 10.3.1989 das Gesetzgebungsvorhaben grundsätzlich begrüßt[80]. Bei fast allen kostenwirksamen Einzelfragen hat er jedoch unter Hinweis auf die Haushaltssituation der Länder Abstriche vorgeschlagen. Die Bundesregierung soll nicht bereit sein, sich diesen Änderungsvorschlägen in allen Punkten anzuschließen. - Einigkeit besteht weiter darüber, daß das Betreuungsrecht noch in dieser Legislaturperiode verabschiedet werden soll.

---

79) BR-Drucksache 59/89.

80) Bericht in ZRP 1989, 156 f.

2. Verfassungsrechtliche Grundlagen einer Neuregelung

Die praktischen Mängel des geltenden Rechts wirken sich in einer Vielzahl von Fällen aus. Rund 250.000 Volljährige werden gegenwärtig durch einen Vormund oder Pfleger betreut[1]. Es sprechen einige Gesichtspunkte dafür, daß der Bedarf höher ist, die bekannten Probleme der derzeitigen Praxis aber die Beteiligten davon abhalten, sich oder ihre Angehörigen oder die ihnen sonst Anvertrauten diesen Phänomenen auszuliefern. - Die Bevölkerungsentwicklung bedingt, daß in dem steigenden Anteil der Bürger in fortgeschrittenem Alter eine etwa gleiche Quote anzunehmen ist, die gesetzlicher Vertretung bedarf, d.h. daß die absolute Zahl Betreuter, insbesondere für den Altersbereich erheblich steigt. Für die Jahrtausendwende wird bei gleichbleibender Inanspruchnahme dieser Rechtsinstitute mit einer Zahl von fast 500.000 betreuten Volljährigen zu rechnen sein. Die bekannten Mängel und Abwicklungsprobleme des geltenden Rechts werden sich ohne eine Reform notwendig potenzieren. Der Druck in Richtung auf eine Änderung ist daher insgesamt erheblich. Die parteiübergreifend übereinstimmend[2] bekundete Reformabsicht drängt auf ein neues umfassendes materielles und formelles Recht, obwohl durchaus offen ist, ob z.B. Mängel der bisherigen Verfahren zum Teil nicht schneller und evtl. sogar kostengünstiger dadurch aufgefangen werden könnten, daß die verfassungsrechtlichen Vorgaben im geltenden Verfahrensrecht

---

1) BtG-DiskE I S. 24; BtG/BR-E S. 126.

2) Beschluß des Bundestagsausschusses für Arbeit und Sozialordnung vom 2.3.1988, ZRP 1988, 151/152. - Die GRÜNEN wollen an ihrem eigenen Entwurf von 1986 nicht festhalten, sondern beabsichtigen, einer Regelung wie nach dem Diskussionsteilentwurf grundsätzlich ebenfalls zuzustimmen, Sandfort Die Randschau 1987, Heft 6, S. 7, 9. (Auf eine Bitte - Anfang 1988 -, ihren Gesetzentwurf zu übersenden, hat die Fraktion der GRÜNEN dem Verfasser unter dem 16.5.1988 mitteilen lassen: "Ihrer Anfrage nach einem GRÜNEN Gesetzesentwurf ..... können wir leider nur mit einer Stellungnahme zum Diskussionsentwurf des BMJ gerecht werden.")

ernst genommen und weiter z.B. den Betroffenen im erforderlichen Umfang Verfahrenspfleger[3] bestellt werden[4]. Deren Bestellung könnte nötigenfalls aber auch mit geringem Aufwand gesetzlich festgeschrieben werden, damit eine Rechtswahrnehmung möglich wird. Gleichzeitig müßten selbstverständlich Umsetzungschancen in den betroffenen Behörden und Gerichten eröffnet werden[5].

Diesen Fragen wird in der Reformdiskussion eher weniger Beachtung geschenkt. Einige Zweifler verweisen auf die Schere zwischen Anspruch und Umsetzung[6]. Die Hoffnung, ein neues Recht werde die zum Teil nicht einmal im einzelnen analysierten Pro-

---

3) Keidel/Amelung, FGG, § 12 Rz. 111; Keidel/Reichert § 13 Rz. 46; KG OLGZ 1969, 257, 262; Baumbach/Albers, ZPO, § 653 Anm. 1 B zu dem ähnlichen Problem im Entmündigungsverfahren. - S. auch BVerfG NJW 1986, 3129, 3130.

4) Was von den Betroffenen nicht notwendig als positiv empfunden werden muß. Zweifelnd zur Effektivität Bienwald FamRZ 1987, 533, 544.

5) Schumacher Betrifft Justiz 1987, 154 f. - In einer für die ganze Diskussion bezeichnenden Verkürzung sieht er nur das (richterliche) Anordnungsverfahren, nicht die Weiterungen. Für die Betroffenen ist es belastend, wenn sie im Anordnungsverfahren wie ein bloßes Verfahrensobjekt behandelt werden. Mindestens genauso problematisch ist aber eine Dauerbeeinträchtigung und Objektposition in den Folgejahren. Sie wird gemildert, wenn die Betroffenen als Gesprächspartner ernst genommen werden. Nur das gelegentliche Reden über Probleme kann sie noch nicht erledigen. - BtG/BR-E S. 417: "Hauptmerkmal der persönlichen Betreuung ist der persönliche Kontakt, insbesondere das persönliche Gespräch zwischen Betreuten und Betreuer." Das ist kaum mehr als jetzt schon selbstverständlich sein sollte.

6) Z.B. Bienwald in Beiträge S. 69 ff und FamRZ 1987, 533, 536, 545. - Sandfort Die Randschau 1987, Heft 6, S. 7, 10.

bleme beseitigen, könnte schon deshalb enttäuscht werden[7]. Andererseits wird auch eine gesetzliche Regelung in Teilbereichen unausweichlich sein. Selbst wenn das geltende Recht nicht völlig umgestaltet wird, sind an einzelnen Stellen gesetzliche Akzentbetonungen zu erwarten bzw. erforderlich, die den bestehenden verfassungsrechtlichen Bedenken abhelfen und dem einhelligen Reformanliegen entsprechen.

2.1. Kompetenz des Bundes

Das geltende Betreuungsrecht ist im BGB, der ZPO und dem FGG erfaßt. Es gehört damit zu dem Regelungszusammenhang der konkurrierenden Gesetzgebung "Bürgerliches Recht, Gerichtsverfassung und gerichtliches Verfahren" (Art. 74 Nr. 1 GG). Mit dem Begriff "Bürgerliches Recht" hat das GG an eine schon in der WRV (Art. 7 Nr. 1) gewählte Abgrenzung angeknüpft, die ihrerseits auf die Regelung in der RVerf von 1871 zurückging. Dieser historische Zusammenhang zeigt, daß unter "Bürgerlichem Recht" keine (moderne) abstrakte materielle Zusammenfassung spezieller Privatrechtsregeln in Abgrenzung zu dem öffentlichen Recht zu verstehen ist[8]. Die Entstehungsgeschichte und der historische Bezug bleiben zu berücksichtigen[9]. Obwohl die hier zu betrachtende Betreuung Volljähriger typische Aspekte staatlicher Wohlfahrtspflege[10], staatlicher Fürsorge und Ausübung öffentlicher Macht[11] darstellt, ist jedenfalls der bisherige Bereich der Vormundschaft und Pflegschaft für Volljährige als Bestand des Bürgerlichen Rechts zu verstehen. Das ergibt sich aus dieser historischen Betrachtung.

---

7) Pardey, Vormundschaft und Pflegschaft, S. 7, 105 ff.

8) BVerfGE 11, 192, 199.

9) BVerfGE 33, 125, 152 f; 42, 20, 29 f; 61, 149, 175 f.

10) BVerfGE 54, 257, 268 (eine der "obersten Aufgaben der staatlichen Wohlfahrtspflege").

11) BVerfGE 10, 302, 312, 324; s. auch BVerwG NJW 1988, 2399; a.A. offenbar BtG/BR-E S. 338.

Die Zuordnung zu dem "Bürgerlichen Recht" erlaubt es dem Gesetzgeber andererseits nicht, diesen überkommenen Ansatz beliebig zu erweitern[12]. Mit der Reform sind Ausweitungen aus dem bisherigen Bereich insbesondere in Richtung auf ein systematisiertes Behinderten- und Altenhilferecht zu sehen. Dieser Aspekt wird besonders deutlich bei der erstrebten "Betreuung" im engeren Sinn, deren inhaltliche Abgrenzung und Zielsetzung in der Reformdiskussion allerdings noch recht diffus ist[13]. Es geht jedenfalls nicht um Personensorge im herkömmlichen Sinn (vgl. § 1631 Abs. 1 BGB). Gemeint ist teilweise die Verordnung einer Zuwendung, eine teilnehmende rehabilitierungsfördernde Therapiestützung[14]. Zum Teil scheint nur die personale Einbeziehung des Betreuten in die Abwicklung angestrebt zu werden. An dieser Stelle bleibt auch der BtG/BR-E recht unbestimmt. Während in den vorgeschlagenen gesetzlichen Regelungen nur von einer "Eignung zur persönlichen Betreuung" (§ 1898 Abs. 1 BtG/BR-E) und einer Pflicht, wichtige Angelegenheiten zu besprechen (§ 1901 Abs. 2 S. 3 BtG/BR-E) die Rede ist, heißt es in der Begründung:

"Die Betroffenen sollen persönlich betreut werden. Der Betreuer soll persönlichen Kontakt mit dem Betreuten suchen und das persönliche Gespräch mit ihm pflegen. Eine anonyme Verwaltung von Vormundschafts- und Pflegschaftsfällen, die gegenwärtig vielfach beklagt wird, soll es nicht mehr geben"[15].

---

12) BVerfGE 61, 149, 176 (betr. Staatshaftungsgesetz).

13) So zu Recht Bienwald FamRZ 1987, 533, 536 linke Spalte. S. auch oben bei 1. Fn. 44. - Die Vorstellung der personalen Elemente der Reform bei Wolf ZRP 1988, 313 klingt auch sehr eingegrenzt. Danach ist nur ein Anliegen, personenbezogene Grundentscheidungen zu kontrollieren, vorherrschend. Die Betreuung durch den Betreuer bleibt auf das (zweimonatliche?) Gespräch beschränkt. Vgl. auch BtG/BR-E S. 417.

14) Dürr ZRP 1983, 273, 277; Schulte ZRP 1986, 249.

15) S. 40 BtG-DiskE I = BtG/BR-E S. 162. - Der BtG-RefE enthält nur zu den abweichenden und ergänzenden Vorschlägen eine eigene Begründung (BtG-RefE S. 87). Im BtG/BR-E sind

Und:

"Persönliche Betreuung darf nicht mit Ausübung der Personensorge gleichgesetzt werden. Sie ist vielmehr eine Art und Weise der Betreuung, die in allen Aufgabenkreisen - auch bei der Vermögenssorge - anzustreben ist. Persönliche Betreuung ist der Gegensatz zu einer anonymen Verwaltung von Vormundschafts- und Pflegschaftsfällen, die sich gegenwärtig wegen der starken Belastung vieler Vormünder und Pfleger mit einer großen Zahl von Fällen ergeben hat. Hauptmerkmal der persönlichen Betreuung ist der persönliche Kontakt, insbesondere das persönliche Gespräch zwischen Betreutem und Betreuer. Persönliche Betreuung ist in allen Fällen sinnvoll; das notwendige Maß wird freilich von Fall zu Fall unterschiedlich sein"[16].

Diese Tätigkeit des Betreuers ist jedenfalls mehr als die bisherige staatliche Hilfe für schutzbedürftige Volljährige. Ob sie rechtspolitisch das umsetzt, was vermeintlich einhelliges Reformziel ist, kann hier nicht untersucht werden. Auch auf das Problem der tatsächlichen Hilfe (schlichte aktive Arbeit für und mit dem Betreuten), das sich als Integrationsunterstützung jedenfalls für betreute Ältere als erforderlich erweist, kann nur hingewiesen werden. Insoweit geht es nicht nur um das Organisieren fremder (bezahlter) Hilfe. Die Betreuten haben nicht nur Schwierigkeiten, die Hilfe selber zu ordern, sie haben auch Schwierigkeiten, damit umzugehen. Ihnen darf dieses Problem nicht abgenommen werden, weil sie sonst in Unselbständigkeit gedrängt werden. Sie dürfen dabei aber auch nicht allein gelassen werden. Wenn z.B. ein Umzug für eine ältere, beeinträchtigte, alleinstehende Frau[17] ansteht, ist es nicht damit getan, mit ihr zu besprechen, welches Unternehmen

---

15) (mit erneut abweichender Paginierung) alle Begründungsteile zusammengeschnitten und weiter ergänzt worden.

16) BtG-DiskE I S. 61 = BtG/BR-E S. 216/217; inhaltlich im wesentlichen identisch in der Einzelbegründung vgl. BtG-DiskE I S. 114.

17) Das ist die statistisch am häufigsten zu erwartende Klientin, s. Lehr FamRZ 1980, 1169, 1170; Bruder C 7. - Ältere Menschen mit Familienangehörigen werden oft unmittelbar von diesen betreut. Hilfseinrichtungen werden erst recht spät in Anspruch genommen, s. Clasen ZfJ 1986, 546 f.

bestellt werden soll und der Auftrag zu erteilen. Sie wird in der Vorbereitung wie Abwicklung tatsächliche Hilfe brauchen, die sich insbesondere auch auf die Unterstützung bei der Erfassung der und Integration in die neue Umgebung erstreckt. Bei diesen skizzierten Bereichen handelt es sich, wird das Jugendrecht vergleichend betrachtet, um Hilfen und Regelungen in einem Behinderten- und Altenhilferecht, das die Grenzen des bisherigen Bürgerlichen Betreuungsrechts für Volljährige verläßt[18].

Der Bundesgesetzgeber kann insoweit auf die Kompetenz aus Art. 74 Nr. 7 GG zurückgreifen. Wie das Bundesverfassungsgericht im Jugendbereich diese Ermächtigung als zureichende Grundlage für die Regelung selbst eines Jugendpflegerechts bewertet hat[19], wird ein helfendes und förderndes Recht für Behinderte und Ältere durch diese Kompetenzzuweisung möglich[20].

Dem Gesetzgeber steht grundsätzlich Gestaltungsfreiheit zu. Er ist nicht gehalten, z.B. Hilfsangebote in einem bestimmten gesetzlichen Kontext anzubieten. Bei offenen oder ungeklärten Problemlagen ist es nur seine Aufgabe, eine eigene Prognose

---

18) Es mag zweifelhaft sein, ob ein Gesetz nach Maßgabe des BtG/BR-E diese Hilfen erfaßt. Die Reformdiskussion außerhalb der Ministerien scheint aber für selbstverständlich zu halten, daß insoweit zukünftig mehr geleistet wird als bisher; die Kompetenzfrage ist damit akut.

19) BVerfGE 22, 180, 212/213 (Art. 74 Nr. 7 "öffentliche Fürsorge" umfaßt Jugendfürsorge und Jugendpflege).

20) S. auch BVerfGE 42, 263, 281 f (Zuständigkeit betr. Gesetz über die Errichtung einer Stiftung für behinderte Kinder - Contergan -). - Damit soll nicht zu der streitigen Frage Stellung genommen sein, ob Art. 74 Nr. 7 GG auch eine Bundeskompetenz für ein umfassendes Unterbringungsrecht begründet (offengelassen in BVerfGE 58, 208, 229 f; vgl. weiter Holzhauer B 99 f m.w.Nachw.).

über die Eignung und Erforderlichkeit einer Regelung anzustellen. Wenn er dabei zu dem Ergebnis kommt, die Ausweitung der fürsorgerischen Regelungen im BGB auf bisher eher sozialrechtlich gesehene Einzelaspekte könne den angestrebten Zweck am ehesten erreichen, ist gegen eine derartige Verschiebung aus verfassungsrechtlicher Sicht jedenfalls kein Einwand zu erheben[21]. - Das gilt aber nur für die Regelung im Rahmen der Kompetenzbereiche. Dem Bundesgesetzgeber ist es in diesem Zusammenhang ebenso verwehrt, die von vielen Betreuungsorganisationen gewünschte Vereinsfinanzierung zu regeln[22], wie - gar beliebig - in die Behördenorganisation der Länder und Gemeinden einzugreifen. Das Grundgesetz geht von der grundsätzlichen Länderzuständigkeit aus (Art. 30 GG). Die Möglichkeiten der Relativierung der Verwaltung (grundsätzlich durch die Länder wahrzunehmen, Art. 83 GG) ist begrenzt (Art. 84 I GG)[23]. Bedenken können sich deshalb gegen die im BtG vorgesehene Zuweisung der Aufgaben an individuale Behördenbetreuer ergeben. Während in den BtG-DiskE (§ 1898 I BtG-DiskE I) noch das Prinzip der Einzelbetreuer betont war, läßt der BtG/BR-E jetzt ausnahmsweise[24] wieder die althergebrachte Amtsbetreuung zu (§ 1900 IV BGB i.d.F. BtG/BR-E). Dadurch erledigt sich aber die verfassungsrechtlich relevante Frage danach nicht, ob der Bundesgesetzgeber die Mitarbeiter von Kommunalbehörden als zu verpflichtende Verwaltungssubjekte in Anspruch nehmen bzw. ihre Inanspruchnahme vorschreiben darf. Behördenbetreuer sollen einen ganz anderen Status als Privatbetreuer haben, wie sich z.B. an den Bestellungs- wie Entgeltregelungen zeigt (§§ 1900, 1908 h BGB i.d.F. BtG/BR-E). Das Problem tritt dadurch jetzt krasser als nach den BtG-DiskE zutage. Während man

---

21) Das BVerfG hat a.a.O. (Fn. 20) ohne weitere Erörterung die Zuständigkeit für den Erlaß aus beiden Kompetenzregelungen festgestellt.

22) BtG-DiskE II S. 36, 41; BtG-RefE S. 120.

23) Vgl. BVerfGE 22, 180, 210. - BtG/BR-E S. 337.

24) Begründung BtG/BR-E S. 435/436. - Schach DAVorm 1989, 123 ff befürchtet andere tatsächliche Auswirkungen.

danach hätte versuchen könner zu argumentieren, die neue persönliche Betreuung könne nur individual geleistet werden, enthält der BtG/BR-E die Bestätigung, daß das jedenfalls ausnahmslos nicht richtig ist. - Das BVerfG hat 1967 § 12 I JWG i.d.F. v. 11.8.1961 für verfassungswidrig erklärt[25] und dazu ausgeführt[26]:

"1. § 12 Abs. 1 JWG bestimmt, daß die öffentliche Jugendhilfe gemäß §§ 4 und 5 Selbstverwaltungsangelegenheit der Gemeinden und Gemeindeverbände ist. Das gleiche gilt nach § 96 Abs. 1 Satz 2 BSHG für die kreisfreien Städte und die Landkreise als Träger der Sozialhilfe.
Führen die Länder die Bundesgesetze als eigene Angelegenheit aus, so regeln sie die Einrichtung der Behörden und das Verwaltungsverfahren, soweit nicht Bundesgesetze mit Zustimmung des Bundesrates etwas anderes bestimmen (Art. 84 Abs. 1 GG). Sowohl das Jugendwohlfahrtsgesetz wie das Bundessozialhilfegesetz sind als Zustimmungsgesetze ergangen. Aber auch bei Vorliegen dieser Voraussetzung erlaubt Art. 84 Abs. 1 GG dem Bundesgesetzgeber nicht den unbeschränkten Durchgriff auf die Gemeinden in der Weise, daß er schlechthin immer bestimmen könnte, in welchem Wirkungskreis die Gemeinde das Gesetz vollziehen soll. Die Ratio des Art. 84 GG ist ganz allgemein die Gewährleistung eines wirksamen Vollzugs der Bundesgesetze.
Das Grundgesetz weist die Materie Kommunalrecht nicht dem Bund zu, sondern beläßt sie ausschließlich den Ländern. Dies muß auch bei der Auslegung von Art. 84 Abs. 1 letzter Halbsatz GG beachtet werden. Es kann sich also bei der Einschaltung der Gemeinden in den Vollzug der Bundesgesetze durch den Bundesgesetzgeber immer nur um punktuelle Annexregelungen zu einer zur Zuständigkeit des Bundesgesetzgebers gehörenden materiellen Regelung handeln. Wenn die Annexregelung für den wirksamen Vollzug der materiellen Bestimmungen des Gesetzes nicht notwendig ist, so liegt darin ein unzulässiger Eingriff in die Verwaltungskompetenz der Länder. Im vorliegenden Fall kann die Bestimmung der Aufgabe zur Selbstverwaltungsangelegenheit zum wirksamen Vollzug der materiellen Regelung nichts beitragen."

Ein Behördenbetreuer soll die im Behinderten- und Altenhilferecht wurzelnden Aufgaben[27] der öffentlichen Fürsorge wahrnehmen. Unabhängig davon, wie die Tätigkeit privater Betreuer zu beurteilen ist, ist diese Aufgabenzuweisung grundsätzlich jedenfalls Übertragung hoheitlicher Tätigkeit, führt zur Aus-

---

25) BVerfGE 22, 180 ff.

26) a.a.O. S. 209/210.

27) Vgl. BVerwG NJW 1988, 2399 (betr. JugendhilfeR).

übung eines öffentlichen Amtes[28]. Das kann nicht deshalb anders gesehen werden, weil diese Regelung in Modifizierung der §§ 54 a, 37 S. 2 JWG in das BGB integriert werden und die Aufgabenübertragung durch das Gericht vorgenommen werden soll, das dabei auf die Zustimmung der Behörde angewiesen ist[29]. Nach der Konzeption könnte die Behörde die Zustimmung nicht systemgerecht versagen, weil sie grundsätzliche Bedenken hat. Der Bundesgesetzgeber würde hier nicht nur Strukturvorgaben geben, die wie seinerzeit bei § 12 I JWG alter Fassung schon bedenklich sein könnten. Er will den unmittelbaren Zugriff auf den einzelnen Mitarbeiter regeln, der für seine Tätigkeit aber weiter als Mitarbeiter im öffentlichen Aufgabenkreis von seiner Behörde bezahlt werden und auch sonst dort integriert bleiben soll[30]. - Die insoweit vorgesehene Regelung im BGB wird sich weder auf Art. 74 Nr. 1 oder 7 GG stützen lassen können, noch nach Art. 84 I GG möglich sein. Die Reform wird sich entscheiden müssen, ob wirklich der ideale Individualbetreuer zum Prinzip erhoben und gestärkt werden soll, wie es noch im BtG-DiskE I anklang oder ob das als tatsächlich nicht durchsetzbar erscheint. Die Figur des individualen Behördenbetreuers kann jedenfalls nur eine im Gesetzgebungsverfahren aufzugebende Rückzugsvariante sein.

Der Bundesgesetzgeber kann unter Berufung auf die Kompetenz aus Art. 74 Nr. 1 GG im übrigen das Verfahren umfassend neu gestalten, ohne daß es dabei darauf ankommt, ob die geregelte gerichtliche Tätigkeit Rechtsprechung im engeren Sinn (Art. 92 GG) ist[31]. Schwierigkeiten können sich aus dieser letzten Fragestellung nur ergeben, soweit eine Verschiebung der funktio-

---

28) a.A. BtG/BR-E S. 338; gegen BVerfGE 10, 302, 312, 324; BGH NJW 1987, 2664 und BVerwG NJW 1988, 2399; aber ohne auf diese einzugehen.

29) § 1897 Abs. 2 BGB i.d.F. BtG/BR-E (S. 28).

30) Es wird sogar eine Haftungsverantwortlichkeit seiner Behörde angenommen (BtG-DiskE II S. 43).

31) BVerfGE 11, 192, 198 f.

nellen Zuständigkeit (Richter/Rechtspfleger) erstrebt würde[32]. Die außerhalb des Bundes Deutscher Rechtspfleger dazu abgegebenen Stellungnahmen gehen ganz überwiegend[33] davon aus, daß es nicht sinnvoll sein kann, die Reform durch ein Eindringen in die entsprechenden Abgrenzungsfragen zu gefährden[34]. Unabhängig davon, ob die im BtG/BR-E vorgeschlagene Zuständigkeitsabgrenzung glücklich erscheint (Art. 3 Nr. 1 und 2), ergeben sich im Hinblick auf die bisher vorgeschlagene verstärkte Richterzuständigkeit keine verfassungsrechtlichen Probleme[35]. Aus der nahezu zwangsläufigen Doppelarbeit wird sich eine erhebliche Einschränkung erwarteter Entlastungen[36] ergeben. So erscheint eine sinnvolle Eingangseinheitsentscheidung durch den Richter kaum vorstellbar, ohne daß der Richter sich mit dem vorgesehenen Betreuer unterhält. Anschließend wird ihn der Rechtspfleger zur Einführung einbestellen. - Wenn der Betreuer versagt, muß der Richter die Beanstandungen des Rechtspflegers vor einer etwaigen Entlassung und Neubestellung nachvollziehen. Die vermeintlichen Entlastungen der Rechtspfleger werden im übrigen durch die Anhörungspflichten nach § 69 d I FGG

---

32) Wie z.B. von dem Bund Deutscher Rechtspfleger, der sich dieser Thematik deshalb selbst stellt; Morvilius RpflBl. 1988, 19 und Wesche DAVorm 1988, 499; vgl. auch Kröning und Ahlers auf dem Verbandstag Bund Deutscher Rechtspfleger Bremen RpflBl. 1988, 61.

33) Die Frage scheint insoweit nur dahin gestellt zu werden, ob Kompetenzverluste der Rechtspfleger geboten/sinnvoll sind.

34) Das BVerfG pflegt sehr deutlich zu betonen, daß aus seiner Sicht Rechtspfleger nicht Richter i.S.d. GG sind; vgl. z.B. BVerfG NJW 1982, 2178 (betr. Art. 100 GG).

35) Eine verfassungsrechtlich orientierte Abgrenzung der funktionellen Zuständigkeitsbereiche ist im Juni 1988 auf einer Seminarwoche im Fachbereich Rechtspflege, Bad Münstereifel, versucht worden.

36) BtG/BR-E S. 352.

i.d.F. BtG/BR-E weitgehend absorbiert werden. Sie gehen deutlich über das hinaus, was derzeit Praxis ist und werden in zahlreichen Fällen relevant[37].

2.2. Regelungspflicht

Die wesentliche Aufgabe des demokratisch legitimierten Gesetzgebers ist es, Lebenssachverhalte nach Maßgabe seiner Gestaltungsvorgaben zu regeln. Die ihm dabei zustehende Beurteilungsfreiheit erlaubt ihm allerdings nicht, auch in allen Fällen nach Belieben untätig zu bleiben. Wenn Art. 20 Abs. 3 GG betont, daß auch der Gesetzgeber (selbstverständlich) an die verfassungsmäßige Ordnung gebunden ist, ist daraus jedenfalls für besondere Konstellationen abzuleiten, daß es verfassungswidrig sein kann, wenn der Gesetzgeber nichts unternimmt[38].

Der Gesetzgeber hat dafür Sorge zu tragen, daß die aus Gründen ihres Schutzes für die Betroffenen bestehende Betreuung gewährleistet bleibt und dabei ihr Persönlichkeitsrecht und ihre Persönlichkeitsentwicklung nicht in Frage gestellt wird. Wenn in Grundrechte eingegriffen werden soll/muß, ist es Sache des Gesetzgebers, die Einzelheiten unter Abwägung der betroffenen Interessen zu regeln. Die deklaratorische Feststellung einer etwa vorhandenen allgemeinen Meinung kann eine derartige gesetzliche Regelung ebensowenig ersetzen, wie die Berufung auf nachkonstitutionelles Gewohnheitsrecht[39]. Sonderstatusverhältnisse (besondere Gewaltverhältnisse)[40] ermöglichen nur dann, wenn ihre Grundlagen in der Verfassung selbst angelegt sind,

---

37) Damit soll der begrüßenswerte § 69 d nicht angegriffen sein. Ohne zusätzliche Aktivitäten könnten die Probleme aber konserviert und kostenneutrale Kompensationsversuche zum Hemmschuh werden.

38) BVerfG NJW 1987, 2287 (Aids); Herzog in Maunz/Dürig, Art. 20 VI Rz. 7 f, 13; v. Barby NJW 1989, 80.

39) BVerfG NJW 1988, 191, 192.

40) Hesse, Rz. 322.

als solche Eingriffe in Grundrechte. Wobei auch diese Eingriffe nur zulässig sind, soweit sie sich aus der Natur der Verhältnisse ergeben, ohne daß dadurch der Grundsatz des Erfordernisses eines Gesetzes für den Eingriff aufgehoben wird[41]. Die Praxis der Betreuungen erfordert z.B. Eingriffe in die körperliche Integrität (Behandlungspflegschaften) und Bewegungsfreiheit (Heimaufenthalte). Betroffen ist Art. 2 Abs. 2 GG. Die Fremdverwaltung bringt es mit sich, daß in das Brief- wie Fernmeldegeheimnis regelmäßig eingegriffen wird (Art. 10 GG). Die Freizügigkeit der Betroffenen (Art. 11 Abs. 1 GG) ist betroffen. Der Zugriff auf Ausbildung und Arbeitsstelle der Betreuten kommt in Betracht (Art. 12 GG). Die Unverletzlichkeit der Wohnung wird für betreute Volljährige offenbar kaum erwogen (Art. 13 Abs. 1 GG). Das Vermögen der Betreuten wird fremdverwaltet, nicht immer in ihrem Sinn (Art. 14 GG)[42]. Der Rahmen der zivilrechtlichen Unterbringungsregelungen kollidiert mit Art. 104 Abs. 2 GG, weil er bisher auf Unterbringungen in geschlossenen Anstalten beschränkt verstanden wird. Psychische Zwangswirkungen werden nicht berücksichtigt, nur physische Zwangswirkungen.

Der Gesetzgeber verliert seine Freiheit, gegebenenfalls auch keine Regelung zu treffen, wenn evident ist, daß die bestehende Rechtssituation zu erheblichen Beeinträchtigungen, insbesondere von Grundrechten führt. Dieses Problem ergibt sich im geltenden Recht zum Teil aus der Verlagerung der Betreuungen

---

41) BVerfGE 33, 1, 9 ff; 44, 197, 202 f und S. 205 f (abweichende Meinung).

42) Nach - abzulehnender Ansicht, der jedoch nicht ganz selten gefolgt wird, von - Möhring S. 90 soll die Vermögensverwaltung einem "Interesse einer volkswirtschaftlich sinnvollen Behandlung" dienen. Eine derartige Teilsozialisierung müßte gesetzlich näher geregelt sein. Es würde sich um eine am Gemeinwohl orientierte Inhaltsregelung des Eigentums handeln (s. Dörr NJW 1988, 1049, 1050 f).

in das wenig systematisch geregelte Pflegschaftsrecht wie insbesondere aus der langjährigen allgemein bekannten gerichtlichen Praxis einer größeren Zahl der Eingangsgerichte[43].

2.2.1. Materielle Probleme

Sowohl für die Entmündigten wie die Pflegebefohlenen ergeben sich gegenwärtig aus den laufenden Betreuungen bzw. Verfahren Belastungen, deren verfassungsrechtliche Problematik in der Diskussion nicht ausgeschöpft erscheint. Während bei den Entmündigungen der legitimierende Grundeingriff in der gerichtlichen Grundentscheidung gesucht werden kann, können die Lösungsansätze bei Pflegschaften bisher nicht befriedigen. Der Unterschied wird nur selten offen problematisiert.

Es handelt sich dabei vornehmlich um Eingriffe in die Wohnung (Art. 13 GG), das Brief- und Fernmeldegeheimnis (Art. 10 GG bzw. Art. 5 GG für abgehende Briefe), die körperliche Unversehrtheit insbesondere im Rahmen einer Behandlungspflegschaft[44] und in die Bewegungsfreiheit (Art. 2 Abs. 2, 104 GG), das allgemeine Persönlichkeitsrecht (Art. 2 Abs. 1 i.V.m. 1 Abs. 1 GG)[45], wie rechtsstaatliche Bedenken gegen den Einsatz von befangenen Betreuern, deren eigene Interessen die Betreuung beherrschen können.

---

43) Symptomatisch das erstinstanzliche Verfahren bei OLG Koblenz FamRZ 1989, 213.

44) Zur Behandlungspflegschaft grundsätzlich Göppinger FamRZ 1980, 856, 862 ff und Bienwald, Vormundschafts- und Pflegschaftsrecht, S. 163 ff.

45) Die Diskussion dazu ist für gesetzlich Vertretene durch BVerfG FamRZ 1986, 769 ff wieder belebt worden, s. z.B. Hertwig FamRZ 1987, 124 ff. Diese Fragestellungen sind bei betreuten Volljährigen deshalb noch gravierender zu sehen, weil sich anders als bei Minderjährigen jedenfalls keine natürliche Wahrnehmung der Rechte durch andere aus der Verfassung ableiten läßt.

Bei dieser Betrachtung wird zugrunde gelegt, daß die Anordnung wie die Ausübung der bürgerlich-rechtlichen Betreuung im Rahmen des geltenden Rechts Zuweisung und Wahrnehmung von staatlichen Machtbefugnissen ist, die Betroffenheit von Grundrechten deshalb nicht an den Kriterien der Beziehungen zwischen Privaten, sondern an denen für staatliche Eingriffe zu messen ist[46].

Drei Ebenen sind zu unterscheiden, auf die im Zusammenhang mit der Frage nach der Ausgestaltung eines neuen Rechts noch näher einzugehen ist. Eine Betreuung muß angeordnet werden. Wenn in der Anordnung mehr enthalten ist als die Aufforderung zu tatsächlicher Hilfe, insbesondere die Zuweisung von (gar Vorrang beanspruchender) - gesetzlicher - Vertretungsmacht, liegt in dieser Anordnung ein Eingriff, der mindestens an den allgemeinen Kriterien des Art. 2 I GG zu messen ist. Unabhängig davon, ob der betroffene zu Betreuende fähig ist, eigene Rechte, hier insbesondere seine Grundrechte, selbst auszuüben bzw. wahrzunehmen, enthält die Zuweisung der Aufgabe an einen Dritten, im Rechtskreis des Betreuten mit staatlich zugewiesener Rechtsmacht tätig zu werden, eine Beeinträchtigung eben dieses Rechtskreises. Am deutlichsten wird das immer wieder am Wohnungsrecht. Die Wohnung ist unverletzlich (Art. 13 I GG). Die Zuweisung der Entscheidungsmacht über die Wohnung enthält einen Eingriff, der sich nicht nur bei der Vertretung (z.B. Vereinbarung über eine Abänderung des Mietvertrages über die Woh-

---

46) BVerfGE 10, 302, 323 ff (328); im Anschluß daran die obergerichtliche Rechtsprechung s. z.B. OLG Hamm Rpfleger 1985, 362; BayObLG FamRZ 1988, 320. Zweifelnd noch Dunz JZ 1960, 475, 476. - Mit starker Betonung des Persönlichkeitsrechts In der Beeck/Wuttke NJW 1968, 1165, 1168 sowie Husmann DÖD 1974, 145, 147.
Die Bezeichnung als "gesellschaftliches Selbsthilfeinstitut unter staatlicher Aufsicht" - so Neumann NJW 1982, 2588, 2590 - verdeckt dieses Kriterium eher, ohne zusätzliche Erkenntnismöglichkeiten aufzuzeigen.

nung) konkretisieren kann. (Ob das genehmigungsfrei ist, kann hier dahinstehen.) Deutlicher ist es bei dem Auftrag an den Handwerker, die Wohnung aufzubrechen. Hier wird alsbald die zweite Ebene verlassen und die dritte deutlich, nämlich die der zwangsweisen Umsetzung. Die Zuweisung der Aufgabe, die Ausübung der Vertretungsmacht wie die Vollziehung der Entscheidungen des Betreuers stehen nebeneinander. Wie schon z.B. im Ordnungsrecht vor langer Zeit deutlich geworden ist, daß Aufgabenzuweisung und Ermächtigung zur Durchsetzung nicht identisch[47], für letztere vielmehr höhere Anforderungen zu stellen sind, kann auch jetzt mit dem Anlaß aus dem bürgerlichen Recht nicht eine auch nur praktische Gleichsetzung erfolgen, jedenfalls nicht jenseits der Entmündigung. Angesichts des Rückgangs der Entmündigungen mit der Tendenz zur Ablösung und der einhelligen Reformziele ist zunächst nicht mehr wichtig, ob bei der Entmündigung die richterliche Grundentscheidung wirklich auch die umfassende Ermächtigung bis zu allen Zwangsmaßnahmen enthält. Im Pflegschaftsrecht ist das mangels einer derartigen eingreifenden Grundentscheidung jedenfalls nicht so. Insbesondere Zwang muß legitimiert werden. Die dafür bestehenden Rechtsgrundlagen sind schon z.Zt. äußerst zweifelhaft. Die Wahrnehmung der zugewiesenen Rechte hat keinen privatrechtlichen Charakter. Zwar treten Rechtsfolgen der Erklärungen des gesetzlichen Vertreters gegebenenfalls im bürgerlichen Recht ein. Das betrifft aber nicht die Frage nach der Qualität wie der der Ausübung seiner Vertretungsmacht. Die Tatsache, daß die Grundlage im BGB geregelt ist, verweist nicht, insbesondere nicht im Zwangsbereich, stets in das Zivilrecht zurück, wie der vergleichende Blick auf das Zwangsvollstreckungsrecht der ZPO bestätigt[48].

---

47) Götz, Polizei- und OrdnungsR, 1. Aufl. S. 55; zum geltenden OrdnungsR ders. 9. Aufl. Rz. 71, 157.

48) Gaßner NJW 1988, 1131, 1132 unter II 1.

Dürig[49] widerspricht der Ansicht, daß die Wahrnehmung der Befugnisse gesetzlicher Vertreter (Vormundschaft, auch die für Volljährige) die Ausübung staatlicher Macht sei. Diese Auffassung stützt sich auf die durch das BVerfG als verfassungswidrig erklärte Ansicht, vormundschaftliche Unterbringung werde nicht durch Art. 104 II GG erfaßt. Wenn man Art. 104 II GG überhaupt auf derartige Unterbringungen erstreckt, muß man folgerichtig in jeder vormundschaftlichen Tätigkeit für Volljährige Ausübung öffentlicher Gewalt sehen. Die (privaten) Betreuer haben keine "personalen" Rechte.
Das bestreitet allerdings Holzhauer im Zusammenhang mit der Erörterung von Zwangsmaßnahmen durch Familienangehörige gegen Volljährige für den Kreis familialer Betreuer[50].

"Die Pflege naher Angehöriger bleibt ein Akt familialer Solidarität, der auch dann, wenn der pflegende Angehörige zum Betreuer bestellt wird, keine öffentlich-rechtlichen Züge annimmt. In der Regel stellt die Krankenpflege sogar eine nach §§ 1601 f BGB geschuldete Unterhaltsleistung dar. Zweckmäßigkeitsgründe sprechen dagegen, pflegende Angehörige einer freiheitsentziehenden Maßnahme dem gerichtlichen Genehmigungserfordernis zu unterwerfen"[51].

Das ist weder mit Art. 6 GG noch der von Holzhauer zugleich zitierten Entscheidung des BVerfG vom 10.2.1960[52] oder sonst den Rechten der Betroffenen vereinbar. Daß die Krankenpflege als solche nach §§ 1601 f BGB geschuldeter bürgerlich-rechtlicher Unterhalt ist, ist in dieser Form nach § 1612 Abs. 1 S. 1 BGB unzutreffend. Die Elternrechte für Kinder enden mit der Volljährigkeit der Kinder[53]. Kinder haben als solche über Eltern nie Entscheidungsbefugnisse, erst recht nicht sonstige

---

49) Dürig in Maunz/Dürig Art. 11 Rz. 53; Art. 104 Rz. 3, z.T. ausdrücklich gegen BVerfGE 10, 302 ff.

50) B 104 f. - Ähnlich z.T. Helle JR 1986, 180, 182 f.

51) B 104 a.E.

52) BVerfGE 10, 302 ff.

53) BVerfGE 59, 360, 382; 72, 122, 137. - Soweit das BVerfG über die Volljährigkeit hinauswirkende Beziehungen anerkennt (BVerfGE 57, 170, 178), sind daraus nie Machtbefugnisse abgeleitet worden.

Verwandte gegen (beliebige) Familienangehörige. Die Einordnung des Vormundschafts- und Pflegschaftsrechts in das BGB mit all diesen Folgebereichen (soweit sie z. Zt. überhaupt geregelt sind) ist eine historisch verständliche Zuweisung, die unter der Geltung des GG keine beliebig angemaßten Betreuungskompetenzen rechtfertigt. Das bestätigt sich im Streit der Geschwister über den Aufenthalt dementer Eltern und die nicht so ganz seltenen Zugriffsversuche mit Erbhoffnung gestärkter Neffen und Nichten auf vermögende Angehörige. In diesem Zusammenhang geht es nicht darum, die Selbstlosigkeit zahlreicher familialer Betreuer zu diskreditieren. Auch sie benötigen aber Hilfen durch klare Vorgaben[54], die ihnen versagt bleiben, wenn sie auf sich selbst verwiesen werden[55].

"Es verbietet sich ....., die Unterbringung volljähriger Geisteskranker durch den Vormund rechtlich so zu würdigen, als ob die Freiheitsentziehung sich im Rahmen privatrechtlicher Beziehungen zwischen Staatsbürgern abspielte. Der Staat kann sich von der Grundrechtsbindung nicht dadurch befreien, daß er einen Privatmann zur Wahrung einer öffentlichen Aufgabe bestellt und ihm die Entscheidung über den Einsatz staatlicher Machtmittel überläßt"[56].

Wenn ein Pfleger eine Wohnung aufbrechen lassen muß, sei es um Hilfe für die Person oder das Vermögen des Pflegebefohlenen zu erbringen, sei es um Pflichten des Betreuten gegenüber Dritten umzusetzen, ist schon gegenwärtig weder eine passende Generalermächtigung noch eine spezielle ersichtlich.

---

54) Bruder C 16/17, C 18/19.

55) Der Hinweis von Holzhauer, die Rechtfertigung bei Freiheitsentziehungen bzw. -beschränkungen ergebe sich aus § 34 StGB, wird nicht als hilfreich empfunden werden, zumal sich prophylaktische Maßnahmen kaum längerfristig darauf stützen lassen werden.

56) BVerfGE 10, 302, 327 unter (3). Das BVerfG betont S. 328 weiter: "Elterliche Gewalt und Vormundschaft dienen zwar verwandten Zwecken, doch besteht ein Gegensatz im Rechtsgrund. .....; das Amt des Vormundes hingegen ist eine staatliche Einrichtung .....; seine Gewalt über den Mündel beruht auf staatlichem Hoheitsakt."

Das Bundesverfassungsgericht hat für die Durchsuchung durch Gerichtsvollzieher (zu § 758 ZPO) entschieden, daß Art. 13 Abs. 2 GG unmittelbar die einfach-gesetzlichen Vorschriften ergänze[57]. Durchsuchungen bedürften einer konkreten richterlichen Entscheidung. Das hat in den Vormundschaftsgerichten bisher keine nachhaltige Änderung der Praxis bewirkt, gesetzliche Vertreter Volljähriger nötigenfalls unter Berufung auf §§ 1800, 1897, 1915, 1631 Abs. 3 BGB oder nur auf § 33 FGG (zum Teil durch Rechtspflegerbeschluß) zu ermächtigen, z.B. die Wohnung eines Pflegebefohlenen aufbrechen und durchsuchen zu lassen, sei es zur Vorbereitung einer Umsiedlung in ein Heim oder auch nur, um Unterlagen (z.B. für ein Anfangsverzeichnis) zu suchen (§ 1802 BGB)[58]. Dabei herrscht Einigkeit darüber, daß diese Rechtsgrundlagen höchst unsicheres Terrain bilden[59]. Eine ähnliche Problematik ergibt sich im Zusammenhang mit Zuführungen zu ärztlichen (Zwangs-)Behandlungen, soweit die Betroffenen sich weigern, ihre Wohnung zu öffnen. Die schon bei der akuten Behandlungsbedürftigkeit schwerer gesundheitlicher Beeinträchtigungen, insbesondere im Zusammenhang mit Unterbringungen[60], problematische Zwangsbehandlung wird im ambulanten Bereich noch zweifelhafter. Grundsätzlich ist davon

---

57) BVerfGE 51, 97, 113/114.

58) Beispiel bei Pardey, Vormundschaft und Pflegschaft, S. 86.

59) Helle FamRZ 1984, 639: ..... Eine Entscheidungsbefugnis ohne Durchsetzungskompetenz sei sinnlos. Deshalb müsse mit der Entscheidungskompetenz "auch die Befugnis korrespondieren, sie mit Zwang durchzusetzen"; Bittmann DGVZ 1987, 134, 136: "..... äußerst zweifelhaft, ob die vorhandenen Gesetze eine ausreichende Legitimation für Zwangsmaßnahmen gegenüber einem Kind enthalten"; (betr. Elternbegehren auf Herausgabe und entspr. Maßnahmen durch den Gerichtsvollzieher gegen das Kind auf Rückkehr). - Wieviel stärker müssen diese Bedenken bei Volljährigen relevant werden, bei denen ein Grundkonzept wie Art. 6 II GG fehlt.

60) S. dazu Göppinger FamRZ 1980, 856, 862; Helle MedR 1987, 65 ff.

auszugehen, daß es jedem Bürger freisteht, mit Krankheiten zu leben. Allein zu seiner Besserung darf kein staatlicher Zwang eingesetzt werden[61]. Fürsorglicher Zwang setzt die Überschreitung einer nicht zu niedrig anzusetzenden Selbstgefährdungsschwelle voraus und ist nur zulässig, wenn der Betroffene die Folgen der Behandlungsverweigerung nicht zu übersehen vermag[62]. Kann eine Schwangere über einen Pfleger zwangsweise zu einer Abtreibung veranlaßt werden, weil das Kind im Mutterleib zu sterben droht und die Mutter gefährdet[63]?

In diesen Bereichen ergeben sich die schon in der Psychiatrie-Enquete vor 14 Jahren beanstandeten Unsicherheiten der Gesetzesanwendung in besonderem Ausmaß. Eine derartige Unsicherheit erscheint mit dem Grundsatz einer rechtsstaatlichen Ordnung, in der der Gesetzgeber insbesondere für alle gewichtigen Eingriffe in Grundrechte die maßgeblichen Kriterien selbst vorgeben und dabei sicherstellen muß, daß der Wesensgehalt der Grundrechte nicht beeinträchtigt und die Grundrechte in der größtmöglichsten Form geschützt werden, kaum vereinbar.

Diesen Problemen kann auch nicht dadurch begegnet werden, daß die (Zwangs-)Maßnahmen, für die keine Grundlage gefunden werden kann, unterbleiben. Die Reformdiskussion wird zu Recht von dem sozialstaatlich legitimierten Schutzanspruch der Hilflosen

---

61) BVerfGE 22, 180, 219 und die Ansätze der Entscheidungen zur Helmtragepflicht BVerfGE 59, 275, 279 (keine "unzulässige Bevormundung" S. 278) wie der Anlegepflicht für Sicherheitsgurte BVerfG NJW 1987, 180.

62) BVerfGE 58, 208, 225. Kritisch dazu Neumann NJW 1982, 2588 ff. - Helle MedR 1987, 65, 67 bestimmt die Schwelle z.T. anders.

63) Der Fall ist bei einem norddeutschen Amtsgericht anhängig gewesen. Nach dem Tod des Fötus ist über eine Zwangspflegschaft die Operation (gegen den Willen der Mutter) durchgeführt worden. Die Frau beharrte darauf, die Diagnosen über dessen Tod seien falsch.

beherrscht. Auch der "renitente Alte"[64] (eine nicht ganz problemfreie Benennung) hat einen Anspruch darauf, nötigenfalls auch vor sich selbst geschützt zu werden.

Die Hilfe für beeinträchtigte Volljährige ist in einem sozialen Rechtsstaat aufgegeben. Sie ist aus der rechtsgeschichtlichen Tradition als Aufgabe des Staates entstanden. Schon im gemeinen Recht war sie gerichtliche Aufgabe.

"Seitdem wird Einrichtung und Verwaltung der Vormundschaft - als "eine der obersten Aufgaben der staatlichen Wohlfahrtspflege" (Endemann) verstanden - dazu bestimmt, den Schutz durch die Familie zu ergänzen. Anlaß und Grundlage für die Einrichtung einer Vormundschaft insbesondere über Volljährige bildet das öffentliche Interesse an der Fürsorge für den schutzbedürftigen Einzelnen; ihre Eigenart ist, daß sie sich - wenngleich im öffentlichen Interesse - unmittelbar auf die privatrechtliche Sphäre des Einzelnen erstreckt, öffentliche Fürsorge durch Wahrnehmung privater Angelegenheiten ist."[65]

Aus diesem Verständnis und der Aufgabenstellung ergibt sich, daß der Staat sich ihrer nicht entledigen darf. Er hat vielmehr für eine funktionierende, rechtsstaatlichen Anforderungen Rechnung tragende, Betreuung zu sorgen.

Das Bundesverfassungsgericht hat betont, daß gesetzliche Vertretung sozialer Schutz ist, der das Recht auf individuelle Selbstbestimmung (Art. 2 Abs. 1 i.V.m. 1 Abs. 1) nicht in Frage stellen dürfe[66]. Der Gesetzgeber müsse durch gesetzliche Vorgaben dafür Sorge tragen daß die Persönlichkeitsentwicklung nicht durch unzumutbare Vorgaben aus der gesetzlichen

---

64) Diederichsen in Festschrift für Keller S. 16.

65) BVerfGE 10, 302, 311.

66) BVerfGE 72, 170 ff betr. die Verfassungswidrigkeit unbeschränkter Vertretungsbefugnis der Eltern bei der Fortsetzung eines einzelkaufmännischen Handelsgeschäfts = NJW 1986, 1859 ff = FamRZ 1986, 769 ff. Diese Grundsätze müssen auch für Volljährige gelten (BtG-DiskE I S. 95).

Vertretung belastet wird. Im geltenden Recht stellt sich dieses Problem bei der Zwangsbetreuung Volljähriger durch Pfleger in zahlreichen Fällen. Da hier keine verfassungsrechtlich geschützte Position der Betreuer zu berücksichtigen ist (wie bei den Eltern), ist (unbeschadet der Regelung aus § 1901 Abs. 1 BGB) z.B. schon jeder Versuch einer erzieherischen Einflußnahme problematisch[67], zumal wenn mit dem Bundesverfassungsgericht die bloße Besserung durch Zwang abgelehnt wird[68]. Die wenigen Versuche der Rechtsprechung, die im Bereich der persönlichen Kontakte auftretenden Fragen über § 1901 BGB zu lösen, befriedigen nicht[69]. - Selbst die eigentlich nicht diskussionswürdige (weil zumindest das unproblematisch und selbstverständlich sein sollte) Frage nach der Zuteilung eines Taschengeldes[70] ist durch die entgegenstehende restriktive Handhabung so bedeutungsvoll geworden, daß es offenbar des Hinweises auf die verfassungsrechtliche Qualität der Selbstbestimmung bedarf, um ein Umdenken einzuleiten. Auch die ersten Entwürfe waren von dem gegenwärtig diesen Bereich noch beherrschenden Hang, die Sparsamkeit (zugunsten der Erben?) vor der Freiheit zu betonen, nicht frei. So heißt es in der Begründung des BtG-DiskE[71]:

---

67) Beispiel bei Zenz u.a. S. 18 bei Fn. 33. - In diesen Zusammenhang gehören auch die nicht so ganz seltenen "Abschottungsversuche", Umgangsbestimmungen mit durchaus unterschiedlichem Hintergrund. Tatsächliche Beispiele aus der Rechtsprechung: BayObLG FamRZ 1988, 320 und KG FamRZ 1988, 1044 (in anderem prozessualen Kontext, aber vgl. die Hinweise des KG S. 1045).

68) BVerfGE 22, 180, 218 f.

69) Bienwald in Beiträge S. 81 f.

70) Beispiel bei Pardey, Vormundschaft und Pflegschaft, S. 72 (B 68).

71) BtG-DiskE I S. 60. - Modifizierend jetzt BtG/BR-E S. 213. Dort ist das "etwas" vor "aufwendigere" weggelassen.

"Es ist aber nicht einzusehen, warum bei einem Betreuten die Entscheidung, eine sparsame oder eine etwas aufwendigere Lebensführung zu bevorzugen, nicht beachtlich sein sollte, solange sich diese Entscheidung in einem Rahmen hält, der seinen finanziellen Möglichkeiten entspricht und auch bei Nichtbetreuten als vertretbar angesehen wird."

Hinzuweisen ist auch auf die Schwächen des geltenden materiellen Rechts bei der Betreuerauswahl[72]. Auszuwählen ist ein geeigneter Betreuer (§§ 1779, 1897, 1915 BGB). Verwandte und Verschwägerte sind vorrangig zu berücksichtigen, was den Auswirkungen des Art. 6 Abs. 1, Abs. 2 GG entspricht[73]. Dieser Vorrang wirkt sich in der Handhabung der geltenden Vorschriften durch die Gerichte bei der Betreuung älterer Pflegebefohlenen oft dahin aus, daß möglichst die erbberechtigten Verwandten als Pfleger bestellt werden, wenn Vermögen zu betreuen ist[74]. - Ausfluß der rechtsstaatlichen Anforderungen des GG ist es auch, für ein geordnetes Verfahren ohne Bevorzugung sachfremder Interessen zu sorgen[75]. Die zu schützenden Interessen sind bei der Betreuung Volljähriger in deren Person zu suchen, nicht in dem nicht geschützten Interesse der Erben an der wirtschaftlichen Erhaltung der potentiellen Nachlaßmasse.

2.2.2. Rechtsschutzgewährung

Das Problem, daß die von der Verfassung mit dem Rechtsschutz beauftragten (erstinstanzlichen) Gerichte ihn nicht ohne weiteres gewähren, vielmehr z.T. selbst verfassungswidrig handeln, zeigt sich in der Handhabung des Verfahrensrechts noch deutlicher. Die in allen Untersuchungen berichteten Anhörungs-

---

72) Gernhuber FamRZ 1976, 189, 191.

73) BVerfGE 33, 237, 238 f.

74) Gernhuber FamRZ 1976, 189, 191; Pardey, Vormundschaft und Pflegschaft, S. 89.

75) Schmidt-Aßmann in Maunz/Dürig Art. 19 IV Rz. 18 - 20 "Rechtsschutzstandards". - Starck JuS 1981, 237, 242; Zuck DRiZ 1988, 172 ff.

quoten[76] könnten es nahelegen, von einem vorsätzlichen Verstoß auszugehen. Angesichts der Pensenvorgabe (10.000 p.a.)[77] sind die im Pflegschaftsanordnungsverfahren tätigen Richter wie die Rechtspfleger in der Abwicklung zu einer Auswahl gezwungen. Sie können jedenfalls in Flächenbezirken rein tatsächlich keine Beteiligung in allen gebotenen Fällen vornehmen. Selbst die Großstadtgerichte, in denen mindestens im Anordnungsverfahren eine mündliche Anhörung sichergestellt ist, müssen häufig auf die eigene Überprüfung verzichten oder auf Drittabfragen beschränken. Diese Problematik wird von den Aufsichtsstellen nicht ohne weiteres nachvollzogen. So ist es in Norddeutschland vorgekommen, daß einem Richter am Amtsgericht von dem Präsidenten des Oberlandesgerichts vorgehalten worden ist, auf seiner zu beanstandenden Nichtanhörung beruhten Landtagseingaben, in denen die fehlende Anhörung gerügt worden sei. Der Hinweis des Amtsrichters, er sei zu Anhörungen zeitlich oft nicht in der Lage, ist auf Unverständnis gestoßen. Aber selbst bei der gegenwärtigen Bedarfsdiskussion für die Bewältigung des zukünftigen Rechts wird die bestehende Sollsituation als Ist zugrunde gelegt, obwohl das defizitäre Ist einer der wesentlichen Reformanlässe sein dürfte. Andererseits haben andere Gerichte durch die Präsidiumsentscheidung diese Vorgabe extrem modifiziert. So hat der Direktor des Amtsgerichts Dörrwächter (Mitglied der Arbeitsgruppe zur Neuregelung)[78] bei einer Tagung (im Dezember 1987 in Trier) berichtet, sein Präsidium habe den Umfang der Belastung anerkannt und seine Tätig-

---

76) Moser Rpfleger 1984, 45, 48; Zenz u.a. S. 60 f; Pardey, Vormundschaft und Pflegschaft, S. 27/28; s. auch BVerfGE 19, 93, 94/99 zu der fehlenden erstinstanzlichen Anhörung. - Das mag oft resignativ bedingt sein, s. D. Lempp FamRZ 1987, 766, 767.

77) BtG/BR-E S. 350. - Schumacher Betrifft Justiz 1987, 154 f sieht deshalb den vorsätzlichen Verstoß bei den Justizverwaltungen. Ähnlich Sandfort Die Randschau 1987, Heft 6, S. 7, 10. - Vgl. auch Leister DAVorm 1987, 297, 298.

78) BtG-DiskE I S. V.

keit in diesem Bereich mit einem Pensum von einigen Hundert Verfahren p.a. berechnet. - Die Verfahrensusancen zu Lasten der Betroffenen sind nicht mit der Anordnung beendet, setzen sich vielmehr in dem Bestellungsverfahren (nach Entmündigung wie Pflegschaftsanordnung) und in dem eigentlichen Betreuungsverfahren fort.

Damit stellt sich die weitergehende Frage des Schutzes vor gerichtlichen problematischen Verfahrensweisen. Das GG gewährt Rechtsschutz gegen Beeinträchtigungen durch Gerichte, nicht gegen sie (Art. 19 Abs. 4 GG)[79]. Es wäre zunächst Sache der Fachgerichte, für die verfassungskonforme Umsetzung des einfachen Rechts Sorge zu tragen[80]. Soweit Rechtspfleger entscheiden, folgt aus Art. 19 Abs. 4 GG nur die Möglichkeit, eine Überprüfung durch ein Gericht (Richter) zu erlangen[81]. Die besondere Struktur der Klientel in diesem Bereich bedingt, daß das bloße Angebot dieser Überprüfungsmöglichkeiten weitgehend leer läuft[82].

Es stellt sich deshalb die Aufgabe, die sonst im Zusammenhang mit "sozialen Grundrechten" diskutierte Frage[83] für diesen Bereich zu aktualisieren; ob es in einem sozialen Rechtsstaat nicht auch Aufgabe des Gesetzgebers ist, allen Schutzbedürftigen die Hilfen zur Verfügung zu stellen, die es ihnen erst ermöglichen würden, ihre verfassungsrechtlich garantierten Positionen wahrzunehmen und den garantierten gerichtlichen Schutz zu erlangen. Bei den Instanzgerichten dürften sie nach der

---

79) BVerfGE 4, 74, 94. - Das gilt auch für die richterliche Tätigkeit in der Freiwilligen Gerichtsbarkeit, Schmidt-Aßmann in Maunz/Dürig Art. 19 IV Rz. 100.

80) BVerfGE 70, 297, 308 ff.

81) Schmidt-Aßmann in Maunz/Dürig Art. 19 IV Rz. 97.

82) AK-BGB/Huhn § 1910 Rz. 3; Pardey, Vormundschaft und Pflegschaft, S. 50 - 53.

83) Zum Ansatz Hesse, Rz. 208 - 210; Starck JuS 1981, 237, 241/242.

bisherigen Erfahrung und Entwicklung bessere Chancen auf eine entsprechende Rechtsgewährung haben[84]. - Diese Thematik beherrscht in einem gewissen Umfang bereits die Reformdiskussion. Sie ergibt die eigenartige Situation, daß eine Reform Gerichte zwingen will, verfassungsrechtlich eigentlich selbstverständlichen Rechtsschutz zu gewähren.
"Das Verfahren soll so geregelt werden, daß die rechtsstaatlichen Garantien gewährleistet sind"[85].
Das Bundesverfassungsgericht hatte es 1965 für selbstverständlich gehalten[86], daß die Gerichte auf eine verfassungsrechtlich ordnungsgemäße Anwendung des Rechts hinwirken. Nachdem sich diese Hoffnung auch in verwandten Bereichen als fehlsam erwiesen hat, scheint das Bundesverfassungsgericht in diesen Themenfeldern nur noch wenig bereit, auf allmähliche Einsicht zu setzen. Der Persönlichkeitsschutz der Betroffenen wird mit auffallender Schärfe betont[87].

Die gegenwärtig zu beobachtenden gerichtlichen (FGG-)Verfahren während der Anordnungsentscheidungen (Vormundschaft nach Entmündigung, Anordnung der Pflegschaft), Bestellung und Abwicklung widersprechen in einer nicht unerheblichen Quote den Vorgaben, die die Instanzgerichte gerade wegen der verfassungsrechtlich bedingten Grundsätze entwickelt haben. Die Hilflosigkeit der Betroffenen, die ihrerseits Regelungsgrund ist, verhindert, daß sie selbst ihre Rechte effektiv durchsetzen können.

Da der Gesetzgeber die verfassungsrechtlich bedenklichen Mängel kennt und keine reale Möglichkeit für die Betroffenen besteht, sich selbst dagegen zu wenden, fordern rechtsstaatliche

---

84) Das BVerfG hatte in BVerfGE 19, 93 ff bei der Bestätigung auf die Rechtsprechung der Instanzgerichte abgestellt.
85) BT 10/5970 S. 2 vorletzter Leitsatz.
86) BVerfGE 19, 93, 99.
87) S. z.B. BVerfG NJW 1986, 3129, 3130.

Grundsätze es, diesen Umständen entgegenzutreten[88]. Das muß zwar nicht mit einem umfassenden neuen Recht, aber jedenfalls überhaupt geschehen.

2.3. Terminologie

Das angestrebte neue Betreuungsrecht will die veralteten Begriffe[89] durch neue ersetzen und auch dadurch eine Diskriminierung vermeiden. Die Suche nach neuen eingängigen Begriffen ist schwer[90]. Jedenfalls soll es die "Vormundschaft" für Volljährige nicht mehr geben. Daß das Gericht für "Betreuungssachen"[91] dabei das "Vormundschaftsgericht" (§§ 1896 ff BtG/BR-E) bleiben soll, ist vielleicht nur eine Zwischenphase, die noch überwunden werden kann.

Im GG werden die Regelungsbereiche, die hier betroffen sind, nicht mit einer bestimmten Terminologie vorausgesetzt. Für den Gesetzgeber steht im Rahmen seiner Gestaltungsfreiheit ein neuartiges Begriffssystem offen, sofern sich daraus keine täuschenden Unklarheiten ergeben. Diese Schwelle ist hoch anzusetzen. Es ist Sache des Gesetzgebers, Begriffe zu bilden und einzusetzen, die das zu regelnde Phänomen kennzeichnen[92].

---

88) Zu der ähnlichen Problematik im Hinblick auf die ungenügende gesetzliche Ausgestaltung bei sozialer Pflege und Betreuung: Krause, Gutachten zum 52. DJT, E 108/109, 111 f.

89) Paehler DRiZ 1987, 54, Entmündigen gleich enthaupten?; BtG-DiskE I S. 43; BtG/BR-E S. 158.

90) BtG-DiskE I S. 43, 102; Pardey Rpfleger 1987, 402 f.

91) Art. 5 BtG/BR-E Überschrift "III. Betreuungssachen" vor §§ 65 ff FGG.

92) Vgl. BVerfGE 49, 168, 181 f; 59, 104, 114 f (jeweils zu unbestimmten Rechtsbegriffen, d.h. also ausfüllungsbedürftigen Tatbestandsmerkmalen. Die Freiheit kann bei der bloßen Etikettierung nur größer sein.).

Es bleibt jedoch wiederholend zu fragen, ob der Begriff "Betreuung" wirklich optimal ist. Die Entwürfe haben sich den vielfältigen Einwänden gegen den Begriff Betreuung nicht geöffnet. - Der Begriff ist zwar neutral, wird aber auch vielerorts verwendet. Die Krankenschwester betreut den Patienten, der Bewährungshelfer Straffällige (§ 56 d Abs. 3 S. 1 StGB). Jetzt soll ein (spezieller) "Betreuer Betreuung für Betreute" sicherstellen. Neue Etiketten sind sicher schon aus atmosphärischen Gründen erforderlich[93]. Die Ausbildungsverhältnisse brachten die "Ausbilder" und die "Auszubildenden" (Azubis) hervor. Das war nicht schön, aber wenigstens auch nicht mißverständlich. Kommt zukünftig ein Betreuer und stellt sich als solcher vor, wird er klarstellen müssen, daß er zwar nicht der tatsächliche Betreuer (Pfleger etc.) wohl aber der rechtliche ist. Ein Betreuer ist nach dem Duden[94] ein "Fürsorger, Manager, (eines Künstlers:) Impresario, (eines Sportlers:) Trainer, Sportlehrer, Coach"; verwiesen wird auf "Beauftragter, Gönner, Helfer, Unternehmer, helfen, managen".
Das spricht wenig für die Eignung als juristischer Fachbegriff.

---

93) R. Lempp in Beiträge S. 18: "Die Änderung der Terminologie hat gewissermaßen eine gesellschaftspädagogische Aufgabe".

94) Duden, Bd. 8, "Sinn- und sachverwandte Wörter und Wendungen", 1972 S. 122 2. Sp. a.E.

3. Zielgruppen

Der BtG/BR-E will §§ 6, 114, 115, 1910, 1920 BGB aufgehoben sehen und schlägt eine entsprechende Modifizierung in § 104 BGB vor. Ziel ist die Beseitigung der durch die aufzuhebenden Vorschriften vorgegebenen Diskriminierungen und die Ersetzung der entsprechenden Rechtsinstitute durch ein Betreuungsrecht, das grundsätzlich auf denselben Personenkreis abstellen will[1]. Dabei sollen die Neuregelungen neue Diskriminierung insbesondere dadurch vermeiden, daß sie nicht stigmatisierend Negativausgrenzungen als Anordnungskriterium vorsehen. Es soll vielmehr die Hilfsbedürftigkeit und die anzubietende Hilfe als positives Element Entscheidungsansatz werden. Das wäre nur dann unproblematisch, wenn die Masse der oder jedenfalls viele Anordnungen nicht mit Eingriffen verbunden wären. Mahnkopf hat in ihrer Begrüßungsansprache zum VGT aber zutreffend hervorgehoben, daß jeder helfende Eingriff ein Eingriff bleibt, der rechtsstaatlich eingebunden werden muß[2]. Selbst Rink, der in seinem Frankfurter Vormundschaftsdezernat laufende Verfahren unter diesem Aspekt ausgewertet hat und meint, es seien eingriffsfreie Anordnungen ausgrenzbar, sieht das nur für solche,

---

1) BtG/BR-E S. 158. - Dieses Reformziel wird allgemein begrüßt, vgl. z.B. Winterstein in JZ 1989, 32 f (Bericht über Referate und Diskussion 57. DJT, Abt. Vormundschaftsrecht).

2) Mahnkopf Betrifft Justiz 1988, 360; Bienwald meint, FamRZ 1988, 1012, 1013, mit der Bestellung eines Betreuers neuen Rechts sei keine unmittelbare Rechtsbeschränkung verbunden, weil der Betroffene seine etwa vorhandene Geschäftsfähigkeit behalte. Damit verkennt er gegen frühere Ausführungen (FamRZ 1987, 533, 540), daß die Zuweisung von Entscheidungsmacht zwar die eigene Entscheidungsmöglichkeit noch nicht nimmt, aber aus der Alleinkompetenz eine zweifelhafte Nebenkompetenz wird. Wer wird sich, wenn er die Bestellung kennt, auf das ungewisse Wagnis einlassen, den Betroffenen selbst als entscheidungskompetenten Partner zu akzeptieren?

bei denen ein (wirksamer) Antrag oder eine (wirksame) Zustimmung vorliegt[3]. Problematisch sind die Fälle der oktroyierten, nicht die der erbetenen Hilfe. Dafür muß eine verläßliche Grundlage erhalten oder geschaffen werden.

Diese Grundlage hat sich im geltenden Recht erst allmählich herauskristallisiert und ist im Zusammenhang mit der Verlagerung der Zwangshilfen auf § 1910 BGB zum Teil immer noch ungeklärt. Der ursprüngliche Schwerpunkt der gesetzlichen Regelungen ist eher zu einer Randerscheinung[4] geworden. Es wird aber immer noch vertreten, es sei problematisch[5], in die Pflegschaft auszuweichen.

Das BGB sah ursprünglich für die Betreuung Volljähriger grundsätzlich nur die Entmündigung wegen Geisteskrankheit, Geistesschwäche, Verschwendung und Trunksucht vor. Die Entmündigung

---

3) Rink Rpfleger 1989, 14. - Ich neige im übrigen dazu, Rink - jedenfalls für das neue Recht - zu widersprechen. Wenn die Prüfung der eigenen Entscheidungsfähigkeit gerade unterbleiben soll (Rink a.a.O. S. 15 lk. Sp. 2. Abs.), gibt es keine verläßliche Erkenntnis mehr über die Wirksamkeit. Rink dürfte die Krankheitssituationen auch zu statisch sehen.

4) Statistischer Überblick in BtG/BR-E S. 125 ff. Zusammenfassung der Daten bei Oberloskamp FamRZ 1988, 7, 8, 10 f. - Die Daten bei Dürr ZRP 1983, 273, 274 verdeutlichen sehr klar die stark unterschiedliche Erfassungsdichte durch die Rechtsinstitute Vormundschaft und Pflegschaft im Verhältnis zu nichtbetreuten Behinderten.

5) Bienwald in Beiträge S. 73; Moser Rpfleger 1984, 45, 46/47. - Einschränkend im Ansatz zum Teil auch KG OLGZ 1969, 257, 260. - Zusammenfassende Kurzdarstellung der Probleme (mit dem Ansatz des Auslegungsstreits zu § 1910 Abs. 3 BGB) bei Diederichsen in Psychiatrische Begutachtung S. 479.

sollte dabei insbesondere die Umgebung des Betroffenen schützen und sicherstellen, daß ein für die Belange des Betroffenen Zuständiger die für ihn erforderlichen Regelungen veranlaßte. Die Förderung des Betroffenen selbst wurde nicht wie heute problematisiert. Die Entmündigung von Trinkern sollte auch erzieherisch wirken[6]. Die Gebrechlichkeitspflegschaft wurde als bloße Ergänzung verstanden[7]. - Der Ansatz des BGB fand schon recht bald Kritik[8]. Bereits 1931 konstatierte Diamand[9] eine in der Praxis festzustellende Ablösung der Entmündigung durch die Gebrechlichkeitspflegschaft[10]. Diese Verlagerung hat auf das Verständnis der Normen weniger Auswirkungen gehabt als das Grundproblem, das sich aus den nicht widerspruchsfreien Ansätzen im BGB-AT ergab[11]. Eine Hauptschwierigkeit, die sich aus der praktisch nicht umsetzbaren Trennung von Krankheitsfeststellung (Sachverständiger) und daraus abgeleiteter Beeinträchtigung bei der Wahrnehmung eigener Angelegenheiten (Bewertung durch den Richter) ergab, ist durch eine interessante Rückkoppelung gelöst worden Diese gilt es sich zu vergegenwärtigen, um die Anknüpfungsprobleme für ein neues Recht zu verdeutlichen. Die Entwürfe haben dies bisher nicht thematisiert.

---

6) Mugdan I S. 587 f (Protokolle S. 74/75).

7) S. BtG-DiskE I S. 29.

8) Holzhauer B 28 ff m.w.Nachw.

9) S. 55. - Während Diamand diese Ablösung tendenziell für positiv hielt, fanden sich auch immer wieder Kritiker, die die Ablösung beanstandeten. So verweist Dunz darauf, es handele sich um eine "gewaltsame Umkehrung des Gesetzes" (JZ 1960, 475, 477 mit historischem Abriß).

10) Für die Pflegschaft als Ersatzform 50 Jahre später wieder z.B. Hendel, FamRZ 1982, 1058, 1063.

11) Holzhauer B 27 ff, s. Thesen 5 - 7 (B 111 f).

3.1. Voraussetzungen für eine Betreuung Volljähriger nach geltendem Recht

3.1.1. Entmündigung

Nach § 6 BGB kann entmündigt werden, wer infolge Geisteskrankheit oder Geistesschwäche seine Angelegenheiten nicht zu besorgen vermag. Trotz der Formulierung "kann" ist der rechtsgestaltende Staatsakt Entmündigung nicht von einer Ermessensentscheidung des angerufenen Gerichts abhängig[12]. (Teilweise wird vertreten, die Entmündigung sei nur auszusprechen, wenn sie verhältnismäßig sei und insbesondere die milder wirkende Gebrechlichkeitspflegschaft nicht ausreiche[13].)

Die Begriffe Geisteskrankheit und Geistesschwäche sind juristische Begriffe[14], die von der medizinischen Terminologie abweichen. Eine im medizinischen Sinne hochgradige Geistesschwäche kann als Geisteskrankheit im juristischen Sinne in Betracht kommen. Entscheidend ist für die Abgrenzung insoweit nur der Umfang der Beeinträchtigung. Dabei soll nach allgemeiner Meinung auf die verbleibende geistige Leistungsfähigkeit abzustellen sein[15], nämlich darauf, ob diese der eines unter 7jährigen Kindes entspricht oder der Leistungsfähigkeit eines 7- bis 17jährigen gleichzusetzen ist. Diese Abgrenzung setzt eine Vergleichbarkeit voraus, die in der medizinischen wissenschaftlichen Auseinandersetzung als überholt angesehen wird[16].

---

12) Palandt/Heinrichs § 6 Anm. 1; Erman/Westermann § 6 Rz. 11.

13) LG Freiburg FamRZ 1982, 962 ff mit kritischer Anmerkung Bienwald FamRZ 1983, 832 ff; s. auch OLG Stuttgart FamRZ 1975, 355, 357; Hendel FamRZ 1982, 1058, 1063; a.A. KG OLGZ 1969, 257, 260.

14) S. BVerfGE 58, 208, 226 zu dem gleichgelagerten Ansatz des baden-württembergischen Unterbringungsgesetzes.

15) RGZ 130, 69, 70/71; Palandt/Heinrichs § 6 Anm. 2 a; Soergel/Fahse § 6 Rz. 8; MünchKomm/Gitter § 6 Rz. 18; Staudinger/Coing/Habermann § 6 Rz. 9; Diederichsen in Psychiatrische Begutachtung S. 465.

16) R. Lempp in Beiträge S. 13 f.

Zu betonen ist, daß die juristische Qualifikation der Tatbestandsmerkmale Geisteskrankheit oder Geistesschwäche mit dieser Anknüpfung an die Alterskategorien und den diesen zugeschriebenen Geschäftsfähigkeitsstufen die Voraussetzungen der Entmündigung von den Rechtsfolgen her bestimmt[17]. Solange "der Grad der geschäftlichen Einsichtsfähigkeit"[18] die Anordnung über die (Beschränkung der) Geschäftsfähigkeit bestimmt, ergeben sich die tatbestandlichen Voraussetzungen letztlich aus den Kriterien[19] des § 104 Nr. 2 (in Abgrenzung zu §§ 106, 114)[20] BGB.

Der Betroffene muß infolge dieser Beeinträchtigung seine Angelegenheiten nicht besorgen können. Unter "Angelegenheiten" werden dabei sowohl rechtliche wie tatsächliche Aspekte verstanden[21]. Die Fähigkeit, diese zu besorgen, soll gerade durch

---

17) RGZ 50, 203 ff. - S. dazu Bienwald in Beiträge S. 72. - Holzhauer B 26 m.w.Nachw. betont, daß das auf der Unfähigkeit der forensischen Psychiatrie beruht, ihrerseits andere geeignete Maßstäbe zur Verfügung zu stellen.

18) Soergel/Fahse § 6 Rz. 8; RGRK/Krüger-Nieland § 6 Rz. 17/18.

19) Im Lehrbuch der Rechtsmedizin von Schwerd u.a. wird demgemäß nach einer Wiedergabe der Gesetzestexte der §§ 6, 104, 105 BGB nicht einmal ein Versuch unternommen, den Bereich des § 6 medizinisch gesondert darzustellen (S. 272 ff). Es wird nur auf den begrifflichen Unterschied der rechtlichen zur medizinischen Terminologie hingewiesen (S. 274). - S. auch Holzhauer B 27 ff mit Hinweis auf die mangelnde systematische Abstimmung.

20) Daß ein wegen Geistesschwäche Entmündigter dennoch geschäftsunfähig nach § 104 Nr. 2 sein kann (vgl. RGZ 130, 69, 71; 162, 223, 228 f) steht dazu nicht im Widerspruch. Es handelt sich insoweit um selbständige Beurteilungen mit anderem zeitlichen Bezug (s. auch MünchKomm/Gitter § 6 Rz. 15).

21) Soergel/Fahse § 6 Rz. 16; Staudinger/Coing/Habermann § 6 Rz. 18.

die Krankheit oder Geistesschwäche beeinträchtigt sein. Je nach Art der Anforderungen an den Betroffenen sollen sich dabei unterschiedliche Bewertungen ergeben können. So nennt Fahse[22] das Beispiel, daß ein Arbeiter mit derselben Beeinträchtigung wie ein Kaufmann noch nicht außerstande sein müsse, seine (einfachen) Angelegenheiten zu besorgen, während der Kaufmann für seine (schwierigeren) Angelegenheiten die Entmündigungsvoraussetzungen bereits erfüllen könne. Dieses Beispiel zeigt, daß es keine wissenschaftlich empirisch verifizierbare Zuordnung einer sozialen oder geschäftlichen Überforderung zu der medizinisch festgestellten Beeinträchtigung gibt. Bei Schwerd[23] heißt es lakonisch:

"Wenn § 6 Abs. 1 Ziff. 1 BGB zur Entmündigung voraussetzt, daß der zu Entmündigende unfähig ist, seine Angelegenheiten zu besorgen, so bedeutet das, daß die soziale Stellung für die Beurteilung der psychischen Verfassung von entscheidender Bedeutung ist: Die gleiche seelische Störung kann sich z.B. bei einem Geschäftsmann mit großer Familie ganz erheblich, bei einem alleinstehenden Rentner dagegen überhaupt nicht auswirken. In der Begutachtung sind also die jeweiligen individuellen Familien- und Vermögensverhältnisse zu berücksichtigen."

Für Mediziner ist die fehlende Möglichkeit einer wissenschaftlich empirischen Zuordnung offenbar evident. Juristen wiederholen die gesetzliche Ausgangsformel, ohne sie im Zivilrecht

---

22) Soergel/Fahse § 6 Rz. 15. - Im gleichen Sinn Staudinger/Coing/Habermann a.a.O.; RGRK/Krüger-Nieland § 6 Rz. 24.

23) Schwerd u.a., Rechtsmedizin, S. 274. - Schon bei Langelüddeke, 3. Aufl., wird (S. 216) darauf hingewiesen, daß das Wort "infolge" zwar besondere Beachtung verdiene und der Gutachter den ursächlichen Zusammenhang zu berücksichtigen habe. Es heißt dann aber weiter, "das ist in manchen Fällen sehr einfach; es wird in der Regel ohne Schwierigkeiten wenigstens wahrscheinlich zu machen sein". - Bruder weist in seinem Gutachten zum 57. DJT wiederholt darauf hin, daß die von Juristen offenbar unterstellten medizinischen Erkenntnisse in diesem Bereich häufig fehlen (z.B. C 22 zu Altersbeeinträchtigungen und These 6 C 46 "... muß ... erarbeitet werden").

zu konkretisieren[24]. Es wird nicht offengelegt, daß auch die Zuordnung mangelnder Leistungsfähigkeit Gegenstand normativer Bewertung ist (sein muß). Gerade das häufig angeführte Beispiel des Landarbeiters, der sich in seiner begrenzten Umgebung noch zurechtfindet, verweist auf einen Lernerfolg. Dieser Lernerfolg kann je nach Förderung sehr unterschiedlich eintreten. Natürlich bedingt eine Behinderung die Beeinträchtigung (sozialer) Lernfähigkeit und damit der erwartbaren Anpassung. Die rechtlich kausale Verknüpfung will eigentlich aber alle Ausbildungs- und Lerndefizite ausscheiden[25]. Das ist nicht leistbar. - Lempp[26] nennt das Beispiel eines Betroffenen, der unfähig ist, einen (komplizierten) Fahrkartenautomaten zu bedienen. Diese Unfähigkeit könne bei jedem auftreten, der die Situation nicht beherrsche (sie nicht trainiert habe). Wenn neben ihm jemand mit einer Behinderung steht, läßt sich die Unfähigkeit beider, die Bedienung vorzunehmen, nicht im einen Fall der erwarteten üblichen Anpassungsproblematik, im anderen Fall der Behinderung zuschreiben. Gleiches gilt z.B. für die Unfähigkeit eines Akademikers (in einem entschiedenen Fall: Physiker) mit einem Pkw umzugehen oder eines anderen, sich mit dem Architekten seines Hauses sachgemäß auseinanderzusetzen u.

---

24) Im juristischen Schrifttum wird die geforderte Kausalbeziehung nur abstrakt betont. Eine konkret umsetzbare Ausgrenzungsmöglichkeit wird nicht diskutiert. S. z.B. Staudinger/Coing/Habermann § 6 Rz. 18 a.E.; MünchKomm/Gitter § 6 Rz. 16; Erman/Westermann § 6 Rz. 3. Auch so vermeintlich klare Fälle wie BGH MDR 1959, 561 zeigen letztlich lediglich den Rückschluß von der aus den mitgeteilten Daten festgestellten Auffälligkeit des "Psychopathen" auf die Devianz auf. - Holzhauer stellt deshalb "ernstlich" die Frage, ob zukünftig nicht auf die Zweigliedrigkeit verzichtet werden sollte (B 64) und verneint dies nur, um sicherzustellen, daß soziale Abweichungen von der Anwendung ausgegrenzt werden.

25) So explizit Staudinger/Coing/Habermann in § 6 Rz. 18 a.E.

26) R. Lempp in Beiträge S. 14.

dergl.. Schließlich kann an die zahlreichen Fälle aus der spruchrichterlichen Praxis erinnert werden, in denen (sittenwidrige) Konsumentenkredite zu würdigen sind. Auch dabei finden sich wie z.B. bei unvorteilhaften Haustürgeschäften aus zahlreichen sozialen und gesellschaftlichen Gründen erklärbare Unfähigkeiten, die eigenen Interessen wahrzunehmen. Der Lernerfolg aus auch wiederholten negativen Erfahrungen mit diesen Vorgängen ist häufig gering. Angesichts der Vielgestaltigkeit der Ursachen ist die kausale Zuordnung der auftretenden Defizite zu einem medizinischen Tatbestand bis auf Extremfälle weitgehend ausgeschlossen. Das Tatbestandsmerkmal, der Betroffene müsse seine Angelegenheiten nicht besorgen können, muß danach als kumulatives eigenständiges Merkmal verstanden werden. Da das zweite Tatbestandsmerkmal auch auf zahlreiche Nichtbeeinträchtigte rechtsfolgenlos zutrifft, ist entscheidendes Ausgrenzungskriterium nur die Behinderung. Diese wiederum wird von den Rechtsfolgen her bestimmt. Zeigt der Betroffene erheblich unangepaßtes Verhalten, wird er, wenn ein Antrag gestellt ist, entmündigt. Er wird entmündigt, weil er sich z.B. im rechtsgeschäftlichen Verkehr überfordert zeigt, mit der Folge, daß er zukünftig an diesem nicht mehr ohne Betreuung teilnehmen darf.

Mit dieser Ableitung soll nicht die Denkbarkeit oder etwaige Existenz einer Kausalbeziehung zwischen Behinderung und Verhinderung im (extremen) Einzelfall geleugnet, sondern vielmehr verdeutlicht werden, daß die tatbestandlichen Voraussetzungen im Regelfall auf nur einen Punkt zurückgeführt werden. Dabei muß noch berücksichtigt werden, daß die medizinische/psychiatrische/psychologische Beurteilung häufig in nicht unerheblichem Umfang auf die psychosoziale Anamnese angewiesen sein wird. Die daraus mitdiagnostizierte Beeinträchtigung soll dann zu dem abweichenden Verhalten, zur abweichenden Bewältigung der Angelegenheiten in Bezug gesetzt werden. Bei der juristischen Umsetzung der mitgeteilten medizinischen Ergebnisse wird wiederum die Intensität des Eingriffs von dem Verhalten in dem rechtlich bedeutsamen Aufgabenfeld bestimmt, in dem die zuzuschreibende Rechtsfolge relevant werden soll.

Diese hier sehr stark betonte Tatbestandsproblematik schon in § 6 Abs. 1 Nr. 1 BGB wird bei allen Reformansätzen vervielfältigt zu berücksichtigen sein. Da de lege lata eine rechtliche Konkretisierung nur aus der Bewertung der Leistungsfähigkeit im rechtsgeschäftlichen Bereich möglich ist, werden bei einer Neuregelung ohne sie Probleme bestehen, eine verfassungsrechtlich unbedenkliche Konkretisierung zu erreichen[27].

Nach § 6 Abs. 1 Nr. 2 kann weiter entmündigt werden, wer durch Verschwendung sich oder seine Familie der Gefahr des Notstandes aussetzt. Diese Vorschrift wird in der Entmündigungspraxis kaum noch angewandt. Von den 3.031 Entmündigungsbeschlüssen im Jahr 1986 wurden nur 0,3 % mit Verschwendung begründet[28].

Angesichts der sehr begrenzten Relevanz und der Tatsache, daß die Beibehaltung eines derartigen Tatbestandes in einer Reform nicht vorgeschlagen wird, soll der naheliegenden Frage nach der verfassungsrechtlichen Haltbarkeit dieses Entmündigungsgrundes nicht nachgegangen werden. Die Zulässigkeit eines nicht unerheblichen Grundrechtseingriffs zur zwangsweisen Erhaltung des Vermögens (Art. 14 GG), auch für die (noch) nicht erbberechtigte Familie und zur Sicherung der zukünftigen Unterhaltsansprüche, insbesondere aber zur Entlastung der staatlichen Sozialhilfe, wäre wohl nicht ohne weiteres begründbar[29].

Die nachträglich in das BGB eingefügte Rauschgiftsucht hat als Entmündigungsgrund nie eine wesentliche Rolle gespielt. Eine Entmündigung wegen Trunksucht ist dagegen auch heute noch zu vergegenwärtigen.

---

27) Zum Ansatz vgl. Hesse Rz. 509.

28) BtG/BR-E S. 126. - Auch in dem wiederholt zitierten Fall OLG Zweibrücken FamRZ 1967, 55, 56 ist eine erstinstanzliche Anordnung zunächst nur aufgehoben worden.

29) Die aus verfassungsrechtlichen Gründen erforderliche einengende Anwendung betont MünchKomm/Gitter § 6 Rz. 29. - A.A. wohl Holzhauer B 67.

Das Tatbestandsmerkmal "Trunksucht" ist "nicht genau abgrenzbar"[30]. Abzustellen ist auf einen abhängigkeitsbedingten Mißbrauch des Suchtstoffs Alkohol, wenn und soweit er die persönlichen und familiären Verhältnisse erheblich beeinträchtigt[31]. Diese Definition knüpft wie die aus § 6 Abs. 1 Nr. 1 an Folgen (Ausmaß der Beeinträchtigung) an, verbindet sie mit dem Phänomen einer Abhängigkeit und begründet so ihrerseits die Festschreibung der (rechtsgeschäftlichen) Beschränkung.

Bei diesem Tatbestand für eine Entmündigung ist verfassungsrechtlich problematisch, inwieweit die Rechtsfolge erforderlich und geeignet ist[32], der Beeinträchtigung aus der Anknüpfungstatsache zu begegnen[33]. - Der bei Schaffung des BGB verfolgte volkserzieherische Zweck[34] wird allein einen derart gravierenden Grundrechtseingriff nicht rechtfertigen können.

3.1.2. Gebrechlichkeitspflegschaft

Vom BGB als hilfsweise Ergänzung gedacht, hat sich die Gebrechlichkeitspflegschaft zu einem Ersatzinstrument entwikkelt. Diese zunächst bekämpfte Entwicklung ist vom Bundesver-

---

30) Soergel/Fahse § 6 Rz. 26.

31) RGRK/Krüger-Nieland § 6 Rz. 42; Erman/Westermann § 6 Rz. 8/9.

32) Diese Unterbegriffe des Übermaßverbots gehören zu den grundlegenden Leitregeln staatlichen Handelns - Wendt, AöR 104, 414, 415. - Eine Eignung ergibt sich, wenn mit einer Regelung der gewünschte Erfolg gefördert werden kann (Schnapp JuS 1983, 850, 854). Im Hinblick auf die Prognosefreiheit des Gesetzgebers ist letztlich nur zu prüfen, ob die Regelung objektiv untauglich, ungeeignet, schlechthin ungeeignet ist (Schnapp a.a.O.).

33) Zu den dabei zu erwägenden medizinischen Ansätzen Täschner NJW 1984, 638, 642 m.w.Nachw. Gegen ihn teilweise Holzhauer B 69. S. auch Bruder C 5/6.

34) Mugdan I (Protokolle) S. 587; s. auch § 681 ZPO: "..... sich bessern werde".

fassungsgericht[35] in einem Fall gebilligt worden, bei dem für einen nach § 104 Nr. 2 BGB (partiell) Geschäftsunfähigen eine (Zwangs-)Pflegschaft nach § 1910 Abs. 3 BGB begrenzt auf einen speziellen Wirkungskreis erforderlich geworden war[36]. Es erscheint wichtig, die Kriterien dieses durch das Bundesverfassungsgericht entschiedenen Falles zu betonen, weil in der Diskussion häufig erklärt wird, das Bundesverfassungsgericht habe "die Zwangspflegschaften" gebilligt. Gebilligt hat es den Einsatz der Pflegschaft auf der durch die Instanzgerichte festgelegten Grundlage der (partiellen) Geschäftsunfähigkeit, wenn und weil die Gerichte für die verfassungsrechtlich gebotene gleich gesicherte Verfahrensgestaltung Sorge tragen[37].

Ein Volljähriger kann nach § 1910 Abs. 1 BGB einen Pfleger für seine Person und sein Vermögen erhalten, wenn er durch ein körperliches Gebrechen an der Besorgung seiner Angelegenheiten gehindert ist. Bei geistigen Gebrechen erlaubt § 1910 Abs. 2 BGB dagegen nur eine Pflegschaft für einzelne Angelegenheiten oder einen bestimmten Kreis seiner Angelegenheiten "insbesondere seine Vermögensangelegenheiten".

---

35) BVerfGE 19, 93 ff.

36) Der zu dem BVerfG gelangte Fall enthielt in vielen Details typische Eigenheiten. Das Amtsgericht hatte dem Betroffenen kein rechtliches Gehör gewährt und den Wirkungskreis pauschal zu weit bestimmt, was von den Instanzgerichten korrigiert worden war. Die konkrete Zwangspflegschaft wurde eingesetzt, um querulatorische Kooperationsverweigerung durch einen sonst selbständig lebenden und arbeitenden "Haushaltsvorstand" in einem Spezialbereich zu überspielen.

37) Diese Erwartung knüpft an die Rechtsprechung der Instanzgerichte an, übergeht aber die verfassungsrechtlich bedenklichen erstinstanzlichen Usancen, die weitgehend unkontrolliert fortgetragen werden, vgl. AK-BGB/Huhn § 1910 Rz. 3; Moser Rpfleger 1984, 45, 48; Pardey, Vormundschaft und Pflegschaft, S. 27.

Beide Pflegschaften dürfen grundsätzlich nur mit Einwilligung des Betroffenen angeordnet werden (§ 1910 Abs. 3 BGB), es sei denn, eine Verständigung mit ihm ist nicht möglich. Diese gesetzliche Ausnahme ist heute praktisch zum Regelfall geworden[38]. Als Abgrenzungskriterium wird dabei jetzt ganz überwiegend die Geschäftsunfähigkeit herangezogen[39]. Die Erklärung nach § 1910 BGB sei (wie der Aufhebungsantrag nach § 1920 BGB) rechtsgeschäftlicher Natur und könne nur von einem Geschäftsfähigen wirksam gestellt werden[40].

Voraussetzung der von Amts wegen einzuleitenden Gebrechlichkeitspflegschaft nach § 1910 Abs. 2 BGB[41] ist ein geistiges Gebrechen[42]. Bei Verschwendung, Trunk- wie Rauschgiftsucht soll eine Pflegschaft nach der Ausgestaltung des geltenden Rechts nur in Betracht kommen, wenn sie in einem ursächlichen Zusammenhang mit einem geistigen Gebrechen stehen[43]. Auch die-

---

38) Ak-BGB/Huhn § 1910 Rz. 1.

39) MünchKomm/Goerke § 1910 Rz. 25; Soergel/Damrau § 1910 Rz. 6; Palandt/Diederichsen § 1910 Anm. 2 d; a.A. z.B. Gernhuber FamRZ 1976, 189; aus jüngerer Zeit: Moser Rpfleger 1984, 45, 47.

40) Seit RGZ 65, 199, 203 ständige Rechtsprechung. Nachweise bei MünchKomm/Goerke § 1910 Rz. 20 in Fn. 22. - Daran hat das BVerfG in BVerfGE 19, 93, 95 ff angeknüpft.

41) Die nach Abs. 1 spielt kaum eine praktische Rolle. S. z.B. MünchKomm/Goerke § 1910 Rz. 17.

42) Das geltende Pflegschaftsrecht kennt keine tatbestandliche Differenzierung zu den unterschiedlichen Betroffenengruppen. Die sehr unterschiedlichen Bedarfslagen und Probleme z.B. von Behinderten und Senioren (s. Bienwald FamRZ 1987, 1000, 1002) werden mit demselben Merkmal "geistiges Gebrechen" erfaßt.

43) So MünchKomm/Goerke § 1910 Rz. 16; Soergel/Damrau § 1910 Rz. 4: "Wenn sie einen Grad erreicht haben, der zur Entmündigung gem. § 6 berechtigen würde". - Nach Oberloskamp FamRZ 1988, 7, 12 sind die Tatbestandsmerkmale des § 1910

se Kausalzuordnung ist schwer nachvollziehbar[44]. Die Praxis setzt sich damit auch nicht auseinander, sondern hält das Symptom der Abhängigkeit für eine zureichende Grundlage eines Rückschlusses auf eine Beeinträchtigung. - Vorgefunden werden in der Praxis Vorgänge zu § 1910 BGB für alle Abhängigkeiten bis hin zu dem Fall einer "Spielsucht" (Geldspielgeräte). In der Begründung zum BtG/BR-E heißt es zutreffend:

"Trunksucht und Rauschgiftsucht werden nach heutigem Verständnis ..... als Ausdruck einer psychischen Krankheit begriffen; auch Verschwendung kann Ausdruck einer solchen Krankheit sein"[45].

Für die Anordnung von Pflegschaften ergibt sich letztlich dieselbe tatbestandliche Abgrenzungsproblematik wie bei der Entmündigung. Eine Eingrenzung ist nur von der Schwere der Auffälligkeiten, unter Bezug auf die anderweitig geregelte Geschäftsunfähigkeit möglich (soweit nicht eine Pflegschaft mit wirksamer Einwilligung in Betracht kommt).

3.2. Kreis der Betreuten nach zukünftigem Recht

Für die Anknüpfung eines neuen Rechtes ergeben sich mithin nicht unerhebliche Eingrenzungsprobleme, weil auf die Abgrenzung nach der Geschäftsunfähigkeit, da diskriminierend, jedenfalls verzichtet werden soll. Die Frage nach der Zielgruppe ist offen. Der Hinweis, im wesentlichen sei derselbe Kreis wie

---

43) BGB "noch nichtssagender als die des § 6 BGB". - Holzhauer bezeichnet die ähnlich konzipierten des § 104 Nr. 2 BGB als "hochabstrakt, ja spekulativ" (B 51, betr. "Störung der Geistestätigkeit" und "freie Willensbetätigung").

44) S. Pardey, Vormundschaft und Pflegschaft, S. 32. - Sucht und Verschwendung werden als Kriterien zur Bestimmung spezieller Probleme vom medizinischen Schrifttum teilweise abgelehnt. S. z.B. Täschrer NJW 1984, 638 m.w.Nachw.. Modifizierend Dörner/Plog S. 250 ff, 284 ff.

45) BtG/BR-E S. 159.

bisher gemeint[46], ist wertlos, wenn das zentrale Anknüpfungs- und Unterscheidungsmerkmal tabuisiert werden soll. Zu beantworten bleibt, ob gegenüber den schon immer[47] einbezogenen Betroffenen eine engere Grenzziehung geboten ist oder auf welche Personen außerhalb dieses Kreises sich die Betreuung erstrekken soll/muß/kann. Die Offenheit hängt auch damit zusammen, daß die rechtstatsächliche Ausdehnung des Anwendungsbereichs § 1910 BGB zu einem sozialen Instrument gemacht hat, dessen Grenzlinienbestimmung über die allgemeine o.a. Problematik hinaus bereits gegenwärtig nicht zweifelsfrei ist[48]. In manchen sozialen Betreuungsfeldern haben sich Defizite oder auch Phänomene ergeben (z.B. die "Vermüllung"), deren Bewältigung zum Teil aussteht. - Das BGB-Pflegschaftsrecht wird bemüht, wenn Träger sozialer Leistungen formal sichere Handlungsbedingungen verlangen; ein Sicherungsbedürfnis, dessen Legitimität für (private) Dritte und die Sicherheit des rechtsgeschäftlichen Verkehrs sonst eher in Frage gestellt wird[49]. - Ältere erleben immer wieder, daß aus Anlaß äußerer Schwierigkeiten ihre von anderen für sinnvoll gehaltene Umsiedlung in ein Heim zum Grund einer Zwangspflegschaft wird, und ihnen damit die bisherige z.T. noch beherrschte Lebensgrundlage genommen wird[50].

---

46) BtG/BR-E S. 158.

47) <u>Historisch:</u> R. Lempp in Beiträge S. 10; Holzhauer B 12 ff, B 14. §§ 27, 28 I 4 ALR: "Rasende, Wahnsinnige und Blödsinnige". <u>Gegenwartsbezogen:</u> Soll/Muß das Angebot eingeengt werden, um einen zu übergreifenden Geltungsanspruch zu vermeiden (s. z.B. Bruder C 45) oder ist aus Hilfsgesichtspunkten ein möglichst umfassender Geltungsanspruch geboten?

48) Bienwald in Beiträge S. 84.

49) BtG-DiskE I S. 49/50; BtG/BR-E S. 184 ff. - Anders Holzhauer B 74/75. Sehr deutlich Gephart S. 132 f.

50) S. den Fall bei Moser Rpfleger 1984, 45; Zenz u.a. S. 19 f; Gephart S. 133 f.

Aus verfassungsrechtlicher Sicht ist im Hinblick auf den hoheitlichen Charakter der Eingriffsteile zu konstatieren, daß jede eingreifende Anordnung wie auch die steuernden Maßnahmen des Betreuers ohne wirksame Zustimmung des Betreuten nur dann zulässig sind, wenn gesetzlich vorzugebende Kriterien der Hilfsbedürftigkeit erfüllt sind. Derart oktroyierte Hilfe muß erforderlich, geeignet und verhältnismäßig sein. Diese Forderung richtet sich an die Vorgaben wie an die Umsetzung. Anders wäre die Gewährung von Hilfen ohne Eingriffscharakter zu bewerten. Derartige Hilfen müßten aber als jederzeit ausschlagbares Angebot ausgestaltet werden und würden keinerlei Übergriffe - auch nicht zum Wohl des Betreuten - in geschützte Bereiche vorsehen dürfen. Weil die Privatsphäre umfassend geschützt ist, enthält jede Zuweisung von Rechtsmacht Eingriffsaspekte, wie ausgeführt ist. Hilfen ohne Zuweisung von Rechtsmacht werden von den Entwürfen als eine Vorstufe verstanden (s. § 1896 II 2 BGB i.d.F. BtG/BR-E). Die dort unterstellte Leistungsfähigkeit entscheidungsmachtfreier Hilfe dürfte allerdings recht wenig realistisch sein. Kein Sozialhilfeträger wird ohne gesicherte Empfängerzuständigkeit zahlen, die nur rechtlich, nie tatsächlich begründet werden kann. - Untersucht werden soll hier nur diese gesetzliche Betreuung/Vertretung.

3.2.1. Betroffene Gruppen

Das Betreuungsrecht wird für Behinderte reklamiert. Die Behindertenorganisationen haben durch eigene Vorschläge[51] wie über

---

51) S. dazu z.B. Dürr ZRP 1983, 273 ff; Schulte ZRP 1986, 249 ff. Stellungnahme des Deutschen Vereins NDV 1986, 225 ff; Verband ev. Einr. S. 6 ff. - In dem vom BMJ in Auftrag gegebenen Gutachten von Zenz u.a. sind alle bis dahin vorliegenden Vorschläge erfaßt, s. dort S. 31 ff und dort Literaturverzeichnis S. 131 ff. - Dieser Bereich weiß sein Anliegen auch sonst zu artikulieren, wie z.B. auf dem 57. DJT (vgl. Winterstein JZ 1989, 32 f).

Fachtagungen[52] den Bedarf der Behinderten verdeutlicht, auch zukünftig Schutz über ein Rechtsinstitut einer Beistandschaft oder Betreuung zu erhalten. Von den durch die Verbände betreuten Behinderten nimmt gegenwärtig nur ein in einzelnen Bereichen unterschiedlich großer Teil das gegenwärtige Betreuungsrecht für Volljährige in Anspruch. Die erfaßten medizinischen Begründungen[53] korrelieren nicht ohne weiteres mit Zeitpunkt und Inhalt der Antragstellung[54]. Wieviel zusätzlicher Bedarf mit welchen Betreuungsinhalten besteht und bei einem als weniger diskriminierend angesehenen Recht angemeldet wird, ist offen.

Die zweite große Gruppe, der mit einem Betreuungsrecht geholfen werden soll, sind ältere Mitbürger. Ihnen fällt es - verständlicherweise - deutlich schwerer, ihr Anliegen zu artikulieren. Es ist bisher auch nicht gelungen, ihre besondere Problematik den Entwurfsverfassern deutlich zu machen[55]. Das mag jetzt durch das Familienministerium gelingen. Die Veränderungen der Alters- und Gesellschaftsstruktur, deren Entwicklungen nicht abgeschlossen sind, haben eine Verlagerung auf diesen Personenkreis zur Folge gehabt, der inhaltlich noch nicht zureichend in Betracht gezogen worden ist. Der Bedarf dieser Gruppe unterscheidet sich wesentlich von dem der ersten. Auch der zu erwartende bzw. zu befürchtende Krankheitsverlauf ist in dieser anders als bei der ersten Gruppe. Das übersehen die BtG-E. In der interdisziplinären Arbeitsgruppe, die die BtG-DiskE konzipiert hat, war ein Interessenvertreter der Senio-

---

52) Die Inhalte der Tagung aus dem März 1986 sind z.B. als "Beiträge zur Reform des Vormundschafts- und Pflegschaftsrechts für Menschen mit geistiger Behinderung" veröffentlicht worden.

53) S. z.B. Mende in Gutachten S. 32 f.

54) Pardey, Vormundschaft und Pflegschaft, S. 31 f.

55) Bienwald FamRZ 1988, 1012, 1016. - Aus dem BMJ wird das anders gesehen s. DIV-Info DAVorm 1989, 121 f.

ren[56] nicht beteiligt (nur ein Gerontologe). Die explizite Annahme, Alte seien froh, wenn Betreuer ihnen Tätigkeiten abnähmen, steht im Widerspruch zu den Praxisfällen[57] und alterspsychologischen Erkenntnissen[58].

"Eine große Zahl der Betreuten sind Personen mit starken Altersabbauerscheinungen, die am Rechtsverkehr ohnehin nicht mehr teilnehmen können oder wollen, sondern froh sind, wenn ein Betreuer diese Aufgaben für sie erledigt. Auch soweit solche Personen am Rechtsverkehr noch teilnehmen, tätigen sie vielfach nur geringfügige Geschäfte (z.B. Kauf einer Tasse Kaffee, einer Flasche Limonade oder eines Stückes Kuchen)."[59]

Diese Annahme stützt sich auf eine fast 30 Jahre alte[60], in der Seniorenbetreuungsdiskussion lange überholte Theorie. Wenn man sich daran ausrichten wollte, würde man die Effekte z.B. des "Demenz-Paradoxons"[61] noch verstärken[62]. Schon bei der Willensbildungsproblematik[63] wird man gruppenspezifisch differenzieren müssen. Pauschalierungen mit quantifizierten Erwartungen zur Eigendynamik sind abzulehnen. - Bei Älteren ist im übrigen weniger eine zu lange Betreuung, dagegen eher eine übermäßige Beeinträchtigung durch sich wiederholende stark formalisierte gerichtliche Überprüfungsverfahren mit nicht unerheblicher subjektiver Belastung zu besorgen.

---

56) Die Vernachlässigung deren Positionen in der Reformdiskussion ist auch sonst schon beanstandet worden; Bienwald FamRZ 1987, 533, 545 bei Fn. 91; Bruder C 5. - Die MdB und Vorsitzende der GRAUEN PANTHER T. Unruh hat den Diskussionsteilentwurf I allerdings ebenfalls begrüßt: "Ein Weihnachtsgeschenk". S. Protokolle des Dt. Bundestages, 11., 52. Sitzung, 14.1.1988, S. 3687, 3692.

57) Moser Rpfleger 1984, 45; Gephart S. 133 f.

58) Lehr FamRZ 1982, 1169, 1175 und Clasen ZfJ 1986, 546, 547 f.

59) BtG-DiskE I S. 50/51, gleichgerichtet BtG/BR-E S. 188.

60) Anthes in Dieck/Naegele S. 137.

61) Bruder C 12, C 18.

62) Zur altersspezifischen allg. Krankheitsentwicklung Zimmermann in Dieck/Naegele S. 145 ff.

63) S. Bruder C 39 f.

Der dritte Bereich wird aus einer weitgestreuten Klientel u.a. mit speziellen psychischen Erkrankungen und nur (inhaltlich wie zeitlich) begrenztem Betreuungsbedarf und durch Suchtstoffabhängige gebildet[64]. Die bereits nach gegenwärtigem Recht bestehenden tatbestandlichen Erfassungsprobleme werden bei einer generalisierenden Neufassung durch ein zukünftiges Recht besonders heikel werden können. Wenn z.B. ein starker Raucher[65] einen nicht unerheblichen Teil seines gerade über dem Sozialhilfesatz liegenden Einkommens verraucht, bei ihm ein Lungenkarzinom konstatiert wird und er sich weigert, das Rauchen aufzugeben, soll dann eine gesetzliche Betreuung eingreifen können? Mit welchem Ziel? Nach dem gegenwärtigen Recht wäre ein Eingreifen nicht möglich. Nach den Reformvorschlägen wäre seine Ausgrenzung wohl nur über das Vorverständnis, nicht aber die allgemein genannten Kriterien möglich (psychische Beeinträchtigung, Uneinsichtigkeit, körperliche Abhängigkeit, Folgewirkungen nicht nur für sich selbst). Auch das Ausmaß der Folgen oder deren konkrete Gefahr könnte schon ausreichen, um fürsorglichen Zwang zu erlauben.

---

64) Mit der hier gewählten Terminologie soll keine abweichende Begrifflichkeit eingeführt werden. Die Einzelzuordnungen sind problematisch (BtG-DiskE I S. 103 f), wobei es auch an dieser Stelle nicht unerhebliche terminologische Probleme gibt (s. z.B. Holzhauer B 65 letzter Satz des mittleren Abs.). - Bruder unterscheidet in dem medizinischen Teilgutachten für den 57. DJT zwischen Altersproblemen, geistigen Behinderungen und psychischen Krankheiten, hat aber Alkoholabhängigkeit ausdrücklich unbehandelt gelassen (C 5/6).

65) Ein Richterkollege raucht z.B. drei bis vier Schachteln Zigaretten an einem Tag. Im Hinblick auf sein theoretisches Erkenntnisvermögen und die offensichtlich fehlende praktische Umsetzbarkeit könnten schon daran erhebliche Folgen geknüpft werden.

Die Diffusität ist unter verfassungsrechtlichen Gesichtspunkten nicht bedenkenfrei. Die Anordnung einer Betreuung und ihre Durchführung ist jedenfalls in weiten Teilen Ausübung öffentlicher Macht[66]. Sie greift in die Freiheitsrechte der Betroffenen ein. Die Voraussetzungen für den Eingriff in diese Freiheitsrechte muß in einem demokratischen Rechtsstaat der Gesetzgeber festlegen[67]. Er kann sich dabei Generalklauseln bedienen[68]. Eingriffe sind aber nur zulässig, wenn sie erforderlich, geeignet und verhältnismäßig sind[69]. Schon die Erforderlichkeit läßt sich nicht beurteilen, wenn der Gesetzgeber die Zielgruppe nicht klar bestimmt. Die Anknüpfung an den bisher eingeführten herkömmlichen Schutzbereich mit den durch die Rechtsprechung konkretisierten Regeln[70] wird zweifelhaft, wenn

---

66) BVerfGE 10, 302, 312/324. S. oben 2.2.1.

67) BVerfGE 47, 46, 78 ff (80) - Sexualkunde; 49, 89, 129 ff - Kalkar - (auch zur Pflicht des Gesetzgebers, ggf. durch eine Neuregelung "nachzufassen"); 57, 295, 320 f - privater Rundfunk Saarland -; 58, 257, 268 ff - Schulentlassung.

68) BVerfGE 33, 1, 9 ff; zur Prognosefreiheit des Gesetzgebers BVerfGE 50, 290, 332 f (betr. Mitbestimmungsgesetz vom 4.5.1976).

69) BVerfGE 34, 384, 395 ff (Postbeschränkungen bei Untersuchungshaft). - Ob der Grundsatz der Verhältnismäßigkeit (i.w.S.), der die drei Begriffe umfaßt, für alle Grundrechtseingriffe in gleicher Form relevant ist, wird unterschiedlich beantwortet (s. z.B. einerseits Grabitz AöR 98, 568, 586 ff, andererseits Wendt AöR 104, 414, 448 ff). Das kann hier ebenso dahingestellt bleiben, wie die Frage, ob es sich bei allen entsprechenden Regelungen begrifflich wirklich um "Eingriffe" handelt. Für die behandelte Grundsatzfrage führt eine Differenzierung zu keiner zusätzlichen Klarstellung.

70) BVerfGE 19, 93, 96; s. auch 26, 41, 42 - 44 (betr. § 360 Abs. 1 Nr. 11 StGB a.F. - grober Unfug -) zum verfassungsrechtlich relevanten Rückgriff auf derartige überlieferte Konkretisierungen.

ein neues Recht beansprucht, überholtes Recht nicht nur terminologisch, sondern im wesentlichen gerade von den tatbestandlichen Voraussetzungen und der inhaltlichen Ausgestaltung abzulösen. Auch der Rückgriff auf die Billigung der Zwangspflegschaft durch das Bundesverfassungsgericht[71] muß insoweit versagen. Das Bundesverfassungsgericht hatte dabei auf überkommene Grundsätze abgestellt. Außerdem war bei jener Entscheidung die Eingrenzung zugrunde zu legen, die sich aus der durch die Instanzgerichte festgestellten (partiellen) Geschäftsunfähigkeit ergab[72]. Auch dieses Kriterium soll - ein einhelliges Reformanliegen - aufgegeben werden. Es kann damit seine bisherige tatbestandliche Konkretisierungsfunktion nicht mehr erfüllen. Die in der Reformdiskussion vorgeschlagenen stärker medizinisch ausgerichteten Auswahlkriterien[73] enthalten in sich keine qualitativen Mindestabstufungen. Sie sind als rechtliche Eingriffsvoraussetzungen (allgemein) ungeeignet[74]. Erforderlich ist die Möglichkeit einer juristischen Bewertung/Bewertbarkeit[75]. Erst eine derartige rechtliche Fixierung würde verfassungsrechtlichen Geboten an die gesetzliche erforderliche Vorgabe genügen[76]. Den medizinischen Begriffen müssen mithin

---

71) BVerfGE 19, 93 ff.

72) BVerfGE 19, 93, 98.

73) Zenz u.a. S. 38; zum Kritikansatz auch Göppinger FamRZ 1980, 856, 857 (im Zusammenhang mit der Regelung über die öffentlich-rechtliche Unterbringung). - Die rechtliche Diskussion überschätzt wohl auch regelmäßig das medizinische Instrumentarium wie die gesicherten Grundlagen, auf die Sachverständige zurückgreifen können; Holzhauer B 26, B 64 und Bruder C 22, C 31 und These 6 (C 46).

74) BVerfGE 58, 208, 226.

75) BVerfGE a.a.O. (Fn. 27) und 70, 297, 310/311. - Die Vorgabe in § 68 b Abs. 1 S. 5 FGG i.d.F. des BtG/BR-E zu dem Inhalt des Sachverständigengutachtens nach Maßgabe einer Zwischenentscheidung des Sachverständigen ist damit ebenfalls problematisch.

76) BVerfGE 70, 297, 308, 312 f.

rechtliche zur Seite gestellt werden, damit eine Eingrenzung möglich wird. Der Versuch, ein rechtlich relevantes (rechtsgeschäftliches?) Handlungsdefizit als kausale Folge der medizinischen Beeinträchtigung zur tatbestandlichen Voraussetzung zu erheben, muß ebenfalls scheitern. Da es eine derartige verifizierbare Kausalbeziehung für die Mehrzahl aller Fälle nicht gibt, kann sie auch nicht zur Eingrenzung in Betracht kommen.

3.2.2. Grenzen für die Anordnung einer Betreuung

Schon 1976 hat Gernhuber gemahnt:

"Fürsorge, die Mittel zu freier Verfügung gewährt und Leistungen bereithält, die zwar in Anspruch genommen werden können, jedoch nicht in Anspruch genommen werden müssen, kurzum Fürsorge, die keine Einbußen an Autonomie impliziert, wird heute wenigstens in der Mehrzahl der Fälle nicht mehr als diskriminierend empfunden, ... Fürsorge, die partiell oder total in einem Korrespondenzverhältnis Autonomie schmälert und Fremdbestimmung fordert, wirkt dagegen heute stärker denn je kränkend und bedrückend ..... Kann im Einzelfall schon die Anordnung ..... verfehlt sein, weil es sinnwidrig ist, ... Fürsorge zu betreiben und dafür einen psychischen Verfall in Kauf zu nehmen, der die Möglichkeit ausschließt, das sorgsam Verwaltete ..... zu nutzen"[77].

Die Äußerung bezieht sich auf die Zwangspflegschaft für Senioren nach geltendem Recht. Sie ist durch die Auslassungen so pointiert, daß der Aussagegehalt gerade auch in Richtung auf eine Reform deutlich wird. Die Aussage entspricht damit einerseits dem allgemeinen Reformziel, verdeutlicht andererseits die Antinomie jeder staatlichen/gerichtlichen Fürsorge, die auf einer Anordnung beruht und sich nicht auf Dauer dem freien Willen der Betreuten beugt. Der freie Wille ist insoweit nicht schon dann festzustellen, wenn dem Betroffenen ein "Ja" abgerungen ist. Auch darin wird nach den bisherigen Erfahrungen jedenfalls bei Älteren häufig schon die Resignation mitklingen, die die krankheits-, nicht gesundheitsfördernde Abkapselung einleitet oder begleitet. Wie oft erleben unbeeinträchtigte Beteiligte im übrigen z.B. bei Vergleichen vor Prozeß-

---

77) FamRZ 1976, 189, 190 unter III.

gerichten den Effekt, daß sie sich außerhalb des Gerichtsgebäudes, spätestens aber im Gespräch mit ungehaltenen Angehörigen fragen, wie sie sich jemals zu einem derartigen "Ja" haben hinreißen lassen können. Betroffene Behinderte und Ältere sind bei der Befragung[78], ob sie nicht selbst Hilfe wollten, in noch viel stärkerem Maße der Gefahr ausgesetzt, dem Erwartungsdruck zu erliegen, ohne daß sie danach innerlich die Zustimmung wirklich mittragen[79]. Bei Unbeeinträchtigten akzeptiert das Recht nachträgliche Relativierungsversuche nicht (was diese wissen und sich deshalb mit dem Ergebnis zu arrangieren versuchen[80]). Bei einem Rechtsbereich, der seine Legitimation aus dem Schutzbedürfnis der Beeinträchtigten herleitet, wird gerade an dieser Stelle sehr sorgfältig zu prüfen sein, wo privatautonome Zustimmung noch verläßliche Grundlage der Zuweisung von Folgeverantwortung sein kann.

3.2.2.1. Grundrechtsmündigkeit

Diese recht allgemeinen Vorgaben müssen bei der verfassungsrechtlichen Betrachtung deutlich gesehen werden. Der tradierte Satz "volenti non fit inuria" hat schon für Unbeeinträchtigte allenfalls da noch Geltung, wo sie aus gleicher wirtschaftlicher, sozialer und rechtlicher Macht und Kenntnis bewußt eine einzelne Folge veranlassen. Ebensowenig wie ohne weiteres aus

---

78) Erst recht, wenn diese Befragung im Vorfeld z.B. von Verwandten, Heimbeauftragten oder dergl. veranlaßt wird.

79) Die psychische und soziale Stärke, das eigene "Ja" zu verantworten, ist Ziel von Kommunikationstraining für Unbeeinträchtigte. Von Psychologen wird in diesem Zusammenhang als selbstverständlich vorausgesetzt, daß die verbale Zustimmung noch nicht die Bereitschaft zur Übernahme von Verantwortung enthält; s. z.B. Schulz v. Thun S. 247/248, 252.

80) Ein nicht unerheblicher Teil gerichtsnotorischer Querulanten sind (frühere) Beteiligte, denen dieser Anpassungs- und Verdrängungsprozeß mißglückt ist.

einer Zustimmung schon eine beliebige Belastung gerechtfertigt ist, kann andererseits der Hinweis darauf verfangen, wenn ein rechtlich relevanter entgegenstehender Wille nicht festgestellt werde, seien uneingeschränkt (Hilfs-)Regelungen möglich. Die Regelungsverantwortung liegt in jedem Fall bei dem Gesetzgeber. Wenn er den Eingangseingriff abmildern will, in der Folge aber dieselben Kompetenzen erreicht werden sollen, müssen die Eingriffsvoraussetzungen als Folgeregelung ausgestaltet werden. Der Gesetzgeber kann sich der Regelungsbedürftigkeit nicht entziehen.

Das Bundesverfassungsgericht hat in einem hier naheliegenden Themenkreis betont, daß die Tatsache, daß ein Rechtsanwalt freiwillig zahlreiche Pflegschaften übernommen habe, obwohl er wußte, daß sie unentgeltlich zu führen seien, nicht besage, daß er sich nicht auf Art. 12 GG mit der Begründung berufen könne, die Regelung über die Unentgeltlichkeit sei verfassungswidrig[81].

"Für die Beurteilung kann es nicht ausschlaggebend sein, ob der Betroffene diese Belastung freiwillig oder gezwungenermaßen übernimmt. Maßgebend ist allein die Tatsache einer Inanspruchnahme, der der Betroffene - anders als der echte Einzelvormund - nur im Rahmen seiner Berufstätigkeit ordnungsgemäß nachkommen kann und die in der bestehenden Rechtsordnung üblicherweise nicht unentgeltlich als allgemeine staatsbürgerliche Pflicht geleistet wird. Ebensowenig ist es verfassungsrechtlich von Bedeutung, daß spezialisierte Rechtsanwälte unentgeltliche Vormundschaften über mittellose Mündel in aller Regel nur gleichzeitig mit solchen Vormundschaften übernehmen, bei denen Vergütungsansprüche gem. § 1836 BGB entstehen. Dieser Umstand mag wirtschaftlich zu einem gewissen Ausgleich führen. Er rechtfertigt es aber nicht, einen wesentlichen Teil der beruflichen Inanspruchnahme gänzlich unvergütet zu lassen. Rechtlich erschiene eine solche Globalbetrachtung zudem deshalb bedenklich, weil sie voraussetzt, daß vermögende Mündel mittelbar für Vormundschaften über mittellose Mündel mit aufkommen."[82]

81) BVerfGE 54, 251, 271 ff.

82) BVerfGE a.a.O. S. 272. - Der letzte Teil wird von der Praxis in nicht unerheblichem Umfang ignoriert. Insbesondere bei Nachlaßpflegschaften findet z.B. ein offener Handel

Diese Aussage kann von der Betreuer- auf die Betreutenebene übertragen werden. Sie verdeutlicht dann, daß die Frage nach der verfassungsrechtlich zulässigen Gestaltung nicht nur daran ausgerichtet werden kann[83], ob und in welcher Intensität ein entgegenstehender Wille überwunden werden muß und wie dieser Wille zu qualifizieren ist, ob als rechtlich noch relevanter nur natürlicher Wille oder sogar rechtsgeschäftlich bedeutsamer Wille. Der schon von Dunz[84] zu Recht betonte Grundsatz des uneingeschränkten Vorbehalts eines Gesetzes für jeden Grundrechtseingriff ist nicht durch eine Willensbetätigung des Bürgers bedingt[85]. Zwar gewähren Grundrechte Freiheit, was häufig Entscheidungsmöglichkeit zum Handeln voraussetzt. Sie gelten aber auch als objektiver Rahmen[86]. Dieser vom Gesetzgeber zu beachtende objektive Kontext hat eine grundrechtsverstärkende Funktion[87]. Der Gesetzgeber hat bei der Ausgestaltung der Rechtsordnung dem Sinngehalt der Grundrechte Rechnung zu tragen[88].

Heute wird nicht mehr bezweifelt, daß auch Geschäftsunfähige sich auf Grundrechte berufen können. Die darin aber bereits liegende Koppelung der Frage der Ausübungsfähigkeit/-bereitschaft mit der der Grundrechtsträgerschaft ist problematisch.

---

82) zwischen Gerichten und Pflegern darüber statt, wieviele "schlechte" für eine "gute" zumutbar sind.

83) So aber wohl Dunz JZ 1960, 475 unter c.

84) a.a.O. unter b.

85) Starck JuS 1981, 237.

86) "Wertordnung", s. die Zusammenstellung der diesbezgl. BVerfGE bei Leibholz/Rinck, GG, Rz. 2 vor Art. 1 - 19.

87) Böckenförde NJW 1974, 1529, 1532; Ossenbühl NJW 1976, 2100, 2104.

88) Böckenförde NJW 1976, 2089, 2099. - Der verfassungsrechtlich um die Einzelabstufung geführte Streit ist für die hiesige Bewertung nicht erheblich. Der Gesetzgeber muß jedenfalls die in den Grundrechten konkretisierte Ordnung auch dann berücksichtigen, wenn (gegenwärtig) keine Gegenwehr zu erwarten steht. S. auch Maaß NVwZ 1988, 14, 21.

Es ist nicht stets erforderlich, sich (wirksam) auf ein Grundrecht zu berufen. Seine Existenz genügt als Prüfschwelle. Insbesondere bei gegenständlich bezogenen Grundrechten kann es für einen Eingriff nicht auf den fehlenden Willen, allenfalls die wirksame Zustimmung - das aber auch noch mit obiger Einschränkung - ankommen. Wenn diese Bereiche in der Argumentation nicht sorgfältig getrennt werden, ergeben sich sehr schnell gedankliche Verkürzungen, wie die kürzlich neu belebte Auseinandersetzung zu dem ähnlichen Themenkreis bei Minderjährigen zeigt[89]. Hohm hat dargestellt, daß Minderjährige mit der Geburt Grundrechtsträger werden[90]. Problematisch sei die Diskussion um die Grundrechtsmündigkeit[91]. Bei staatlicher Heimerziehung bestehe kein Gegenrecht wie bei elterlicher Erziehung. Deswegen müsse jeder Grundrechtseingriff durch staatliche Heime gesetzlich geregelt werden[92]. Der jetzige Zustand sei verfassungswidrig. Martens hält dagegen, dadurch würden "mit pseudoverfassungsrechtlichen Argumenten Positionen aufgebaut, die jedwede Grundrechtsausübung zu billiger Münze verkommen" lasse[93]. Entscheidend sei die Fähigkeit zur Selbstbestimmung[94]. Wenn die Eltern nicht die Erziehung übernehmen könnten, habe der Staat elterngleiche Rechte.

Schütz[95] betont ebenfalls die Substitutionswirkung staatlicher Übernahme einer Erziehung. Die dann von ihm vorgenommene Zu-

---

89) Hohm NJW 1986, 3107 ff und dagegen Martens NJW 1987, 2561 ff sowie Schütz NJW 1987, 2563 f.

90) Die etwaigen Vorwirkungen können hier vernachlässigt werden. - Die Grundrechtsfähigkeit ab Geburt ist unbestritten, s. Dürig in Maunz/Dürig, GG, Art. 19 III Rz. 10, 11, 13.

91) Darstellung des Streitstandes bei Hohm a.a.O. (Fn. 13) S. 3109 mit Fn. 26 und 27.

92) Hohm a.a.O. S. 3114 unter b.

93) NJW 1987, 2561.

94) a.a.O. S. 2562.

95) NJW 1987, 2563, 2564.

sammenfassung mit Schlußausblick zeigt eine Linie auf, die der teilweise überschießenden Betreuungsneigung für Volljährige sehr nahesteht. Es heißt dort[96]:

"Nicht das "besondere Gewaltverhältnis" Heim, das Hohm zu Recht verneint, sondern die Bindung des ..... (Betreuten) an sein eigenes Wohl und die mit jedem ..... (Betreuungs-)Auftrag untrennbar verbundene Bevormundung des ..... (Betreuten) legitimieren daher die einzelnen Akte ..... Soll das ..... (Betreuungs-)Recht dem Schutz ..... dienen, so schließt dies bei rechtem Verständnis die Verrechtlichung des ..... (Betreuungs-)Bereiches aus ..... Nur nach dem Wohl und Schutz des (Betreuten) ....., nicht nach gesetzlichen Ermächtigungen ist daher zu fragen, will man Wert und Zulässigkeit einzelner ..... (Betreuungs-)Maßnahmen bewerten."

Der Streit in der Diskussion zum Minderjährigenrecht kann hier letztlich dahinstehen. Er ist aufgegriffen worden, um die Grundproblematik zu verdeutlichen, zumal sich derartige Vorbewertungen auch bei der Argumentation unter dem Stichwort "Willensunfähige" immer wieder einschleichen. Die Diskussion um die Grundrechtsmündigkeit ist, soweit ersichtlich, trotz gelegentlich überschießender grundsätzlicher Äußerungen, nie ernstlich auf Entmündigte, Geschäftsunfähige oder Willensunfähige erstreckt worden. So wird zum Teil[97] zwar mit der Grundsatzäußerung sehr weit angesetzt: Grundrechtsmündigkeit setze natürliches Können voraus. Wer nicht seinen Namen schreiben könne, sei nicht grundrechtsmündig für Petitionen (Art. 17 GG), die Schriftlichkeit voraussetzten (was so weit jedenfalls für Volljährige unzutreffend erscheint). Wer sich noch nicht fortbewegen könne, sei nicht grundrechtsmündig in bezug auf Art. 8 GG. - Aus dem "noch" ergibt sich aber schon, daß nur Kinder gemeint sind. Auch wenn dann pauschal Vormünder angesprochen werden, bezieht sich das nach dem Zusammenhang nur auf Vormünder Minderjähriger. - Ähnlich heißt es bei von Münch[98], Grundrechtsmündigkeit meine die Fähigkeit natürlicher

---

96) a.a.O. S. 2564 unter V. - Die hiesigen Auslassungen bzw. Gleichsetzungen sollen die Umsetzungsgefahr verdeutlichen.

97) Z.B. Dürig in Maunz/Dürig Art. 19 III Rz. 16/17.

98) In v. Münch, GGK, Rz. 11 vor Art. 1 - 19.

Personen, Grundrechte selbständig ausüben zu dürfen. Er führt dann weiter aus: "Konkret geht es also darum, ob Minderjährige sich auf Grundrechte berufen können ....."

Nach Lepa soll die Grundrechtsmündigkeit die Frage danach betreffen, ob und unter welchen Voraussetzungen der nichtgeschäftsfähige Grundrechtsträger seine Grundrechte selbständig geltend machen kann[99]. Trotz dieses Bezuges auf die Geschäftsfähigkeit verdeutlichen auch seine Folgeausführungen, daß es ihm lediglich darum geht, zu betonen, daß bestimmte Mindestalterserfordernisse außer für den rechtsgeschäftlichen Verkehr nicht erforderlich seien. Es komme vielmehr auf die Einsichtsfähigkeit bzw. Reife an. Das kann nach dem Zusammenhang aber nicht als Verschiebung nach oben (in ein beliebig hohes Alter), sondern nur nach unten orientiert verstanden werden.

Mit der Volljährigkeit hat jeder noch so stark Behinderte jedenfalls auch die Grundrechtsmündigkeit erlangt. Ob er gegenwärtig selbst in der Lage ist, seine Grundrechte auszuüben (etwa gar sinnvoll) ist grundsätzlich unerheblich. Eine etwaige Hinderung rechtfertigt es nicht, die Grundrechte unter Berufung auf die mangelnde Ausübbarkeit ohne weiteres zu relativieren[100]. Jeder einzelne Eingriff muß, wenn die Mündigkeit nicht (im verfassungsrechtlich zulässigen Maß) genommen wird, an den Kriterien gemessen werden, die auch sonst für entsprechende Eingriffsregelungen gelten. Bereits die Bestellung eines Betreuers - ohne vorherige Zuschreibung mangelnder Eigenverantwortlichkeit des Betroffenen - muß mit diesem verfassungsrechtlichen Maßstab bewertet werden. Dies verkennt Reis, wenn er die Erklärungen von gesetzlichen Vertretern zu Lasten einwilligungsunfähiger Behinderter allein unter dem Gesichts-

---

99) Lepa Rz. XXXIII unter Berufung auf BVerfGE 59, 360, 382; 60, 123, 132, die ebenfalls zum einen Minderjährige, zum anderen sondergesetzliche Altersabstufungen betreffen.

100) Dürig in Maunz/Dürig Art. 19 III Rz. 13/14.

punkt eines Verzichts auf Grundrechte prüft[101]. Die Bestellung ist ein Eingriff, mindestens eine Beschränkung der allgemeinen Handlungsfreiheit. Jeder Grundrechtseingriff muß erforderlich, geeignet und verhältnismäßig sein. Das Ziel, in Erfüllung der aus dem Sozialstaatsprinzip abzuleitenden Pflicht Schutz zu gewähren, rechtfertigt unter dem Aspekt der Erforderlichkeit und Eignung bei Willensunfähigen die Ersetzung ihrer nicht abfragbaren Entscheidungen für die Bereiche, in denen Entscheidungen unausweichlich sind, wenn keine Selbstgefährdung oder Selbstschädigung eintreten soll. Das grundsätzlich selbst wahrzunehmende und zu artikulierende Interesse wird durch ein mutmaßliches Interesse, in diesem Zusammenhang in der Regel als "Wohl" bezeichnet, ersetzt. Dieser sprachlichen Umsetzung intendiert eine Ablösung vom Eigeninteresse zum wohlverstandenen Interesse, der Ersetzung des eigenen Willens durch die bessere Einsicht des Wohlmeinenden. Der Begriff des "Wohls" ist jedenfalls für Volljährige rechtlich nicht so konkretisierbar, daß eine Stellungnahme ohne rechtspolitische Grundsatzauseinandersetzung möglich ist[102]. Die jeweilige Rechtspolitik kann die gesetzliche Umsetzung durch neues Recht bestimmen, sich aber nicht auf die Festlegung in der Verfassung berufen oder allein aus ihr abgeleitet werden. Rechtspolitische Umsetzung ist vielmehr inhaltliche Ausformung im Rahmen der dem Gesetzgeber zustehenden verfassungsrechtlich gewährleisteten Gestaltungsfreiheit. Festzuhalten bleibt hier nur, daß der Schutz für die hilfsbedürftigen Volljährigen diese jedenfalls nicht ohne nachvollziehbare vorrangige Interessen wahrende Begründung aus der - ggf. noch oder schon von ihnen

---

101) Reis S. 154, 158 ff.

102) Gernhuber FamRZ 1973, 229 ff; Coester S. 1/2 mit Fn. 6 ff. Der von Coester dann selbst unternommene Versuch einer Konkretisierung des <u>Kindes</u>wohls bezieht sich auf das insoweit vorgegebene altersspezifische Defizit. Ein Erziehungsrecht gegenüber Erwachsenen gesteht die Verfassung aber nicht zu.

selbst eigenverantwortlich vorgezeichneten - sozialen Einbindung herauslösen oder etwa in eine Richtung abdrängen darf, die der jeweiligen Zeitströmung entspricht.

Ziel kann immer nur eine an der Person des Betreuten, seiner individuellen sozialen Einbindung und Vorausrichtung orientierte Hilfe sein. Die Entscheidung über das Wohl des Betreuten darf z.B. nicht den Verwandten inhaltlich ausgeliefert werden. Das dargelegte Verwandtenvorrecht bezieht sich allein auf die potentielle Betreuerposition, nicht auf die Eignung zu einer Betreuung. Verwandte sind auf die Eignung gerade anhand der beabsichtigten Abwicklungsinhalte zu prüfen, nicht letztere ihnen unterzuordnen.

Das Bundesverfassungsgericht hat erklärt, jeder einzelne habe das Recht auf eigenes abweichendes Verhalten[103], das der Staat ihm nicht mit dem Ziel einer Besserung absprechen könne. Das setzt in der Regel aber eine bewußte Selbststeuerung[104] voraus. Wer nicht einmal einen natürlichen Willen (gesteuerter Wille mit Einsichtsfähigkeit) zu bilden vermag, hat Anspruch auf staatliche Hilfe in Substitution des fehlenden eigenen Willens. Der Staat kann und muß diese Hilfe regeln. Dem gesetzgeberischen Ausgestaltungsauftrag entspricht, daß sicherzustellen ist, daß das Persönlichkeitsrecht des Betroffenen gesehen und insbesondere verhindert wird, daß sich aus der Hilfe während der Willensbildungsunfähigkeit unzumutbare Folgerungen für die Zeit ergeben, in der er wieder willensbildungsfähig ist[105]. Die Zumutbarkeit wird dabei bei Volljährigen noch stärker als bei Minderjährigen in der relativ schnellen Überwindbarkeit der durch Dritte geschaffenen Situation gesehen werden müssen, was ein Extremfall verdeutlichen mag. Wird ein 60jähriger, z.B. durch einen Unfall, so krank, daß er

---

103) BVerfGE 22, 180, 218 f.

104) Nicht notwendig auf rechtsgeschäftlicher Ebene, s. BVerfGE 10, 302, 309, 321.

105) BVerfGE 72, 155, 170 ff (173).

gegenwärtig willensbildungsunfähig ist, und wird deshalb Betreuung angeordnet und ist der persönliche Aufenthalt zu regeln sowie die Besitzsicherung zu klären, dann wäre eine Unterbringung in einem Heim, die Auflösung der gesammelten persönlichen Gegenstände sowie eine Neuanlegung von Geld z.B. auf zehn Jahre höchst problematisch, wenn es sich um eine vorübergehende Beeinträchtigung handelt[106]. Selbst wenn die weitgehend von privaten Gegenständen befreite Wohnung im eigenen Haus noch zur Verfügung stünde, wäre der Betreute der geschaffenen Situation hilflos ausgesetzt. Wenn schon bloß erhebliche Schulden zu unzumutbaren Beeinträchtigungen der persönlichen Entwicklung führen können, müssen derartige Festschreibungen der persönlichen Situation erst recht unzumutbar sein.

Staatlich bestellte Betreuer nehmen nicht nur die Grundrechte für die Betreuten wahr, sie sind auch als in den Schutzbereich Eindringende und daraus zu Kontrollierende zu sehen.

3.2.2.2. Grenzen staatlicher Zwangsfürsorge

Noch pointierter stellt sich diese Frage nach der gesetzlichen Ausgestaltung, wenn die Betroffenen über eine wenigstens partielle natürliche Willensbildungsfähigkeit und Kommunikationsmöglichkeit verfügen[107]. Ihnen kann Fürsorge im selbst überschauten Bereich nur zuteil werden, wenn sie diese im Einzel-

---

106) Der Fall war aufgrund einer Regreßforderung durch ein norddeutsches Landgericht zu entscheiden. Der Pfleger hatte die Wohnung aufgelöst, die Möbel verkauft, z.T. verschenkt. Der Betroffene mußte nach der Heimentlassung in ein Hotel ziehen. - In den bisher bekannt gewordenen Fällen sind auch bei Älteren immer wieder Rückführungen möglich geworden, s. Zenz u.a. S. 19. Vgl. weiter Dörner/ Plog S. 447 ff.

107) Bei Willensbildungsfähigkeit aber mangelnder tatsächlicher Kommunikationsmöglichkeit wird ebenfalls nur der Rückgriff auf den mutmaßlichen Willen in Betracht kommen.

fall billigen. Die bloße Antragstellung[108] auf Betreuung kann nicht als Unterwerfung unter beliebige Regelungen der Betreuung in ihrer jeweiligen konkreten Ausgestaltung angesehen werden. Sonst würde letztlich wieder auf das überwundene[109] Institut des "besonderen Gewaltverhältnisses" zurückgegriffen. Auch nach einem Antrag müsser sich staatliche Fürsorgeregelungen, die Vorrang vor dem Willen des Betroffenen im Einzelfall beanspruchen, an den Kriterien messen lassen, die auch sonst Maßstab für staatliche Eingriffe sind[110].

Die Grenzen staatlicher Zwangsfürsorge lassen sich insbesondere unter Berücksichtigung der Entscheidungen des Bundesverfassungsgerichts zu Zwangspflegschaften[111], dem Verbot eines Zwangs zur bloßen Besserung[112], Unterbringungen[113] sowie der Betonung des Schutzes gegen Aushöhlungen der freien Gestaltung in der Folgezeit (Persönlichkeitsrecht)[114] wie folgt zusammenfassen:
Der Staat ist nicht befugt, seine allgemeinen Zielvorstellungen durch Grundrechtseingriffe zu Lasten der Rechtsunterworfenen für diese verbindlich zu machen. Er darf nicht in ihre Rechte eingreifen, um sie zu bessern oder zu einer stärker gemeinverträglichen oder angepaßten Lebensweise zu führen. Die Besserung des einzelnen ist nicht Aufgabe des Staates[115]. Der Staat darf und muß ggf. den einzelnen vor sich selbst schüt-

---

108) Zu den Auswirkungen eines Antrags im einzelnen unten 3.2.2.3.

109) Hesse Rz. 322 - 324, 326 f; BVerfGE 33, 1, 9 ff.

110) Das berücksichtigt die Begründung des BtG/BR-E z.B. S. 439 ff nicht.

111) BVerfGE 19, 93, 95 ff.

112) BVerfGE 22, 180, 218 ff.

113) BVerfGE 10, 302, 309 ff; 58, 208, 218 ff; 65, 317, 321 ff; 70, 297, 307 ff.

114) BVerfGE 72, 155, 170 ff, an eine Kette anderer Entscheidungen anknüpfend; s. z.B. auch BVerfG NJW 1986, 3129 ff = BVerfGE 72, 122, 132 ff.

115) S. Fn. 112.

zen, wenn er für sich gefährlich ist und ohne Schutz die Gefahr einer ernsten Selbstschädigung besteht, wenn und soweit dieser einzelne nicht in der Lage ist, die Folgen seines Handelns zu überblicken[116]. Dabei ist für die Frage der Einsichts- und Entscheidungsfähigkeit nicht ohne weiteres auf die Geschäftsfähigkeit abzustellen. Im rechtsgeschäftlichen Verkehr ist die (auch nur partielle) Geschäftsunfähigkeit geeigneter Anknüpfungspunkt[117]. Bei Verfahrensfragen wie Eingriffen in Freiheitsrechte kann schon der natürliche Wille entgegenstehen[118]. Erst dann, wenn Einsichts- und Entscheidungsfähigkeit in dem betroffenen Bereich fehlen, kann der Wille des Beeinträchtigten durch die "bessere Einsicht des für ihn Verantwortlichen"[119] ersetzt werden. Soweit danach Eingriffe auf der Grundlage entsprechender Gesetzesvorbehalte in die betroffenen Grundrechte, wegen immanenter Schranken oder wegen eines allgemeinen Regelungsvorbehalts möglich sind, muß der Gesetzgeber die Ausgestaltung des Eingriffs materiell und verfahrensrechtlich selbst vornehmen[120].

Eingriffe setzen in der konkreten Umsetzung der rechtlich vorgegebenen Möglichkeiten die Schaffung einer hinreichend klaren tatsächlichen Beurteilungsgrundlage voraus[121]. Wenn Eingriffe vorgenommen werden, ist mit zunehmender Dauer und Intensität der Verhältnismäßigkeitsgrundsatz besonders zu beachten[122].

Richtervorbehalte werden durch die Entscheidung gesetzlicher Vertreter nicht obsolet. Entsprechende Eingriffe ohne Zustimmung oder gegen den Willen der Betroffenen erfordern zumindest richterliche Kontrollakte[123].

---

116) BVerfGE 58, 258 ff.
117) S. Fn. 111.
118) S. Fn. 113.
119) BVerfGE 58, 208, 225.
120) BVerfGE 58, 208, 220; 65, 317, 322; 70, 297, 307.
121) BVerfGE 70, 297, 307 f.
122) BVerfGE 58, 208 ff; 65, 317 ff; 70, 297 ff.
123) S. Fn. 113.

3.2.2.3. Auswirkungen eines verfahrenseinleitenden Antrags

Während früher aus dem sog. besonderen Gewaltverhältnis abgeleitet wurde, allein dieses rechtfertige Grundrechtseinschränkungen, ist heute allgemeir anerkannt, daß eine Zuordnung zu einer Sonderbeziehung allein weder die gesetzliche Regelung entbehrlich macht[124] noch als solche die Eingriffsschwelle herabsetzt. Die Betreuung Volljähriger ist kein besonderes in der Verfassung erwähntes Sorderstatusverhältnis (wie z.B. das der Soldaten). Aus ihr selbst können daher keine, nur für sie über die allgemeinen Einschränkungsmöglichkeiten hinausgehenden Einschränkungen abgeleitet werden, und zwar unabhängig davon, ob eine willensgetragene Zuordnung vorhanden ist oder fehlt. - Ob das Erfordernis einer gesetzlichen Detailregelung für alle wesentlichen Fragen jeder elternrechtsunabhängigen Betreuung schon allein aus einer Analogie zu den Ausführungen des Bundesverfassungsgerichts bezüglich der Strafhaft[125] zu folgern ist[126] oder diese Entscheidung allenfalls mit erheblichen Vorbehalten in diese Richtung umgesetzt werden kann[127], kann für den hiesigen Bereich dahingestellt bleiben. Auch weitere Entscheidungen des Bundesverfassungsgerichts z.B. zum Schulwesen bestätigen jedenfalls den Grundsatz. Das jeweilige konkrete Umsetzungsproblem ergibt sich aus der Relativierung, wonach gesetzliche Regelungen für die "wesentlichen Fragen" erforderlich sind. Welche Fragen wesentlich sind, kann immer nur in dem spezifischen Bereich beantwortet werden.

---

124) BVerfGE 33, 1, 9 ff (Erfordernis eines StrafvollzugsG); BVerfGE 34, 165 ff; 41, 251 ff; 45, 400, 415 f; 47, 46 ff; 58, 257 (das Schulwesen muß in den wesentlichen Zügen gesetzlich geregelt werden).

125) BVerfGE 33, 1 ff.

126) Hohm NJW 1986, 3107, 3114 Fn. 115 (betr. Heimaufenthalte Minderjähriger).

127) Martens NJW 1987, 2561, 2562 Fn. 18 (betr. Heimaufenthalte Minderjähriger).

Die Frage nach den formellen Voraussetzungen der Verfahrenseinleitung für Betreuungen ist damit eher rechtspolitisch und psychologisch[128] relevant.

Das bedeutet, daß ein verfahrenseinleitender Antrag als solcher nicht zum Anlaß genommen werden kann, an ihn für den Betroffenen nachteilige Konsequenzen zu knüpfen. Auch für das Verfahren bis zur Bestellungsentscheidung dürfen Folgerungen aus dem Antrag nur insoweit gezogen werden, als ein wirksamer Antrag eine weitergehende Sachverhaltsaufklärung entbehrlich machen kann. Das wird für eine Reform bedeuten, daß verfassungsrechtlich keine Einwände dagegen zu erheben wären, daß eine - plausibel - behauptete Hilfsbedürftigkeit im Verfahren eine weitere Klärung entbehrlich machen kann. Diese Vereinfachung setzt allerdings etwas voraus, das wieder zu einer praktischen Entwertung führt. Der Antrag kann mit seiner Begründung nur dann vereinfachend zugrunde gelegt werden, wenn er eigenverantwortlich, also von einem Geschäftsfähigen oder für den betroffenen Kreis Einsichtsfähigen gestellt ist[129]. Die plausible Begründung muß ihrerseits die Beeinträchtigung verdeutlichen, widrigenfalls die Anordnung mangels tatbestandlicher Voraussetzung einer Hilfsbedürftigkeit nicht erfolgen darf. Nur körperlich Beeinträchtigte unterfallen dieser Problematik nicht. - Im gegenwärtig noch geltenden Recht entsteht diese Fragestellung nicht, weil die Anordnung auf Antrag mit der Anerkennung eines Willensvorrangs des Geschäftsfähigen bzw. Einwilligungsfähigen auch für die Folgezeit Freiheit be-

---

128) So das erklärte Ziel in BtG/BR-E S. 396 und S. 401.

129) Er ist entgegen Rink Rpfleger 1989, 14/15 auch nicht ohne Prüfung der Wirksamkeit geeignet, Eingriffsbereiche von anderen zu trennen. Zudem soll es im künftigen Recht - jedenfalls nach den Vorstellungen der Entwurfsverfasser - keine bloß staatlich bestellten Bevollmächtigten ohne Vorranganspruch geben. Rink hält an der alten Unterscheidung (s. folgende Fn.) fest (a.a.O. S. 15 re. Sp.).

läßt[130], mithin kein fürsorglicher Zwang in Frage steht. Wenn eine Reform das festschreiben wollte, könnte dieses Problem unberücksichtigt bleiben. Sobald jedoch der erörterte Willensvorrang des Betreuers relevant wird, enthält schon die Eingangsentscheidung einen stärkeren Eingriff. Dadurch verliert der Betreute Entscheidungsfreiheit. Dieser Verlust kraft Anordnung ist nur tragbar, weil erforderlich, wenn die tatbestandlich vorzusehenden Beeinträchtigungen wirklich vorliegen.

3.2.2.4. Weitere Eingriffsmöglichkeiten aus dem Schutzzweck?

Der in einem sozialen Rechtsstaat dem Staat aufgegebene Schutz für Hilflose bedingt, daß der Hilfszugriff auf sie in der Regel mit einem Eingriff verbunden sein wird. Diese Korrespondenz verweist auf eine Konkurrenzsituation zwischen dem sozialstaatlich aufgegebenen Schutzzweck und den Freiheitsrechten, deren Beeinträchtigung damit üblicherweise zu erwarten steht. Auch zwangsweise ärztliche Hilfe erfordert z.B. ihrerseits einen Schonraum. Besuche wie Informationen können den psychischen Zustand des Patienten jeweils wieder so beeinträchtigen, daß eine Verschlechterung seines Gesundheitszustandes eintritt. Das drängt darauf, zunächst weiträumig einzugreifen und im Rahmen der Besserung dann den Eingriff ggf. zu relativieren. - Diese Tendenz ist z.B. bei den Überlegungen des Deutschen Vereins zur Weiterentwicklung des Vormundschafts- und Pflegschaftsrechts für Volljährige zugrunde gelegt, in denen ein "Spannungsverhältnis zwischen Sozialstaats- und Rechtsstaatsprinzip" angesprochen ist[131].

---

130) Jedenfalls vom Anspruch (s. BGHZ 48, 147 ff). Inwieweit das schon gegenwärtig wirklich zutrifft, ist bereits problematisiert. Vgl. Gernhuber, FamR, § 70 VI 4 (S. 1098); Bobenhausen Rpfleger 1986, 248, 249 f. - Diese Pflegschaft ist gegenwärtig aber ohnedies nur von geringer praktischer Bedeutung (MünchKomm/Goerke § 1910 Rz. 17).

131) NDV 1986, 225, 226.

Das Bundesverfassungsgericht hat wiederholt betont, daß es dem Staat nicht verwehrt ist, verfassungsrechtlich geschützte Güter auf Kosten anderer ebenfalls verfassungsrechtlich verbürgter Rechtsgüter zu schützen[132]. Dabei ist auch ein Eingriff in schrankenlos gewährte Rechte möglich, wenn andernfalls der Auftrag des Grundgesetzes, die in ihm vorgesehene Wertordnung zu bewahren, in Frage gestellt würde[133].

Diese Grundsätze werden zwar üblicherweise bei der Abwägung der verfassungsrechtlich gewährleisteten Rechte unterschiedlicher Betroffener relevant[134]. Sie müssen aber auch berücksichtigt werden, wenn die Verfassung gebietet, das Leben des einzelnen gegen ihn selbst dann zu schützen, wenn er die Folgen eigenen Tuns für seine Gesundheit nicht mehr überblickt. Dann dürfen bei der Hilfe sein Freiheitsrecht und die in Unfreiheit nicht ausübbaren weiteren Grundrechte eingeschränkt werden[135].

Wie das Bundesverfassungsgericht in demselben Beschluß betont hat, steht es unter der Herrschaft des Grundgesetzes aber auch jedermann frei, Hilfe zurückzuweisen, wenn er dadurch nicht Rechtsgüter anderer oder die Allgemeinheit beeinträchtigt[136]. Diese Entscheidung sei zu respektieren, solange sie frei sei, die tatsächliche eigene Beeinträchtigung nicht auch eine eigenverantwortliche Entscheidung unterbinde.

An dieser Stelle werden die Gestaltungsaufgabe und die -möglichkeiten des Gesetzgebers wichtig. Er muß in einem sozialen Rechtsstaat die Hilfen bereithalten, die die Defizite der Individuen wirksam auffangen können. Bisher ist - histo-

---

132) BVerfGE 30, 173, 193 (Mephisto); 34, 269, 287 (zulässiges Richterrecht zur Ausformung verfassungsimmanenter Wertvorstellungen).
133) BVerfGE 49, 24, 56 f (Kontaktsperre).
134) BVerfGE 49, 24, 52 ff = NJW 1978, 2235 ff.
135) BVerfGE 58, 208, 225.
136) a.a.O. (Fn. 135).

risch gewachsen - primär die Vormundschaft nach Entmündigung das gesetzlich angebotene Hilfssystem. Der historische Rahmen wie die Einbindung in das Familienrecht des BGB zeigen, daß es sich insoweit um eine nur wenig differenzierte Zuweisung von Schutzmacht handelt. Verfassungsrechtlich ist insoweit fraglich, ob es sich nicht um eine zu starke Pauschalierung handelt. Sie ist so empfunden worden, woraus sich die Verlagerung zur Zwangspflegschaft erklärt. Das dort offene Problem ist die Ableitung von Ermächtigungen des Pflegers für Vollzugsmaßnahmen. Ihre Erklärung aus der Aufgabenzuweisung ist wenig plausibel. Ob und wie weit sich über § 1915 BGB unter Berücksichtigung von § 1901 I BGB eine zureichende, für den Pfleger passende Ermächtigungsnorm finden läßt, scheint immer noch nicht befriedigend beantwortet. Das Problem spitzt sich zu, wenn die Aufgabenzuweisung aus dem historischen Kontext gelöst und vom Eingangsverständnis nur noch an Vertretung im eigentlichen Sinn (vgl. § 164 I BGB) geknüpft wird. Niemand wird vorschlagen wollen, einem rechtsgeschäftlichen Vertreter jenseits seiner Erklärungsbefugnis Macht gegen seinen Prinzipal zuzusprechen. Warum das bei einem gesetzlichen dann anders sein soll, muß aber neu geregelt, das Spannungsverhältnis durch gesetzgeberische Zuweisungen zu einer praktischen Konkordanz geführt werden.

4. Anordnung einer Betreuung (§ 1896 BGB i.d.F. BtG/BR-E)

Die zentralen materiellen Neuansätze der Reform sollen mit der Ablösung der bisherigen tatbestandlichen Eingriffsvoraussetzung durch ein flexibles Betreuungsrecht erbracht werden. Der BtG/BR-E will mit § 1896 diese tatbestandliche Neuregelung sicherstellen. Es soll an einen medizinischen Befund angeknüpft werden. Zum anderen soll festgestellt werden, ob dieser Ursache für die Beeinträchtigung in der Erledigung eigener Angelegenheiten sei[1]. Qualitatives Grenzkriterium soll die Erforderlichkeit sein. Nur wenn die Bestellung eines gesetzlichen Vertreters erforderlich ist, kommt die Betreuung in Frage.

§ 1896 BGB lautet i.d.F. des BtG/BR-E:

"Zweiter Titel. Betreuung

§ 1896

(1) Kann ein Volljähriger auf Grund einer psychischen Krankheit oder einer körperlichen, geistigen oder seelischen Behinderung seine Angelegenheiten ganz oder teilweise nicht besorgen, so bestellt das Vormundschaftsgericht auf seinen Antrag oder von Amts wegen für ihn einen Betreuer. Den Antrag kann auch ein Geschäftsunfähiger stellen. Soweit der Volljährige auf Grund einer körperlichen Behinderung seine Angelegenheiten nicht besorgen kann, darf der Betreuer nur auf Antrag des Volljährigen bestellt werden, es sei denn, daß dieser seinen Willen nicht kundtun kann.

(2) Ein Betreuer darf nur für Aufgabenkreise bestellt werden, in denen die Betreuung erforderlich ist. Die Betreuung ist nicht erforderlich, soweit die Angelegenheiten des Volljährigen durch einen Bevollmächtigten oder durch andere Hilfen, bei denen kein gesetzlicher Vertreter bestellt wird, ebenso gut wie durch einen Betreuer besorgt werden können.

(3) Als Aufgabenkreis kann auch die Geltendmachung von Rechten des Betreuten gegenüber seinem Bevollmächtigten bestimmt werden.

(4) Die Entscheidung über den Fernmeldeverkehr des Betreuten und über die Entgegennahme, das Öffnen und das Anhalten seiner Post werden vom Aufgabenkreis des Betreuers nur dann erfaßt, wenn das Gericht dies ausdrücklich angeordnet hat."

---

1) BtG/BR-E S. 388.

Dieser Text unterscheidet sich von dem Vorschlag nach dem BtG-DiskE I (§§ 1896 und 1897) außer in der sprachlichen Konkretisierung insbesondere durch die Berücksichtigung privater Vorsorge (Altersvorsorgevollmachten). Das Grundproblem ist wie in den bisherigen Vorschlägen dagegen unverändert. Dabei ist am Rande anzumerken, daß die Forderung der Psychiatrie-Enquete nach einer stärkeren tatbestandlichen Konkretisierung gegenüber dem geltenden Recht offensichtlich aus dem Blickfeld verloren worden ist. Diese tatbestandliche Auflösung muß aufgefangen werden. Das verkennen die Entwürfe. Die Auslegung des § 1896 BtG/BR-E im Sinne der Begründung des BtG/BR-E wäre verfassungswidrig[2]. Er wäre dann zu unbestimmt und als Eingriffsgrundlage nicht geeignet.

Grundlage einer gerichtlichen Eingriffsentscheidung kann nicht eine medizinische Vorgabe, sondern nur ihre rechtlich umgesetzte Bewertung sein[3]. Das zweite Tatbestandsmerkmal, die Feststellung einer ursächlichen Beeinträchtigung, ist zu einer Abgrenzung ungeeignet[4], jedenfalls wenn auf eine wissenschaftlich empirische Kausalitätszuweisung abgestellt wird. Eine derartige wissenschaftlich empirische Feststellung ist in der Mehrzahl der Fälle nicht möglich. Das ist im Strafrecht zu der - vom Ansatz einfacheren, weil diagnostisch zu erstellenden, hier dagegen prognostisch erforderlichen - Feststellung der Schuldunfähigkeit (Tatbestandsmerkmal: <u>wegen</u> ..... unfähig war, ...) anerkannt[5]. Erforderlich ist an dieser Stelle im

---

2) Bürgle, NJW 1988, 1881, 1883 f hält die neuen tatbestandlichen Voraussetzungen für "viel zu unbestimmt" (ohne daß er die verfassungsrechtliche Problematik thematisiert).

3) BVerfGE 58, 208, 226.

4) S. oben 3.1.1.

5) Schönke/Lenckner § 20 Rz. 26 m.w.Nachw.; Dreher/Tröndle § 20 Rz. 17, 18; und zwar unabhängig von dem (im Strafrecht geführten) Kompetenzstreit (Richter/Sachverständiger) vgl. Foerster NJW 1983, 2049, 2052 m.w.Nachw. - Die entsprechenden strafrechtlichen und zivilrechtlichen Normen haben auch

Strafrecht wie im Zivilrecht eine normative Abgrenzung, die ihre Wertvorgaben nicht aus der Fragestellung nach der psychologischen Relevanz der Beeinträchtigung, sondern nur aus einem anderen Bereich entlehnen kann. Dabei hilft letztlich aber der Rückgriff auf das Strafrecht wenig. Die dortige Bewertung richtet sich an den strafrechtlichen Verhaltenserwartungen aus. Im Hintergrund steht dort die Frage, "welche Anforderungen zu normgemäßem Verhalten an den einzelnen legitimerweise gestellt werden dürfen und müssen"[6]. Hier wäre an einen Vergleich mit einer (ordnungsgemäßen) Erledigung durch Nichtbeeinträchtigte zu denken. Der Vergleichsaspekt Geschäftsfähigkeit soll aber nach der Begründung explizit nicht in Betracht kommen. Welcher Maßstab an seine Stelle treten könnte, ist unklar. Als Ansatz ist insoweit auf § 1896 Abs. 2 S. 2 BtG/BR-E verwiesen[7]. Erst wenn andere Hilfen nicht ausreichten, vielmehr die Bestellung eines gesetzlichen Vertreters erforderlich sei, darf die Betreuung angeordnet werden. Erforderlichkeit kann aber in sich kein Maßstab sein. Zu fragen ist nach dem Ziel, danach was erforderlich und wozu es erforderlich ist. Der BtG/BR-E nennt die "gesetzliche Vertretung". Diese hat aber ihrerseits keine eigenständige Definition im BGB außer gerade der zukünftig abgelehnten, nämlich der Vertretung Geschäftsunfähiger oder in der Geschäftsfähigkeit Beschränkter. Diese muß deshalb eine gesetzliche sein, weil jene weder selbst noch durch einen selbst bestellten und kontrollierten Vertreter handeln können.

Mit dem bloßen Hinweis auf den Grundsatz der Erforderlichkeit kann die Aufgabe des Gesetzgebers, Eingriffe selbst zu regeln, nicht pauschal delegiert werden. Das würde den zulässigen Rahmen einer Generalklausel[8] sprengen und die von Verfassungs we-

---

5) aus historischer Sicht in nicht unerheblichen Teilen Gleichklang; s. Holzhauer B 52 m.w.Nachw.

6) Schönke/Lenckner a.a.O.

7) BtG/BR-E S. 406 f.

8) BVerfGE 33, 1, 9 ff.

gen an den Gesetzgeber gerichtete Aufforderung nicht erfüllen. Der Gesetzgeber muß die Voraussetzungen bestimmen und dabei selbst das Kriterium der Erforderlichkeit als Grenze beachten. Weitergeben kann er die Aufgabe, Erforderlichkeit zu prüfen, nur innerhalb, nicht statt einer eigenen Regelung. Damit bliebe nur das Erfordernis "gesetzlicher Vertretung". Es wäre zu prüfen, wann diese statt sonstiger Hilfen zwingend ist. Auch an dieser Stelle ergibt sich aber ein nicht unerhebliches Abgrenzungsproblem[9]. Entweder kann zur Begriffsbestimmung auf das alte System zurückgegriffen werden. Dann würde aus der Reform der Eingriffsvoraussetzungen eine bloße Etikettenreform. Man müßte prüfen, wann nach herkömmlichem Verständnis ein gesetzlicher Vertreter für Volljährige geboten ist. Da eine derartige Etikettenreform nicht gewollt ist, müßten andere Gesichtspunkte gesucht werden. Das ist schon wegen der historischen begrifflichen Vorbelastung schwierig. Es gibt zu dem Erfordernis einer gesetzlichen Vertretung für Volljährige im BGB keinen reformresistenten Begriffskern, so daß etwa aus der "Natur der Sache" eine Eingrenzung möglich wäre. Nach dem System des BGB gibt es für natürliche Personen keinen Aufgabenkreis, der notwendig durch einen gesetzlichen Vertreter wahrgenommen werden muß (wenn man nicht wieder auf die fehlende Geschäftsfähigkeit zurückgreifen will, d.h. auf die Gesichtspunkte, daß die Bestellung eines rechtsgeschäftlichen Vertreters mangelnde eigene Geschäftsfähigkeit voraussetzt). Gesetzliche Vertreter werden als Unterform der Vertreter immer dann vorgesehen, wenn ein eigenes Kontrolldefizit des Betreuten, ein Schutzbedürfnis, besteht. Das ergibt sich bei Minderjährigen aus der fehlenden altersbedingten Entwicklungsreife. Nach altem Recht wurde für Volljährige als Kriterium auf die gleichgestellte rechtsgeschäftliche oder entsprechende (einwilligungsbezogene) Hilflosigkeit abgestellt, was in der Reformdiskussion beanstandet wird und zukünftig so nicht mehr

---

9) Bienwald FamRZ 1988, 1012: "Schließlich lassen sich Rechtsmacht und tatsächliche Hilfe nicht als Gegensatz verstehen, ...".

der Fall sein soll. Ausgeschlossen werden soll diese Vorprüfung, um Diskriminierung zu vermeiden. Dann müssen die genannten Gruppen und etwaige andere, die einbezogen werden sollen, aber als solche von dem Gesetzgeber nachvollziehbar benannt werden. Was erforderlich sein soll, muß er vorgeben. Er darf nicht abwarten, ob sich die Gruppenabgrenzungen im Laufe der Entwicklung aus der Rechtsprechung ergeben. Die Aufstellung von Generalklauseln, deren Ausgestaltung der Rechtsprechung überlassen werden kann, erfordert ein Mindestmaß an Angabe der Zielrichtung, die die gesetzliche Regelung erstrebt. Wenn der Gesetzgeber diese Vorgabe nicht erbringen kann, muß ein von ihm erstellter Text verfassungskonform konkretisierend interpretiert werden.

Wenn die Frage der Geschäftsfähigkeit (mit allen Spielarten) bei der Tatbestandsfeststellung nicht gestellt werden darf/kann, ist eine tatbestandliche Eingrenzung nur dann möglich, wenn der Begriff der beschränkten Geschäftsfähigkeit und Geschäftsunfähigkeit immer beispielsweise durch den der Einsichts- und Steuerungsfähigkeit ersetzt würde. Damit wird zwar der Begriff der Geschäftsunfähigkeit vermieden, aber auf einer nur geringfügig verschobenen Ebene ebenfalls wieder die als diskriminierend empfundene Untersuchung vorgenommen werden müssen. Verloren ginge lediglich die Folgewirkung. Weil sie nur noch Hilfsmittel ist, wird die Feststellung nicht mehr fortschreibend zugrunde gelegt werden dürfen. Die Frage ist deshalb - was grundsätzlich wegen der Veränderlichkeit sinnvoll sein kann - bei jedem Folgeschritt neu aufzuwerfen und zu beantworten.

Das Grundgesetz gebietet die Respektierung persönlicher Freiheit wie der räumlich gegenständlichen Bereiche der Individuen. Der BtG/BR-E will, wie die Abstufung zeigt, die mit dem Einwilligungsvorbehalt vorgenommen werden soll, Geschäftsfähige, beschränkt Geschäftsfähige - die es nach dem BGB außer aus Altersgründen als solche nicht gibt und erst dazu gemacht werden müssen - und (auch nur partiell) Geschäftsunfähige (§ 104 Nr. 2 BGB) bis hin zu denen erfassen, die einen kontrollierten Willen gar nicht mehr bilden können. Jede derartige Anordnung und konkret dann die Umsetzung greifen zumindest in die allgemeine Handlungsfreiheit ein (Art. 2 Abs. 1 GG). Auch das allgemeine Persönlichkeitsrecht (Art. 2 Abs. 1, 1 Abs. 1 GG) ist betroffen. Bienwald hat jetzt[10], im inhaltlichen Gegensatz zu der früheren Bewertung[11], ausgeführt, in der Bestellung des Betreuers liege noch keine Rechtsbeschränkung. Der Betroffene behalte seine Geschäftsfähigkeit, wenn er nicht ohnedies "natürlich" geschäftsunfähig (§ 104 Nr. 2 BGB) sei. Damit verkennt Bienwald, daß die Zuweisung von Entscheidungsmacht zwar die eigene Entscheidungsmöglichkeit noch nicht nimmt, aber aus der Alleinkompetenz eine zweifelhafte Nebenkompetenz wird. Wer wird sich, wenn er die Bestellung kennt, auf das ungewisse Wagnis einlassen, den Betroffenen selbst als entscheidungskompetenten Partner zu akzeptieren? Auch hat der Betreute die rechtsgeschäftlichen Folgen der Vertretung zu tragen. Da er die Voll<u>macht</u> nicht gegeben hat, kann die Berechtigung nur als Zuweisungseingriff verstanden werden.

Wenn es wirklich um eine Hilfe ohne Eingriff ginge, wäre die Einschränkung durch das Erfordernis einer gesetzlichen Vertretung ohne Sinn. Wie die Auseinandersetzung bei Minderjährigen um die Grundrechtsmündigkeit und die Abgrenzung zu den Elternrechten deutlich zeigt, ist gesetzliche Vertretung unter Ausübung entsprechenden Vorrang beanspruchender Maßnahmen zwangsläufig mit einer (partiellen) Fremdsteuerung der Betroffenen - mit Eingriffen - verbunden[11].

Die Tatsache, daß der Staat die Hilfe hier im Rahmen des Zivilrechts erbringen will und öffentliche Fürsorge im BGB angesiedelt ist, rechtfertigt es nicht, von einer unmittelbaren

---

10) FamRZ 1988, 1012, 1013.

11) Bienwald formuliert in FamRZ 1987, 533, 540: "Gerade weil und wenn das Neue an der Rechtslage darin gesehen wird, daß primär Betreuung angeboten und angeordnet werden soll, kann eine damit oder zeitlich danach eintretende Rechtsbeschränkung als tückisch empfunden werden."

Anwendung der grundrechtlich orientierten Wirksamkeitsprüfung abzusehen. Es handelt sich nicht um eine Drittwirkungsproblematik. Es liegt auch kein Bereich vor, in dem der Staat zulässigerweise die Alternative zwischen hoheitlicher und privatrechtlicher Wahrnehmung der Aufgaben (mit geringerer Bindung) hat. Eine derartige Alternative kommt bei Eingriffen nicht in Betracht. Die Delegierung von Eingriffsbefugnissen hängt unmittelbar mit dem staatlichen Machtmonopol zusammen. In diesem Bereich kann sich der Staat, gleichgültig auf welcher Ebene er die Aufgaben wahrnehmen läßt und welcher Personen er sich dabei bedient, seiner strengen Bindung an die grundgesetzlichen und insbesondere grundrechtlichen Vorgaben nicht entziehen.

Daraus folgt, daß es im zukünftigen Recht nicht mehr stets auf die (natürliche) Geschäftsunfähigkeit ankommen wird. Vielmehr für viele Aufgabenbereiche der noch vorhandene natürliche Wille (die so schwer greifbare natürliche Einsichtsfähigkeit) das Hilfsangebot bestimmen wird. Damit ist gegen die geltende Auslegung des § 1910 Abs. 3 BGB das Ziel der Kritiker erreicht, die die Berücksichtigung des natürlichen Willens fordern[12].

Die Zielgruppe ist damit nicht mehr, wie erstrebt, etwa gleich groß wie die nach den bisherigen Normen in der Auslegung durch die herrschende Meinung[13]. Sie wird mit einem Gesetz nach Maßgabe der Entwürfe bei verfassungskonformer Auslegung vielmehr deutlich enger. Wollte man sie gleich groß interpretieren, müßte wieder auf das verpönte Abgrenzungskriterium der Geschäftsunfähigkeit zurückgegriffen werden[14].

Aus dieser gebotenen Eingrenzung ergibt sich die Frage, ob der staatlich gebotene Schutz damit nicht allen denen versagt wird, die bisher jenseits des verbleibenden Kreises erfaßt

---

12) Z.B. Moser Rpfleger 1984, 45, 47.

13) Übersicht bei Diederichsen in Psychiatrische Begutachtung S. 479.

14) Das hält Bürgle NJW 1988, 1881, 1884 lk. Sp. für geboten.

worden sind. Der Schutz vor Eigenschädigungen soll insbesondere durch den Einwilligungsvorbehalt erfolgen. Dagegen ist grundsätzlich nichts einzuwenden. Der Bereich der dadurch zu Schützenden soll aber größer sein, als der der Betroffenen, die durch eine Eingangsentscheidung erfaßt werden können (s. unten bei 5.). Das paßt nicht zusammen. Mit der jetzt vorgeschlagenen Regelung muß ein Schutzdefizit entstehen.

Die Eingangsentscheidung ist allein auf die Frage der Vertretung, der Stellvertretung bei Entscheidungen, die ausstehen, bezogen. Sie legitimiert nicht etwa zugleich alle Folgemaßnahmen. Die Frage der Zuweisung von Aufgaben und Erklärungskompetenzen kann nicht mit der nach der Ermächtigung zu anderen Maßnahmen gleichgesetzt werden.

5. Drittinteressen sowie Einwilligungsvorbehalt

Einer der Hauptvorwürfe gegen das geltende Recht geht dahin, es sei zu Lasten der Betreuten an einem vorrangigen Schutz rechtsgeschäftlichen Verkehrs orientiert, wie schon die Anknüpfungstatsachen zeigten. Der Hinweis ist unabhängig von seiner zweifelhaften historischen Begründetheit grundsätzlich zutreffend. Geregelt sind mit dem Entmündigungsrecht die Voraussetzungen, unter denen ein Volljähriger die Befugnis zur eigenverantwortlichen Teilnahme am rechtsgeschäftlichen Verkehr verlieren kann, ohne daß es dann noch auf eine Bejahung der "natürlichen" Geschäftsunfähigkeit (§ 104 Nr. 2 BGB) ankommt. Die Zwangspflegschaften knüpfen in der Auslegung nach der herrschenden Meinung[1] primär an die mangelnde eigenverantwortliche Teilnahme am rechtsgeschäftlichen Verkehr an. Dieser als diskriminierend und unberechtigt einengend verstandene Ansatz soll aufgegeben werden. Auch der BtG/BR-E folgt dieser Linie und will die Geschäftsunfähigkeit als Grenzkriterium überwinden[2]. Es liegt auf der Hand, daß sich daraus im rechtsgeschäftlichen Verkehr Verunsicherungen ergeben können. Wenn ein gesetzlicher Vertreter bestellt ist, hat er im Rahmen seiner Bestellung Verpflichtungs- und Verfügungsbefugnis für den Betreuten[3]. Wenn offen ist und bleibt, wie diese Befugnis zu der des Betreuten steht, die ggf. kontradiktorisch ausgeübt wird, wenn weiter offen bleibt, ob der Dritte sich den für ihn günstigeren Gesprächspartner gar aussuchen kann oder nur das Wort des Betreuers gilt, kann rechtsstaatlich bedenkliche Unsicherheit entstehen.

---

1) § 1910 Abs. 3 BGB: Verständigungsunfähigkeit = Geschäftsunfähigkeit; vgl. Palandt/Diederichsen § 1910 Anm. 2 d bb; BayObLG NJW-RR 1988, 454.

2) S. oben 4.

3) Die bisherige Differenzierung in gesetzliche Vertreter und "staatlich bestellte Bevollmächtigte" (BGHZ 48, 147, 160/161) enthält eine bloße sprachliche Verneigung vor geschäftsfähigen Pflegebefohlenen ohne inhaltliche Aussage für das Außenverhältnis. So zu Recht: Gernhuber, FamR, § 70 VI 4 (S. 1098); Bobenhausen Rpfleger 1986, 248, 249 f.

Die Begründung zu den BtG-E nimmt an, dieser Problemkreis könne aufgrund der bisherigen rechtstatsächlichen Erfahrungen vernachlässigt werden[4]. Die bisherigen Zwangspflegschaften gingen zwar von der Geschäftsunfähigkeit aus, schrieben sie aber im Gegensatz zur Entmündigung nicht fest. Verunsicherungen hätten sich nicht ergeben, und zwar unabhängig von der Entmündigungs- und Pflegschaftsquote in den einzelnen Bundesländern. Diese Argumentation könnte einen Gedankenfehler enthalten. Beklagt wird zugleich, daß die Eingangsfeststellung nach § 1910 Abs. 3 BGB zu der tatsächlichen Vermutung führe, die Geschäftsunfähigkeit sei festgeschrieben[5]. Dieser tatsächlichen Annahme soll explizit der Boden entzogen werden. Warum das ohne Folgen auf die Erwartungshaltung in bezug auf die rechtsgeschäftlichen Befugnisse bleiben kann, ist unklar[6], es sei denn, es wird unterstellt, es werde sich die Übung einspielen, allein den Betreuer als Gesprächspartner ernst zu nehmen. Damit würde die Reform unterlaufen. - Unberücksichtigt bleibt bei der Argumentation der Entwürfe jedenfalls die große Zahl der nach bisherigem Recht durch Behörden und Ämter veranlaßten Pflegschaften, die mit dem Ziel eingeleitet werden, eine rechtsgeschäftlich sichere Grundlage für Zahlungen, Rückgriffsvereinbarungen, soziale Betreuungen und dergleichen zu erlangen[7]. Auch darin zeigt sich ein Bedarf nach rechtsgeschäftlicher Klarheit, der ungedeckt bleiben kann. Vereinbart z.B. der Betreuer mit dem Sozialamt Vorauszahlungen gegen grundbuchliche Absicherung der Rückzahlungsforderung, kann der Betreute das durch widerstreitende Anträge an das Grundbuchamt unterlaufen. Jegliche Abrechnung durch den Betreuer in Vermögenssorgeangelegenheiten und entsprechende gerichtliche Kon-

---

4) BtG-DiskE I S. 50 - 52; BtG/BR-E S. 187 ff.

5) BtG-DiskE I S. 36; BtG/BR-E S. 150 f; Zenz u.a. S. 45/46. - Bürgle NJW 1988, 1881, 1883 hält die Annahme einer Festschreibung für zutreffend. Das ist nur faktisch, nicht rechtlich nachvollziehbar.

6) Zweifelnd auch Holzhauer B 73, B 74 f.

7) S. Gephart S. 132 f.

trolle wird obsolet, wenn der Betreuer nur die Vorgänge oder Unterlagen zugrunde legen kann, die der Betreute ihm zur Verfügung stellt. Will der Betreute von seinem Girokonto monatlich 800,-- DM Haushaltsgeld und weist der Betreuer die Bank an, nur 600,-- DM auszuzahlen, soll dann die Bank das Risiko tragen, von einem der Beteiligten verklagt zu werden? Sollen alle die selbstbewußten Betreuten, bei denen diese Fragen jetzt schon zu täglichen Auseinandersetzungen führen, durch die Anordnung eines Einwilligungsvorbehalts "ruhiggestellt" werden? - Auf einer Fortbildungstagung in Königslutter/Niedersachsen (Justizakademie) haben Mitarbeiter von Sparkassen- bzw. Bankverbänden darauf hingewiesen, daß es immer wieder zu Auseinandersetzungen mit Kunden komme, die nicht bereit seien, die Entscheidungen des ihnen bestellten Pflegers zu akzeptieren. Es gebe schwierige Kunden, die z.B. täglich in der Geschäftsstelle der Sparkasse erschienen und zum Teil randalierten, wenn sie kein Geld erhielten. Gegenwärtig bestehen diese Probleme besonders bei nur partiell Geschäftsunfähigen oder bei Geschäftsfähigen (z.B. in trockenen Phasen einsichtigen Alkoholabhängigen) mit Pflegern. Bei einer zukünftigen offenen Regelung müssen sich diese Schwierigkeiten[8] vervielfachen. Betroffene wie Dritte werden in bedenklicher Weise schutzlos, ohne klare Regelungen, gegeneinander gestellt.

Der BtG/BR-E will in Fällen einer verbleibenden Unsicherheit mit dem sog. Einwilligungsvorbehalt helfen. Dazu wird vorgeschlagen:

§ 1903

(1) Soweit dies zur Abwendung einer erheblichen Gefahr für die Person oder das Vermögen des Betreuten erforderlich ist, ordnet das Vormundschaftsgericht an, daß der Betreute zu einer Willenserklärung, die den Aufgabenkreis des Betreuers betrifft, dessen Einwilligung bedarf (Einwilligungsvorbehalt). Die §§ 108 bis 113, 131 Abs. 2 und § 206 gelten entsprechend.

---

8) Vgl. z.B. OLG Celle Beschluß vom 16.9.1988 - 10 W 10/88 -. Bestellte Betreuer unterlaufen die rechtlichen Schwierigkeiten zum Teil, indem sie - unzulässigerweise - die Konten auf sich selbst umschreiben lassen.

(2) Ein Einwilligungsvorbehalt kann sich nicht erstrecken auf Willenserklärungen, die auf Eingehung einer Ehe gerichtet sind, auf Verfügungen von Todes wegen und auf Willenserklärungen, zu denen ein beschränkt Geschäftsfähiger nach den Vorschriften des Vierten und Fünften Buchs nicht der Zustimmung seines gesetzlichen Vertreters bedarf.

(3) Ist ein Einwilligungsvorbehalt angeordnet, so bedarf der Betreute dennoch nicht der Einwilligung seines Betreuers, wenn die Willenserklärung dem Betreuten lediglich einen rechtlichen Vorteil bringt. Soweit das Gericht nichts anderes anordnet, gilt dies auch, wenn die Willenserklärung eine geringfügige Angelegenheit des täglichen Lebens betrifft.

(4) § 1901 Abs. 4 gilt entsprechend.

Durch den Einwilligungsvorbehalt sollen u.a. im Alltag unerkennbar "natürlich" Geschäftsunfähige (§ 104 Nr. 2 BGB) geschützt werden, die für den betreffenden Bereich die Stellung eines beschränkt Geschäftsfähigen erhalten werden. Diese Regelung ist in sich widersprüchlich. So sollen Geschäftsunfähige sicherheitshalber "etikettiert" werden, womit Rechtsfolgen (schwebend unwirksam) eintreten sollen, die wegen der Geschäftsunfähigkeit nicht eintreten können (§§ 104 Nr. 2, 105 BGB). Das Konkurrenzproblem ist nicht näher thematisiert. Im übrigen sollen überaktive Geschäftsfähige (die nicht §§ 104 Nr. 2, 105 BGB unterfallen) damit an einer Selbstschädigung gehindert werden[9].

Die Formulierung des Entwurfstextes verweist für den Eingriffsvorbehalt zwar primär auf die Eigeninteressen des Betreuten. Gefahren können sich für ihn aber auch ergeben, wenn er berechtigte Drittansprüche sabotiert. Entgegen der Begründung des BtG/BR-E[10] werden daher auch Rechte Dritter zureichender Anlaß sein müssen, einen Eingriffsvorbehalt anzuordnen. Der BtG/BR-E knüpft mit seiner gegenteiligen Stellungnahme an die unzutreffende Bewertung der Verkehrsschutzinteressen durch die BtG-DiskE[11] an.

---

9) BtG/BR-E S. 452 f.

10) S. 450.

11) S. oben bei Fn. 4 und 5.

Der Einwilligungsvorbehalt soll es dem Betreuer im übrigen nicht verwehren, Ermächtigungen wie nach §§ 112, 113 BGB vorzunehmen. Wie ein Fall gedacht werden soll, bei dem gleichzeitig die Erforderlichkeit einer Betreuung für diesen Aufgabenkreis mit sogar einem Einwilligungsvorbehalt, davon andererseits wieder eine Freistellung, weil nicht erforderlich (widerspruchsfrei) bejaht werden könnte, ist nicht ersichtlich. Wenn man wie der BtG/BR-E entgegen dem bisherigen Recht nicht in der Eingangsentscheidung differenzierende Möglichkeiten bereithält (für Geschäftsunfähige und weniger Beeinträchtigte, die dann als beschränkt Geschäftsfähige oder dergl. definiert werden), müßte die Eingangsentscheidung anderweitig tatbestandlich konkretisiert sein. Wenn das durch das Gesetz nicht selbst vorgegeben wird, muß der Einwilligungsvorbehalt leer laufen. Ein Behinderter mit erheblichen Beeinträchtigungen, die aber vor der Schwelle der Geschäftsunfähigkeit liegen, kann ohne Eingriffsentscheidung nach dem System des BGB rechtsgeschäftlich wirksam handeln[12]. Nur wenn eingegriffen wird, kann sein Handeln begrenzt werden. Wenn als Eingriffsvoraussetzung nur ein enges vorgeschaltetes Tor geöffnet wird, nützt die dahinter vorgesehene Weiche mit drei anderweitig definierten Bereichen (1. rechtsgeschäftliche Zuständigkeit bei dem Betreuer allein, 2. Einwilligungsvorbehalt mit relativierender Regelung, 3. parallele Zuständigkeit von Betreuer und Betreutem) nichts mehr. Durch das erste, wegen der Grundrechtseingriffe entscheidende Tor kommen im wesentlichen nur die Betroffenen, die auch bei der Folgedifferenzierung dem Bereich zugewiesen werden müssen, in dem die Kompetenz allein bei dem "erforderlichen gesetzlichen Vertreter" liegen wird. Eine zusätzliche Sicherheit oder Klarheit ergibt sich aus diesen Vorschriften jedenfalls nicht.

---

12) Die Problematik - nach geltendem Recht die Frage, ob die Entmündigung wegen Geistesschwäche den Status des Betroffenen verbessert oder verschlechtert - ist seit langem bekannt (s. Holzhauer B 27 f m.w.Nachw.). Die BtG/E haben sie nicht aufgelöst.

Der Minderjährigenschutz wie der Schutz derjenigen, die sich nicht selbst helfen können, bringt es mit sich, daß Dritte unerkennbaren Risiken ausgesetzt sind (z.B. nach §§ 104, 105 BGB). Diese Risiken sind in einer sozialen Gemeinschaft zu tragen. Nicht jede lästige Beeinträchtigung erfordert oder rechtfertigt auch nur den staatlichen Eingriff zu ihrer Beseitigung. Dem Staat ist es nicht verwehrt, Schutzmechanismen für bewahrenswerte Interessen aufzubauen, wenn dadurch andere betroffen werden. Der Gesetzgeber muß jedoch als demokratisch legitimiertes Entscheidungsorgan in eigener Verantwortung die jeweiligen Schutzbereiche benennen und gegeneinander abgrenzen. Dritte dürfen nicht rechtlos gestellt werden[13]. Die zur Verfügung gestellten Ordnungssysteme und Verfahren müssen der wechselseitigen Grundrechtssicherung und Verdeutlichung der Grenzen dienen[14]. Der BGH hat diesen Gedanken für das geltende Recht aufgegriffen und Drittinteressen als ausreichende Grundlage für die Anordnung einer Zwangspflegschaft angesehen[15], wenn der Dritte sonst außerstande wäre, behauptete Ansprüche oder sonstige Rechte durchzusetzen. Diese Ansätze sollen bei der Reform beibehalten werden[16]. Eine Formulierung, die sich dazu bekennt, ist aber bisher nicht vorgeschlagen worden. Das ist mehrfach bedenklich. Die Anordnung aus Drittinteressen enthält einen Eingriff in die Autonomiesphäre des zu Betreuenden. Ohne textliche Ergänzung bleibt es Sache der Gerichte herauszuarbeiten, welche Interessen Dritter welche Anordnungen mit welchen Aufgabenkreisen rechtfertigen können. Es ist wenig glücklich, wenn ein neues Recht eine derartige Lücke enthält, für die nicht einmal auf gefestigte Rechtsprechungsgrundsätze zurückgegriffen werden kann. Die verfassungsrechtliche Bedenklichkeit zeigt sich besonders, wenn das Recht auf informationelle Selbstbestimmung berücksichtigt wird. Die Betroffenen haben grundsätzlich einen Anspruch auf Schutz ihrer Privat-

---

13) BGHZ 93, 1 ff.

14) BVerfGE 12, 203, 261 ff; 35, 79, 120 ff; 43, 242, 267 ff.

15) S. Fn. 13.

16) BtG/BR-E S. 394.

sphäre[17]. Ermittelte Daten (§ 12 FGG) dürfen nicht ohne weiteres Dritten ausgeliefert werden. Ist ein Verfahren auf Drittanregung begonnen worden, werden die verfassungsrechtlich gewährleisteten verfahrensrechtlichen Beteiligungsansprüche des Dritten (materielle Beteiligung) es unmöglich machen, ihn von dem Zugriff auf die im Verfahren ermittelten Daten auszuschließen[18], es sei denn, der Gesetzgeber benennt die Voraussetzungen für eine Eingrenzung. Dazu müssen dann vorab aber auch die Kriterien gehören, die zureichender Grund für die Einleitung eines Verfahrens gegen den potentiellen Betreuten sein sollen. Das informationelle Selbstbestimmungsrecht des Betroffenen verbietet es[19], nur vorsorglich seine Lebensumstände zu erforschen und die Daten dann auch noch Dritten auszuliefern. Wenn die Daten erst einmal in dem Verfahren erfaßt sind, können sie dem materiell beteiligten Dritten nur vorenthalten werden[20], wenn der Gesetzgeber ausreichend konkrete Tatbestände dafür geschaffen hat, die einerseits sein verfassungsrechtlich garantiertes Beteiligungs- und Informationsrecht (Art. 103 Abs. 1 GG), andererseits den Schutzanspruch des Betroffenen für seine Privatsphäre zueinander abgrenzen.

Auch bei diesem Komplex handelt es sich nicht etwa um einen Bereich der begrenzten Drittwirkung von Grundrechten, sondern vielmehr um den Schutzanspruch des Dritten gegen den Staat (Rechtsschutzgewährungsanspruch) und den kollidierenden

---

17) BVerfGE 65, 1, 42 f (Volkszählung); BVerfG NJW 1988, 2031 (Unzulässigkeit der Bekanntmachung einiger Entmündigungen).

18) BVerfGE 65, 227, 233. - Das verkennt wohl BtG-DiskE I S. 172 a.E.. Im BtG/BR-E S. 562 f ist die Begründung noch summarischer gefaßt.

19) BVerfGE 65, 1, 42 f (VolkszählungsG 1983).

20) Die Tatsache, daß die Akteninhalte Privatbereiche betreffen (Art. 2 Abs. 1, 1 Abs. 1 GG) rechtfertigt nicht allein ein Geheimhaltungsbegehren; BVerfGE 27, 344 ff; 34, 205 ff (betr. Ehescheidungsakten).

Schutzanspruch des Betroffenen als Abwehrrecht gegen ein Aufklären und das Eindringen in seine Privatsphäre, sowie gegen staatlich aufgedrängte Betreuung und schließlich als Anspruch innerhalb des Betreuungsverfahrens und der Betreuung nur den unumgänglichen Beeinträchtigungen ausgesetzt zu sein.

Aus der Verfassung ist im übrigen kein Recht Dritter ableitbar, der Gesetzgeber müsse auch die in Betracht kommenden Wirkungskreise enumerativ oder beispielhaft auflisten[21]. Wenn die Voraussetzungen für die Anordnung einer gesetzlichen Vertretung ausreichend bestimmt und z.B. dahin geregelt sind, daß eine derartige Vertretung für einzelne Angelegenheiten, Vermögens- oder Personensorge oder alle Angelegenheiten in Betracht kommt, ist es Dritten zuzumuten, sich mit dem im Rahmen der herkömmlichen Regeln konkretisierten Aufgabenkreis auseinanderzusetzen. Themenkreise von Aufgaben sind bereits im geltenden Recht aufgezeigt (siehe z.B. §§ 1626, 1629, 1631, 1901, 1910 BGB). Sie haben in der Ausformung durch die Rechtsprechung keine unlösbaren Auslegungs- und Handhabungsschwierigkeiten aufgeworfen, die nicht auch bei anderem Vertreterhandeln eintreten. Vertretungsregelungen sind in den unterschiedlichsten Versionen im rechtsgeschäftlichen wie organschaftlichen Bereich denkbar, ohne daß daraus verfassungsrechtlich diskutierte Probleme einer rechtsstaatlich bedenklichen Rechtsunsicherheit entstanden wären. Die Betreuer zukünftigen Rechts werden nicht nur gerichtlich eingesetzt, sie werden auch gerichtlich beraten. Wenn sich Abgrenzungsschwierigkeiten im Einzelfall ergeben sollten, wird es selbstverständliche

---

21) Vorschläge zu Aufgabenkreisen bei Leister DAVorm 1987, 297, 298. - Holzhauer hält es (B 71) nicht einmal für sachdienlich, "solche Wirkungskreise auch nur beispielhaft im Gesetz vorzugeben". Zu den Problemen der z.Zt. üblichen Wirkungskreise Pardey Rpfleger 1988, 451. Rink berichtet, in Frankfurt würden die Aufgabenkreise sehr konkret zugeschnitten (Rpfleger 1989, 14).

Pflicht des Beratungs- und Kontrollorgans sein, helfend einzugreifen und die Befugnisabgrenzung (Aufgabenkreis) klarzustellen. Angesichts der Vielgestaltigkeit und des häufigen Themenwechsels bei einer Betreuung[22] könnte eine gesetzliche Vorgabe jedenfalls keine weitergehende Klarheit schaffen.

---

22) Kemper DAVorm 1987, 417; Schach DAVorm 1988, 211, 216.

6. Auswahl der Betreuer

Einer der Kritikansätze[1] bezieht sich auf die bisher eingesetzten Betreuer, ihre Auswahl, die fehlende Unterstützung für sie und eine personenorientierte Kontrolle. Der BtG/BR-E will die Tendenz zur Amtsbetreuung[2] auffangen und grundsätzlich eine Betreuung nur noch durch natürliche Personen[3]. Anzumerken ist dabei, daß die Amtsbetreuungen nach gegenwärtigem Recht bei Volljährigen nur in der Minderzahl der Fälle anzutreffen sind[4]. Auch die vielfach als abschreckendes Beispiel genannten Massenverwaltungen durch Anwaltsbüros sind nicht typisch. Anwälte werden als Berufsbetreuer nur in wenigen Großstädten eingesetzt. Die Erfahrungen sind dort auch zu einem nicht unerheblichen Teil positiv, weil professionelle Hilfe ermöglicht wird. Es gibt derartige Anwälte mit Hilfskräften aus pädagogischem, psychologischem oder dem Bereich der Sozialarbeit. (Die Reihenfolge will nicht werten.) Das gegenwärtig allgemein beklagte Phänomen anonymer Verwaltung statt personenorientierter Betreuung kann nicht aus der Zahl der Berufsbetreuer erklärt werden, muß vielmehr andere Gründe haben, die bisher offenbar niemand im einzelnen kennt[5]. Üblicherweise wird auf die Vorschriften des BGB verwiesen, die den Vermögensbezug zu stark betonten. Auch das ist mit Zweifeln behaftet[6]. - Die in der Reformdiskussion in diesem Zusammenhang beanstandeten Interessenkollisionen sollen ebenfalls (teilweise) ausdrücklich aufgefangen werden.

---

1) S. schon Gernhuber FamRZ 1976, 189, 191 ff; Zenz u.a. S. 56 f; Städtetag Nordrhein-Westfalen DAVorm 1988, 207 f.

2) Untersucht von Oberloskamp FamRZ 1988, 7 ff.

3) § 1898 Abs. 1 BtG-DiskE I. - Hierzu hat sich Kritik durch Amtsvormünder ergeben, s. Schach DAVorm 1988, 207, 215 f "Reform gegen die Erfahrungen der Praxis", die nach dem BtG-DiskE II "Behördenbetreuer" voreilig erscheint. Dazu Schach DAVorm 1989, 123 ff.

4) BtG-RefE S. 106; geringfügig andere Zahlen in BtG/BR-E S. 349.

5) Pardey ZRP 1988, 330, 331.

6) Pardey, Vormundschaft und Pflegschaft, S. 5/6.

Der Text der §§ 1897 bis 1900 BGB i.d.F. des BtG/BR-E lautet:

§ 1897

(1) Zum Betreuer bestellt das Vormundschaftsgericht eine natürliche Person, die geeignet ist, in dem gerichtlich bestimmten Aufgabenkreis die Angelegenheiten des Betreuten zu besorgen und ihn hierbei im erforderlichen Umfang persönlich zu betreuen.

(2) Der Mitarbeiter eines nach § 1908 f anerkannten Betreuungsvereins, der dort ausschließlich oder teilweise als Betreuer tätig ist (Vereinsbetreuer), darf nur mit Einwilligung des Vereins bestellt werden. Entsprechendes gilt für den Mitarbeiter einer in Betreuungsangelegenheiten zuständigen Behörde, der dort ausschließlich oder teilweise als Betreuer tätig ist (Behördenbetreuer).

(3) Wer zu einer Anstalt, einem Heim oder einer sonstigen Einrichtung, in welcher der Volljährige untergebracht ist oder wohnt, in einem Abhängigkeitsverhältnis oder in einer anderen engen Beziehung steht, darf nicht zum Betreuer bestellt werden.

(4) Der Pfleger für das Verfahren soll in der Regel nicht zum Betreuer bestellt werden.

(5) Schlägt der Volljährige eine geeignete Person vor, die zum Betreuer bestellt werden kann, so ist diesem Vorschlag zu entsprechen. Schlägt er vor, eine bestimmte Person nicht zu bestellen, so soll hierauf Rücksicht genommen werden. Die Sätze 1 und 2 gelten auch für Vorschläge, die der Volljährige vor dem Betreuungsverfahren gemacht hat, es sei denn, daß er an diesen Vorschlägen erkennbar nicht festhalten will.

(6) Schlägt der Volljährige niemanden vor, der zum Betreuer bestellt werden kann, so ist bei der Auswahl des Betreuers auf die verwandtschaftlichen und sonstigen persönlichen Bindungen des Volljährigen, insbesondere auf die Bindungen zu Eltern, Kindern und zum Ehegatten, sowie auf die Gefahr von Interessenkonflikten Rücksicht zu nehmen.

§ 1898

(1) Der vom Vormundschaftsgericht Ausgewählte ist verpflichtet, die Betreuung zu übernehmen, wenn er zur Betreuung geeignet ist und ihm die Übernahme unter Berücksichtigung seiner familiären, beruflichen und sonstigen Verhältnisse zugemutet werden kann.

(2) Der Ausgewählte darf erst dann zum Betreuer bestellt werden, wenn er sich zur Übernahme der Betreuung bereit erklärt hat.

§ 1899

(1) Das Vormundschaftsgericht kann mehrere Betreuer bestellen, wenn die Angelegenheiten des Betreuten hierdurch besser besorgt werden können. In diesem Fall bestimmt es, welcher Betreuer mit welchem Aufgabenkreis betraut wird.

(2) Für die Entscheidung über die Einwilligung in eine Sterilisation des Betreuten ist stets ein besonderer Betreuer zu bestellen.

(3) Soweit mehrere Betreuer mit demselben Aufgabenkreis betraut werden, können sie die Angelegenheiten des Betreuten nur gemeinsam besorgen, es sei denn, daß das Gericht etwas anderes bestimmt hat oder mit dem Aufschub Gefahr verbunden ist.

(4) Das Gericht kann mehrere Betreuer auch in der Weise bestellen, daß der eine die Angelegenheiten des Betreuten nur zu besorgen hat, soweit der andere verhindert ist oder ihm die Besorgung überträgt.

§ 1900

(1) Kann der Volljährige durch eine oder mehrere natürliche Personen nicht hinreichend betreut werden, so bestellt das Vormundschaftsgericht einen anerkannten Betreuungsverein zum Betreuer. Die Bestellung bedarf der Einwilligung des Vereins.

(2) Der Verein überträgt die Betreuung einzelnen Personen. Vorschlägen des Volljährigen hat er hierbei zu entsprechen, soweit nicht wichtige Gründe entgegenstehen. Der Verein teilt dem Gericht alsbald mit, wem er die Betreuung übertragen hat.

(3) Werden dem Verein Umstände bekannt, aus denen sich ergibt, daß der Volljährige durch eine oder mehrere natürliche Personen hinreichend betreut werden kann, so hat er dies dem Gericht mitzuteilen.

(4) Kann der Volljährige durch eine oder mehrere natürliche Personen oder durch einen Verein nicht hinreichend betreut werden, so bestellt das Gericht die zuständige Behörde zum Betreuer. Die Absätze 2 und 3 gelten entsprechend.

(5) Vereinen oder Behörden darf die Entscheidung über die Einwilligung in eine Sterilisation des Betreuten nicht übertragen werden.

In § 1897 Abs. 6 BtG/BR-E ist vorgesehen, daß bei der Auswahl auf die verwandtschaftlichen und sonstigen persönlichen Bindungen des Volljährigen und auf die Gefahr von Interessenkonflikten Rücksicht zu nehmen ist. Diese Vorschrift bringt die Problemlage wenig deutlich zum Ausdruck. Der verfassungsrechtlich vorgegebene Vorrang jedenfalls eines Teils der Verwandten wird darin nicht ausdrücklich klargestellt. Bei der Absteckung dieser Vorgaben zu dem Personenkreis zukünftiger Betreuer muß zunächst berücksichtigt werden, daß aus Art. 6 Abs. 1 und 2 GG auf eine Priorität für Eltern und Verwandte zu schließen ist[7]. Art. 6 GG enthält keine Eingrenzung auf bestimmte Altersgruppen[8]. Art. 6 Abs. 1 GG knüpft an überkommene Ordnungsvorstellungen an, die ihre Ausprägungen im gegenwärtigen positiven Recht erfahren haben. Er verbietet dem Gesetzgeber nicht, die Ausgestaltung zu modifizieren, wie z.B. bei der Scheidungsreform[9] oder durch das neue Sorgerecht[10]. Er darf aber die Familie als solche nicht in Frage stellen und auch die Eltern-Kind-Beziehung nicht beeinträchtigen oder schädigen[11]. - Der verfassungsrechtlich geschützte Bestand kann nicht aus dem einfachen Recht, er muß vielmehr aus dem Sinngehalt des Grundrechts und dem Zusammenhang der Zuordnung im GG erschlossen werden. Daraus folgt, daß Eltern-Kind-Beziehungen nicht beschränkt gesehen werden können auf den Zeitrahmen, in dem Kinder Kraft Minderjährigkeit schutzbedürftig sind. Die vorausgesetzte "natürliche" Beziehung geht darüber hinaus. Wie aus einer geschiedenen Ehe verfassungsrechtlich beachtliche Folgewirkungen hinzunehmen sind[12], ist die Eltern-Kind-Beziehung nicht auf die Erziehungszeit (Art. 6 Abs. 2 GG) aufgrund Minderjährigkeit beschränkt, sondern darüber hinausgehend auch dann anzuerkennen, wenn sich ein Schutzbedürfnis in der Folgezeit ergibt. So hat das Bundesverfassungsgericht zwar mehrfach

---

7) BVerfGE 33, 236, 238 f (der Fall betraf aber Minderjährige); Heinen folgert aus der Entscheidung zum gemeinsamen Sorgerecht, daß jeweils grundsätzlich beide Elternteile gleichrangig, mithin gemeinsam, zum Betreuer zu bestellen seien (ZfJ 1984, 511 f).

8) Maunz in Maunz/Dürig, Art. 6 Rz. 16; s. auch unten Fn. 13.

9) BVerfGE 53, 224, 245 ff.

10) Zweifelnd Loschelder FamRZ 1988, 33, 336, 338 f.

11) BVerfGE 6, 55, 71 ff.

12) BVerfGE 53, 257, 297; 66, 84, 93.

betont, das Elternrecht ende mit der Volljährigkeit[13]. Das bezog sich aber stets auf das elterliche Erziehungsrecht. In den zahlreichen Entscheidungen zu Steuerrechtsfragen, die an Art. 6 GG zu messen waren[14], hat es dagegen soweit ersichtlich nie erwogen, die Prüfung auf den Zeitraum bis zur Volljährigkeit der Kinder zu beschränken[15]. Die Einschränkungen für den Briefverkehr eines einsitzenden volljährigen Kindes zu seinen Eltern hat es ausdrücklich an Art. 6 Abs. 1 GG gemessen und betont, die Eltern-Kind-Beziehungen endeten nicht mit der Volljährigkeit[16]. Wie die bürgerlich-rechtlichen Unterhaltsregelungen selbstverständlich davon ausgehen, daß die Verwandtschaftsbeziehungen die Unterhaltspflicht unabhängig von einer etwaigen Minderjährigkeit gebieten, kann die Pflicht wie das Recht der Eltern nicht auf die Zeit der Minderjährigkeit begrenzt gesehen werden. Soweit Volljährigkeit eintritt und deshalb in der Regel eine Schutzbedürftigkeit entfällt, verändert sich nur der Inhalt der Beziehung, er erledigt sich nicht. Wenn die Schutzbedürftigkeit fortbesteht, weil eine Behinderung die eigenverantwortliche Fortsetzung des Lebens nicht ohne weiteres erlaubt, wird eine weiterreichende Anknüpfung geboten sein. Zwar verändern sich auch in dieser Situation die Gewichte, die den wechselseitigen Interessen zuzuschreiben sind. Es handelt sich um kein tradiertes Erziehungsrecht. Der Betreute kann verlangen, nicht in Abhängigkeit gehalten zu werden. Das ist aber eine Frage der konkreten Eignung der weiter betreuungswilligen Eltern, nicht ihrer Zugehörigkeit zu dem Kreis der ersten Betreuerkandidaten.

Die Pflicht des Gesetzgebers, den Bestand und das System überkommener familialer Hilfe nicht zu stören, gebietet, Eltern wie andere hilfsbereite Verwandte[17] vorrangig auch nach einer

---

13) BVerfGE 59, 360, 382; 72, 122, 137.

14) Überblick bei Görlich NJW 1979, 1575 ff.

15) S. z.B. BVerfGE 43, 108, 121 ff.

16) BVerfGE 57, 170, 178.

17) In BVerfGE 39, 316, 326 ist offengelassen, ob die Groß-

Reform zu berücksichtigen, soweit sich aus dem Wohl des Betreuten - insbesondere bei der Gefahr von Interessenkollisionen - keine andere Entscheidung rechtfertigt. Zwar ist vormundschaftliche Sorge keine elterliche Sorge, sondern aus der staatlichen Fürsorge abgeleitete Befugnis[18]. Vormundschaft ist auch geschichtlich schon früh von der Familie gelöst und auf den Staat übergeleitet worden[19]. Die staatliche Aufgabe wurde aber immer nur als ergänzende verstanden. Solange Familienmitglieder befähigt und bereit waren und sind, zu helfen, werden sie sich zwar nicht auf ihre Eigenschaft als solche berufen und die Hilfe ausüben, aber vom Staat verlangen können, daß er ihre Bereitschaft zur Kenntnis nimmt und vorrangig prüft. Das darf allerdings nicht zu dem Fehlschluß führen, eine Betreuung durch Verwandte habe einen anderen, familialen Charakter als die durch Dritte.

Die zum Minderjährigenrecht sonst geführte Diskussion einer Grundrechtsmündigkeit[20], einer Polarität oder eines Interessenausgleichs zu den Elternrechten[21] und den Auswirkungen in Drittbeziehungen[22] kann für die Betreuung Volljähriger nicht

---

17) vater-Enkel-Beziehung in den Schutzbereich des Art. 6 Abs. 1 GG fällt. Das ist im Hinblick auf die generelle Äußerung in BVerfGE 33, 236, 238 f aber nur auf die spezifische Leistungsfrage zu sehen, die in BVerfGE 39, 316 ff zu beurteilen war.

18) BVerfGE 10, 302, 328; LG Berlin Rpfleger 1988, 187 f. Die von dem Landgericht gezogene Folgerung, die Eltern seien nicht gleichrangig und grundsätzlich nicht gemeinsam zu bestellen, verkennt aber die hier dargelegten Auswirkungen des Art. 6 I GG über die Volljährigkeit hinaus. Befremdend ist der Hinweis, die Eltern könnten sonst "dem Vormundschaftsgericht erheblich zur Last fallen" (a.a.O. S. 188).

19) BVerfGE 10, 302, 311.

20) S. z.B. Maunz in Maunz/Dürig, GG, Art. 6 Rz. 34.

21) Diederichsen FamRZ 1978, 461, 463.

22) K. Schmidt BB 1986, 1238, 1239 f.

übernommen werden. Bei der Anordnung der Betreuung kann primär nur auf das Schutz- und Hilfebedürfnis der Volljährigen abzustellen sein. Ebenso ist bei der Durchführung der Betreuung dieses Schutzbedürfnis das entscheidende Kriterium. Die vorstehend erörterte Problematik betrifft nur die Auswahlkriterien, wenn und solange die Wahl im übrigen dem Wohl des Betreuten entspricht. - Es kann auch für die Folgezeit nicht etwa eine Grundrechtskonkurrenz Betreuer/Betreuter gesehen oder bewertet werden. Die staatliche Fürsorge für den Betreuten bezieht den Betreuer als Helfer des Staates ein. Grundrechte des Helfers können nur in der Frage nach der Zulässigkeit seiner Einbeziehung und für die Ausgestaltung der Pflicht, die ihm auferlegt wird, relevant sein. Es handelt sich nicht um eine Drittwirkungsfrage, sondern darum, wie das Verhältnis Staat/ Betreuer und Staat/Betreuter ausgestaltet werden muß und darf.

Diesen vorgegebenen Auswahlkriterien kann nicht, wie es der Entwurf will, entgegengehalten werden, der Wunsch des Betroffenen sei wichtiger. Erst komme sein Wunsch und nur danach eine anderweitig orientierte Auswahl in Frage. Diese Überlegung ist allein dann zutreffend, wenn der Wunsch des Betroffenen nicht lediglich tatsächlicher Natur ist, sondern überschaute Auswahlentscheidung. An dieser Stelle wird also wieder das Problem bedeutsam, daß der Entwurf die Wirksamkeit von Äußerungen des Betroffenen nicht bewerten will, sie aber zum Anlaß nimmt, Folgen daran zu knüpfen. Auch therapeutisch ist der Vorrang ungesteuerter Entscheidungen wohl von zweifelhaftem Wert. Der Verfasser hat schon häufiger Vorgänge erlebt, wo ältere Beeinträchtigte jeweils ihre besondere Bindung zu dem gerade anwesenden (wechselnden) Verwandten zum Ausdruck brachten.

Bei der favorisierten Bevorzugung natürlicher Betreuer wird neben der Berücksichtigung des Verwandtenvorrangs zu beachten sein, in welchem Umfang die Verfassung die ehrenamtliche Verpflichtung oder eine Indienstnahme Privater für die Erfüllung staatlicher Aufgaben erlaubt und welche Regelungen der Gesetzgeber insoweit vornehmen muß. Zu unterscheiden sind dabei die Zuweisung von ehrenamtlichen Aufgaben im Rahmen der alle gleich treffenden staatsbürgerlichen Pflichten ohne berufsregelnde Tendenz[23], bei denen der Grundsatz der Verhältnismäßigkeit besondere Berücksichtigung verlangt[24] und der an Art. 12 Abs. 1, 3 Abs. 1 GG zu messenden berufsregelnden Indienstnahme für die Erfüllung öffentlicher Pflichten[25]. Das Bundesverfassungsgericht hat schon in dem Urteil vom 1.7.1980[26] darauf hingewiesen, daß dieses Einzelthema bei der Reform klärungsbedürftig ist. Für unproblematisch sei als ehrenamtliche Tätigkeit die Belastung mit etwa zwei Betreuungen dann anzusehen, wenn sich aus dieser Übertragung keine besondere Beeinträchtigung nach Umfang und Schwierigkeit ergibt. Eine Neuregelung ist danach daran zu messen, in welcher Weise sichergestellt ist, daß das allgemeine Persönlichkeitsrecht der Betreuer (Art. 2 Abs. 1) und ihre Berufsfreiheit (Art. 12 Abs. 1 GG) nicht übermäßig beeinträchtigt bzw. in Anspruch genommen oder ein Ausgleich inhaltlich zureichend ausgestaltet wird. Die bisher geführte Diskussion bezieht sich auf die Interessen der Betreuten. Die Interessen der Betreuer werden weniger betont. Das ist von Verfassungs wegen aber nur für die Beziehung Staat/Betreuter, nicht aus Sicht der Betreuer erschöpfend.

Problematisch erscheint in diesem Zusammenhang die Möglichkeit für den Betroffenen, einen Dritten als Betreuer dadurch in die Pflicht zu nehmen, daß ein grundsätzlich verbindliches Vorschlagsrecht eingeführt werden soll. Eine Verfassungswidrigkeit ist nach dem jetzigen Entwurfsstand zwar nicht mehr zu konstatieren, weil der in den BtG-DiskE noch vorgesehene "Zwang zur Freiwilligkeit" (§ 1899 BtG-DiskE I) schon im Referentenentwurf gestrichen worden ist[27]. Ob das im Ergebnis

---

23) BVerfGE 54, 251, 270.

24) BVerfGE a.a.O. S. 269.

25) BVerfGE a.a.O. S. 271; 22, 380, 383 f; 30, 292, 312; 33, 240, 244; 68, 155, 171 f.

26) BVerfGE 54, 251, 269.

27) BtG-RefE S. 135.

grundsätzlich glücklich ist, ist zu bezweifeln, verfassungsrechtlich aber nicht zu vertiefen. Wer in freier Entscheidung Inanspruchnahme zurückweisen kann, kann allein durch den Versuch der Einbindung nicht unberechtigt belastet sein.

7. Bestimmung der Aufgabenkreise

Mit der Feststellung der Betreuungsbedürftigkeit hängt die Frage nach der Festlegung der Aufgabenkreise eng zusammen. Die nach geltendem Recht bestimmten Wirkungskreise (zu § 1910 BGB) sollen das festgestellte Fürsorgebedürfnis abdecken. Eine gesetzliche Vorgabe für die inhaltliche Ausgestaltung fehlt bis auf die beispielhaft genannte Vermögenssorge.

Diese nach dem Gesetz offene Konkretisierungsmöglichkeit ist von der Praxis bisher auf wenige relevante Aufgabenkreise reduziert worden, nämlich die Standardwirkungskreise[1]

- Vermögenssorge
- Aufenthaltsbestimmungsrecht
- Zustimmung zu ärztlicher Behandlung[2]
- Wohnungsangelegenheiten (manchmal: Wohnungsauflösung)
- sonstige Einzelangelegenheiten (typisch: Rentensicherung).

Das beruht auch darauf, daß Außenstehende sich mit jeder zusätzlichen Differenzierung schwer arrangieren. Eine sehr konkrete Fassung der Wirkungskreise provoziert andererseits die Ausgrenzung alsbald anstehender Betreuungsbereiche. Deshalb hat Schwab in dem Referat auf dem 57. DJT[3] betont, die Bestim-

---

1) Mende in Gutachten S. 42; Zenz u.a. S. 13, 49 f; AK-BGB/Huhn § 1910 Rz. 6; Pardey Rpfleger 1988, 451. Zum Teil wird versucht, eine konkrete Bestimmung vorzunehmen, s. Rink Rpfleger 1989, 14.

2) Mit schwierig abzugrenzender terminologischer Differenzierung, s. Pardey, Vormundschaft und Pflegschaft, S. 87. - Nach Dörner/Plog S. 495 soll in der Zuweisung des Aufgabenkreises Aufenthaltsbestimmungsrecht schon die Kompetenzbegründung für die Regelung der damit zusammenhängenden Heilbehandlungen liegen. Das ist sicher unzutreffend; vgl. Diederichsen in Psychiatrische Begutachtung S. 479.

3) Sitzungsberichte des 57. DJT; Kurzbericht bei Winterstein JZ 1989, 32.

mung der Aufgabenkreise müsse jedenfalls mehr abdecken als den konkreten Anlaß der Betreuung. Das Fürsorgebedürfnis sei vorsorgend zu prognostizieren, um sicherzustellen, daß die nötige Hilfe auch jeweils alsbald geleistet werden könne. Das Fürsorgebedürfnis läßt sich außerordentlich schwer auf einen mit einem oder wenigen Schlagworten sicher abgrenzbaren Bereich fixieren[4]. Die Betreuungsproblematik wechselt oft sehr schnell[5]. Auch in Österreich hat sich mit dem neuen Sachwaltergesetz die Tendenz gezeigt, die Wirkungskreise nicht eng zu bestimmen[6]. Vielmehr werden Aufgabenkreise gewählt, wie sie in der Bundesrepublik Deutschland bereits jetzt geläufig sind. Zum Teil sind sie so weit zu wählen - insbesondere "alle Angelegenheiten" -, wie sie jetzt schon nach unserem Recht für unzulässig gehalten würden. Diesen Erfahrungen in Österreich[7] muß für diesen Problemkreis besondere Beachtung geschenkt werden. Die BtG-E haben diese Erfahrungen nicht aufgearbeitet, geben sich vielmehr der Erwartung hin, der Erforderlichkeitsgrundsatz werde als Eingrenzungskriterium ausreichen (§ 1896 II BtG-RefE). Es ist bereits bei der Behandlung der Voraussetzungen der Betreuungen betont worden[8], daß die Erforderlichkeit an sich kein brauchbares Abgrenzungskriterium erhält. Während die oben behandelte Frage die Anforderungen an die Diagnose betraf, geht es hier um die Umsetzung in die Zukunft. Es soll mehr geleistet werden, als nur das konkret aufgetretene Defizit abzudecken, wobei offen bleibt, wie weit die Überdeckung geht.

---

4) Gernhuber FamRZ 1976, 189, 192 ff.

5) Kemper DAVorm 1987, 417; Schach DAVorm 1988, 212, 216.

6) BtG/BR-E S. 141 f; Zenz u.a. S. 73 f; Trompisch in Beiträge S. 50. Zum Teil wird das auf ein Ausbildungsdefizit der Richter zurückgeführt. Sandfort, Die Randschau 1987, Heft 6 S. 7, 10 meint, damit sollten andernfalls nötige Ermittlungen vermieden werden.

7) Berichtet durch Hopf im Referat auf dem 57. DJT, Sitzungsberichte; Kurzbericht bei Winterstein JZ 1989, 32.

8) Oben 3.2.2.

Eine zusätzliche Schwierigkeit ergibt sich aus den gewählten Begriffen. Bei den bisher gewählten Wirkungskreisen, die die Befugnis des Vertreters begrenzen[9], ist häufig neben einem engen klaren Begriffskern ein sehr breiter diffuser Randbereich festzustellen[10]. So kann die "Regelung von Wohnungsangelegenheiten" dahin verstanden werden, daß im Rahmen der durch einen anderen (den Pflegebefohlenen?) vorgenommenen Aufenthaltsbestimmung die sich daraus ergebenden Wohnungsvertragsfragen geklärt werden sollen. In den praktischen Vorgängen ist aber in der Regel die Verbringung z.B. in ein Heim gerade ohne oder gegen den Willen des Betroffenen und die damit zusammenhängende Wohnungsauflösung der Grund der Anordnung dieses Wirkungskreises. Er soll die Heimunterbringung (ohne Unterbringung in einer geschlossenen Einrichtung) erfassen.

Für typische regelungsbedürftige Gebiete fehlen bisher spezielle rechtliche Zuordnungen, z.B. in den "Entmüllungsfällen"[11]. Einige Ältere, die sonst unproblematisch selbständig wohnen, lassen ihre Wohnung in nicht unerheblichem Umfang in einen Zustand geraten, an dem ihr Umfeld Anstoß nimmt. Erforderlich wäre zur Beseitigung des Problems die Beauftragung eines Reinigungsunternehmens und die zwangsweise Durchführung der Entmüllung, wozu in die Wohnung eingedrungen werden muß[12]. Auch in solchen Fällen werden gegenwärtig zum Teil die Wirkungskreise "Regelung von Wohnungsangelegenheiten" angetrof-

---

9) Palandt/Diederichsen § 1910 Anm. 4 mit Einführung 1 a vor § 1909.

10) Pardey Rpfleger 1988, 451.

11) Als Beispiel von Diederichsen in FS Keller S. 14 ff zur Verdeutlichung der Grenzen eines beweglichen Betreuungsrechts benutzt.

12) Wodurch der sozialrechtliche Hilfsansatz zunächst gesprengt ist. - Ein Fall mit ähnlicher Problematik lag BayObLG Rpfleger 1982, 67 zugrunde.

fen[13]. Sie werden, für das geltende wie zukünftige Recht, auch oft als Prüfstein genannt. Zu fragen sei, ob das Betreuungsrecht hier den gebotenen Zugriff ermögliche. Nur bei Bejahung sei ein Betreuungsrecht leistungsfähig. Ich bezweifle, daß die Fragestellung richtig ist. Geboten erscheint zunächst, ordnungsrechtliche Bereiche auszuklammern. Wenn Hygieneprobleme entstehen, die ordnungsrechtlich relevant werden, mag das dafür vorgesehene Recht ebenso eingesetzt werden wie z.B. bei einer Feuergefahr (Papierhalden). Warum soll das Betreuungsrecht an dieser Stelle Allgemeininteressen abdecken, die bei der Unterbringung gerade als öffentlich-rechtlich abzuwickelnde Anlässe von der bürgerlich-rechtlichen Seite getrennt werden sollen? Die zweite Fehlstelle sehe ich in der vorbehaltlosen Bejahung einer klinisch reinen Wohnumgebung nach Maßgabe mittelständischer Wohnkultur. Solange eine - auch eigenwillige - Gestaltung des persönlichen Bereichs die Interessen des Bewohners an unversehrter, emotionaler, intellektueller und körperlicher Integrität nicht (nachhaltig) in Frage stellt, besteht für ein Betreuungsrecht kein Eingriffsanlaß. Die Abwicklung dieser Fälle, die Leistungsfähigkeit eines Betreuungsrechts dafür, wird also in der Tat Symptomcharakter haben; aber nicht dahin, daß hier der Betreuer umfassende Abwicklungsrechte haben muß, vielmehr dahin, ob hier die Wünsche des Betreuten wirklich ernst genommen werden, persönliche Betreuung aufgegeben und gewährleistet wird.

Das Pflegschaftsrecht wird gerne dann als Notmaßnahme eingesetzt, wenn die sonstigen sozialen Hilfen und Betreuungsversu-

---

13) Diese Praxisbehauptungen stützen sich u.a. auf die Kenntnis aus der Akteneinsicht im Zusammenhang mit der eigenen Untersuchung (Pardey, Vormundschaft und Pflegschaft). Der Nds. Minister der Justiz hat bei der Akteneinsichtsgenehmigung (Vormundschaft und Pflegschaft S. 4) die Auflage gemacht, die Vorgänge nur nichtidentifizierbar zu veröffentlichen.

che sich als unzulänglich erweisen[14]. Ob es sich insoweit um ein Defizit im Sozialleistungsbereich handelt[15] oder nur um einen Anpassungsprozeß der alten bürgerlich-rechtlichen Tatbestände an gesellschaftliche und soziale Entwicklungen, kann letztlich dahingestellt bleiben. Solange der Betreuungsbedarf nicht durch diese anderen Hilfen abgedeckt wird, bleibt es auch nach dem neuen Recht erforderlich, aus derartigen Anlässen Betreuung anzuordnen und einen Aufgabenkreis zu finden. Seine Bestimmung kann die Auseinandersetzung mit dem Grundproblem nicht erledigen.

7.1. Tatsächliche Problemfelder

Das eigentliche Problem bleibt danach, den Versuch zu unternehmen, die sozialen Themenfelder zu beschreiben, in denen Hilfe typischerweise nötig wird und daran eine Bestimmung von Aufgabenkreisen auszurichten. Bei den Diskussionen hat sich insoweit bisher ein eigenartiges Phänomen ergeben. Das alte Recht und seine Handhabung werden abgelehnt, weil es nur vermögensorientiert sei. Erziehungsversuche seien persönlichkeitsgefährdend. Auch verbiete das allgemeine Persönlichkeitsrecht derartige Übergriffe. Das hindert Juristen allerdings nicht, für selbstverständlich zu halten, daß gesetzliche Vertreter für (auch gerade volljährige) Betreute Entscheidungen z.B. über Besuchskontakte treffen können[16]. Befragte Ärzte,

---

14) Gephart S. 132. Die Erfahrungen in Schweden zeigen, daß die Reform nur einer Seite dieser Beziehungen keine nachhaltige Hilfe bringen kann (s. Saldeen/Westmann in Gutachten S. 203/204, 205 f). - Zu diesem Zusammenhang von materiellem, Verfahrens- und Sozialrecht auch Zenz u.a. S. 34. Es handele sich um ein "gleichseitiges Dreieck".

15) So AK-BGB/Huhn § 1910 Rz. 4.

16) BayObLG FamRZ 1988, 320. Vgl. auch Begründung zu KG FamRZ, 1044 = JZ 1989, 38 und Leßmann in seiner Anm. zu KG JZ 1989, 39, S. 40 1. Abs.

Altenhelfer und Sozialarbeiter haben bisher keine wirksame Formulierungshilfe geben können. - Auf dem 1. VGT in Bad Bevensen ist in einem Arbeitskreis der Versuch unternommen worden, zu bestimmen, was unter der Abwendung von der Vermögensorientierung zu einer personenorientierten Betreuung zu verstehen sei. Wenn diese Frage offen bleibt, kann es nicht gelingen, mehr als eine unbefriedigende Spielart der gegenwärtigen rechtsgeschäftlich und insoweit insbesondere vermögensbestimmten Pflegschaften zu schaffen. Signifikant für die Hilflosigkeit - auch meiner eigenen - in den Versuchen einer Konkretisierung dieser Themen erscheint das Ergebnis (Thesen) dieser Arbeitsgruppe (7) des 1. VGT, in der alle betroffenen Berufsgruppen vertreten waren. Keine einzige These beschäftigt sich mit dieser Fragestellung. Es wird allerdings betont, daß ständiger Kontakt mit dem Betreuten wichtig sei und seine Bedürfnisse vorrangig seien[17].

Dieses ungelöste Problem betrifft deshalb einen Kernbereich der ganzen Reform, weil mit der Umsetzung in Aufgabenkreise die grundsätzliche Entscheidung über die Kompetenzen des Betreuers fällt, also der erste, maßgebliche Eingriff in den Rechtskreis des Betroffenen vorgenommen wird. Wenn einem Betreuer der Wirkungskreis Aufenthaltsbestimmungsrecht, Entscheidung über ärztliche Eingriffe, Befugnis zum Öffnen der Post zugewiesen und ihm damit die rechtliche Macht dafür gegeben wird, wird auf der anderen Seite dem Betreuten die Möglichkeit eigengesteuerter Alternativen genommen. Sein eigenes Recht auf den Brief wird wertlos, wenn die Post ihn nur noch dem Betreuer aushändigt; und gerade die Post wird sich sicher nicht auf das ungewisse Spiel einlassen, der Betreute könne,

---

17) Thesen u.a. in DAVorm 1989, 119 f abgedruckt. - Die Verständigungsprobleme werden durch den Bericht von Kokott (die wie ich an dieser Gruppe teilgenommen hat) deutlich (DAVorm 1989, 113 f).

weil seine Kompetenz ja nicht beschnitten sei, selbst noch berechtigter Empfänger sein. Wenn der Betreuer seine Bestallung beim Postamt vorlegt, wird der Betreute keinen Brief mehr unmittelbar erhalten.

Diese bewußt drastische Darstellung soll an die schon nach gegenwärtigem Recht ungelösten Problemzonen der Gebrechlichkeitspflegschaften erinnern. Ob dies bei einer Entmündigung anders zu sehen wäre, weil die gerichtliche Grundentscheidung legitimiert, kann dahinstehen. Die Entmündigung kann und soll so nicht fortbestehen.

Gegenwärtig werden Probleme in diesem Bereich jedenfalls eher pragmatisch als grundrechtsbewußt gelöst. - Ist als Wirkungskreis das Aufenthaltsbestimmungsrecht neben der Vermögenssorge bestimmt und veranlaßt der gesetzliche Vertreter gegen den natürlichen Willen des Betreuten seine Verbringung in ein Heim[18], ist dessen theoretische Möglichkeit, sich aus diesem Heim zu entfernen, schon faktisch wertlos. Er wird sich kaum auch nur ein Taxi bis zu dem nächsten Hotel nehmen können, das er ohnedies nicht selbst bezahlen könnte. Die (unzutreffende) Betonung des Willensvorranges des bestellten Vertreters für diesen Bereich führt zudem auch subjektiv zu dem - gewollten - Bewußtsein der Ausweglosigkeit. Das Bundesverfassungsgericht hat für die Praxis bezüglich etwaiger Freiheitsentziehungen gefordert, die strafrechtlichen Abgrenzungskriterien zu § 239 StGB sowie zu § 2 FrhEntzG aufzugreifen[19]. Bei der Umsetzung

---

18) Vgl. das Beispiel bei Moser Rpfleger 1984, S. 45, das typisch für ähnliche Konstellationen ist.

19) BVerfGE 10, 302, 328. - Es ist unzutreffend, wenn Holzhauer (B 101) ausführt, das BVerfG habe nur auf § 2 FrhEntzG verwiesen. Bei BVerfGE a.a.O. heißt es nach Erwähnung der Abgrenzungsprobleme:
"Im übrigen haben die Gerichte von jeher bei der Rechtsprechung zu § 239 StGB (Freiheitsberaubung) ähnliche

dieser Entscheidung des Bundesverfassungsgerichts zunächst in § 1800 Abs. 2 a.F. BGB, dann in § 1800 i.V.m. § 1631 b BGB hat der Gesetzgeber nur den Hinweis auf § 2 FrhEntzG aufgenommen und Fragen der Unterbringung in geschlossenen Einrichtungen geregelt. Dieser Ansatz ist für Volljährige aber zu eng[20]. Er ist nur hinzunehmen, wenn der Betroffene nicht durch andere Mittel an der Verwirklichung seiner Entscheidung über seinen Aufenthaltsort gehindert ist. Anders als im Bereich des FrhEntzG, bei dem diese zusätzliche Einschränkung in der Regel nicht in Frage steht, zeichnen sich die üblichen Wirkungskreiskombinationen gerade dadurch aus, daß die Aufenthaltsbestimmung durch die Einwirkungen z.B. aus dem Vermögenssorgesektor durchgesetzt wird[21]. Damit wäre im Sinne des § 239 StGB zwar keine "Einsperrung" zu konstatieren aber ein sonstiger

---

19) Schwierigkeiten zu lösen verstanden; auch könnte zur Abgrenzung ..... § 2 des Gesetzes über das gerichtliche Verfahren ..... herangezogen werden."

20) Diskutiert wird die Abgrenzung der Freiheitsbeschränkung zur Freiheitsentziehung (vgl. z.B. Helle ZfJ 1986, 40 ff betr. Minderjährige), wobei die Behauptung, die richterliche Anordnung der Betreuung Volljähriger decke Freiheitsbeschränkungen über mehrere Tage (Damrau in Anm. zu AG Kamen FamRZ 1983, 1060 f m.w.Nachw.), verfassungsrechtlich nicht gedeckt erscheint (modifizierend jetzt auch Damrau in Soergel/Damrau § 1800 Rz. 9/10). - Der BGH hält ein Aufenthaltsbestimmungsrecht grundsätzlich auch außerhalb von genehmigten Unterbringungen für unproblematisch; s. BGH NJW 1985, 2590 ff im Kontext zu § 1612 BGB. - Kritisch zu dem Ansatz derartiger Aufenthaltsbestimmungen Gernhuber, Familienrecht, § 70 VI 7 (S. 1099 f).

21) Dürig in Maunz/Dürig, GG, Art. 104 Rz. 6 hält selbst den Ansatz des FrhEntzG für verfehlt. Das kann hier dahinstehen. Mit ihm ist jedoch zu betonen, daß es auf das "Einsperren" jedenfalls nicht ankommt. - Zum strafrechtlichen Ansatz Schönke/Schröder/Eser, StGB, § 239 Rz. 6 und Dreher/Tröndle, StGB, § 239 Rz. 4/5.

Freiheitsentzug denkbar, dessen Strafbarkeit naheliegt, solange sich der Entzug gegen den natürlichen Willen des Betroffenen richtet. Aus dessen häufig zu beobachtender alsbaldiger Resignation kann nicht schon auf die Einwilligung geschlossen werden. Sie zeigt vielmehr nur den Eintritt der Zwangswirkung.

Die Frage eines Eingriffs in das Briefgeheimnis wird kontrovers diskutiert[22]. Der Streit bezieht sich dabei aber schon auf die in der Regel weiterreichenden Befugnisse eines Vormundes. Aus der Existenz der Institution sollen sich Eingriffsbefugnisse ergeben[23]. Das ist nach der Aufgabe einer Ableitung von Zwangsbefugnissen aus besonderen Gewaltverhältnissen (Sonderstatusverhältnissen) bereits in sich überdenkenswert. Wenn der Gesetzgeber schon regeln muß, unter welchen Kriterien in das Briefgeheimnis bei Strafgefangenen eingegriffen werden darf, wird er sich dieser Aufgabe bei der gesetzlichen Betreuung Volljähriger nicht durch einen Hinweis auf die Grundkonzeption der Betreuung entledigen können. Dazu ist zu berücksichtigen, daß zwischen bürgerlich-rechtlichen und öffentlich-rechtlichen Briefempfangskompetenzen differenziert wird[24] und

---

22) OLG Hamm Rpfleger 1985, 362 f; BayObLG FamRZ 1988, 320 f. - In der verfassungsrechtlichen Literatur ist eine Ablösung der Diskussion für die Betreuung Volljähriger von der Minderjähriger nicht ersichtlich. Die Frage, ob Eltern (Art. 6 Abs. 2 GG) die Post ihrer Kinder öffnen dürfen, ist nicht identisch mit der, ob staatlich bestellte und kontrollierte Betreuer mit der staatlich verliehenen inhaltlich beschränkten Machtbefugnis in das Briefgeheimnis des Betreuten eingreifen dürfen. Das BayObLG hat diese Differenzierung a.a.O. nicht erörtert. - Ausdrücklich zur Problematik derartiger Eingriffe bei Pflegschaften für Volljährige Bienwald, Vormundschafts- und Pflegschaftsrecht, S. 166 ff.

23) OLG Hamm Rpfleger 1985, 362 f.

24) VerwG Münster FamRZ 1984, 1148 f; BVerwG Rpfleger 1985, 492.

dennoch die Zulässigkeit einer vormundschaftsgerichtlichen Bescheinigung zur Überspielung der fehlenden öffentlich-rechtlichen Empfangsbefugnis aus der diesen Punkt nicht regelnden bürgerlich-rechtlichen Institution abgeleitet wird[25]. Setzt man diese Diskussion auf die Pflegschaft um, wird es noch schwerer, aus dem Institut Zwangsbefugnisse für den Eingriff in ein derart stark geschütztes Grundrecht abzuleiten[26]. Dies ist jedoch an der Tagesordnung.

Die Grundrechte der Betreuten verbieten es - jedenfalls in einem zukünftigen offenen Recht, das in seiner Eingangsentscheidung nicht an der rechtlichen Unfähigkeit anknüpft -, diese jeweiligen Dinge zu erledigen, dem Betreuer Aufgabenkreise mit der Annahme zuzuweisen, damit seien alle tatsächlichen Übergriffe gedeckt. Je nach der Art der betroffenen Grundrechte und ihrer Schranken können sich insoweit unterschiedliche Anforderungen an den Gesetzgeber ergeben. Er kann sich dieses Problems dagegen nicht mit den Vorschlägen der BtG-Entwürfe entledigen. Dort sind für derartige Eingriffe zum Teil überhaupt keine materiellen Voraussetzungen genannt (vgl. insbe-

---

25) Die Erteilung einer derartigen Bescheinigung war Ansatzpunkt für die Auseinandersetzung in OLG Hamm Rpfleger 1985, 362 f.

26) Das BayObLG FamRZ 1988, 320 reißt diese Problematik unter II 1 a an, geht dann aber ohne Begründung zu der Diskussion bei Vormundschaften über. Unter II 2 erfolgt ein weiterer Sprung in einen Bereich der Fürsorgeargumentation, die letztlich auch bei strengsten Anforderungen die dort konkret getroffene Entscheidung rechtfertigen können sollte. Daß die Instanzgerichte dieses Falles den natürlichen Willen des Betroffenen explizit nicht als relevant zur Kenntnis genommen haben, bestätigt die beabsichtigte Fürsorgetendenz, nicht die Bereitschaft, diese durch verfassungsrechtliche Bedenken in Frage stellen zu lassen.

sondere § 1896 Abs. 4 BtG/BR-E). Für Unterbringungen schlägt der BtG/BR-E materielle Kriterien vor (§ 1906 BtG/BR-E), aus denen Anhaltspunkte für die Zuweisung des entsprechenden Aufgabenkreises abgeleitet werden können.

7.2. Informationsfreiheit und Kontrolle des Briefverkehrs

Durch Art. 5 Abs. 1 GG werden die Bereiche der Informationsmöglichkeiten wie die Kontrolle ausgehender Post erfaßt[27]. Art. 5 Abs. 1 GG schützt auch den tatsächlichen Zugang zu Informationsquellen. Der Bereich des Art. 5 GG ist damit berührt, soweit dem Betreuten die eigenverantwortliche Verfügung über die Mittel genommen wird, die ihm den Bezug ermöglichen würden. Zwar ist nicht jede Randauswirkung eines anders orientierten Eingriffs als Grundrechtseingriff zu werten, die Anordnung etwa einer Vermögenssorge an Art. 5 Abs. 1 GG zu messen. Wenn und weil aber in der Betreuungsphase der Zugang oder der Bezug derartiger Informationen verwehrt werden soll/wird, kann das nur auf der Grundlage einer gesetzlichen Regelung geschehen (Art. 5 Abs. 2 GG), die verdeutlicht, welche schützenswerten Interessen dabei gegen das Interesse an der Information zu berücksichtigen sind und wie bei dem Einzelfall erforderlichenfalls die vorzunehmende Verhältnismäßigkeitskontrolle angesetzt werden soll. Ohne eine derartige Regelung kann ein Betreuer entsprechende Wünsche des Betroffenen nur übergehen, wenn der Bezug nicht nur dessen Mittel erschöpfen, sondern übersteigen würde.

Bedeutsamer ist die Frage nach der Zulässigkeit einer Kontrolle ausgehender Post, die zwar technisch schwierig ist, aber immer wieder versucht wird[28]. Dabei muß an den zulässigen Zweck der Betreuung erinnert werden. Es geht in der Regel um

---

27) BVerfGE 34, 384, 401 (Postkontrolle in U-Haft).

28) So auch BtG-DiskE I mit der Begründung S. 112/113 "Verhinderung von Schmähbriefen".

den Schutz des Betroffenen. Eine Selbstgefährdung durch ausgehende Post wäre mithin nur dann denkbar, wenn der Betreute strafrechtlich relevante Äußerungen (Beleidigungen) oder rechtsgeschäftlich relevante Erklärungen abgibt, die mit der Linie des Betreuers kollidieren. In beiden Bereichen ist aber zu berücksichtigen, daß die angesprochenen Regelungskreise eigene Verantwortlichkeitsabgrenzungen enthalten. Wenn und soweit der Betreute noch geschäftsfähig ist, wird die Kollision jedenfalls nicht durch eine Kontrolle der ausgehenden Post, einen Eingriff in die Meinungsfreiheit (Art. 5 GG) erledigt werden können. Soweit der Betreute Schmähbriefe schreibt[29], sind die strafrechtlichen Grenzen einer Verantwortlichkeit zu sehen. Die bloße Belästigung Dritter oder gar von Behörden durch die Briefe an sich kann kein Grund zum Eingriff in diesen Bereich sein. Soweit der Betroffene einsichtsfähig ist und deswegen auch strafrechtlich belangt wird, erscheint fraglich, inwieweit er zivilrechtlich außerstande sein soll, seine diesbezüglichen Angelegenheiten zu regeln. Wenn er schuldunfähig im Sinne des Strafrechts ist und deshalb strafrechtlich nicht belangt werden kann, kann er insoweit aus den Briefen keinen Nachteil haben. Es bliebe allenfalls das Risiko, sich einer Unterlassungsklage ausgesetzt zu sehen. Inwieweit daraus eine relevante Beeinträchtigung für den Betroffenen in Frage steht, soll hier nicht weiter verfolgt werden. In der Praxis ist dem Verfasser erst ein Fall bekannt geworden, in dem bei entsprechend beeinträchtigten Betreuten ein Außenstehender durch eine Unterlassungsklage versucht hat, sich der Belästigungen zu erwehren.

Im Kontext zu der Problematik der Kontrolle ausgehender Post (Art. 5 Abs. 1 GG) steht die übliche Kontrolle eingehender Briefe, post- und fernmündlicher Mitteilungen[30]. Derartige

---

29) Die Meinungsfreiheit gilt nicht nur für "wertvolle" Stellungnahmen. Auch die Äußerung einer Beleidigung ist durch Art. 5 Abs. 1 GG geschützt, s. BVerfGE 33, 1, 14/15.

30) Weitergabe durch die Heime nur nach Maßgabe der Absprachen

Maßnahmen müssen sich an Art. 10 Abs. 1 GG messen lassen und setzen eine gesetzliche Regelung voraus (Art. 10 Abs. 2 S. 1 GG), die die Eingriffsvoraussetzungen wie den Umfang des Eingriffs regelt. Ohne eine derartige Regelung ist jeder Eingriff des Betreuers unzulässig. Die Gerichte können an den Betreuer nicht mehr Macht weitergeben als gesetzlich vorgegeben. In den Bereich des Art. 10 Abs. 1 GG darf nur auf der Grundlage eines Gesetzes eingegriffen werden. Aus dem Betreuungsverhältnis als Sonderstatusbeziehung kann nichts anderes abgeleitet werden. Nachdem das Bundesverfassungsgericht zu Recht betont hat, daß selbst die Postkontrolle bei Strafgefangenen nur auf der Grundlage eines Gesetzes möglich ist[31], werden betreute Volljährige nicht ernstlich weniger Rechte haben können[32]. Dabei kommt es auf die Frage der Willensfähigkeit nicht an. Liegt eine umfassende wirksame Zustimmung des Betreuten vor, ist kein "Geheimnis" verletzt. Stimmt er nicht wirksam zu, kann seine Zustimmung nicht allein durch die Zuweisung eines Aufgabenkreises, allenfalls erst durch den bestellten Betreuer er-

---

30) mit dem Betreuer. Da die Heime und entsprechenden Einrichtungen in der Regel kein eigenes Eingriffsrecht haben, können derartige Befugnisse nur auf der Absprache beruhen. Dafür ist der Betreuer verantwortlich, der seinerseits der Kontrolle des Vormundschaftsgerichts unterliegt, nicht etwa das Heim, wie Holzhauer (im Zusammenhang mit unterbringungsähnlichen Maßnahmen) meint (B 105).

31) BVerfGE 33, 1, 9 ff. - Zustimmend z.B. Dürig in Maunz/ Dürig Art. 10 Rz. 72 m.w.Nachw.; Bienwald, Vormundschafts- und Pflegschaftsrecht S. 168.

32) Dürig verweist a.a.O. Rz. 75 zu Recht darauf, daß z.B. auch in Fürsorgeerziehung eine Briefkontrolle ohne die fehlende gesetzliche Grundlage nicht zulässig ist. Im gleichen Sinn Hohm NJW 1986, 3107, 3114 für allgemeine Heimerziehung. Den mit dem Erziehungsauftrag argumentierenden Gegenäußerungen braucht hier nicht nachgegangen zu werden. Ein derartiger Erziehungsauftrag kommt gegenüber Volljährigen nicht in Betracht.

setzt werden. Dessen Ersetzungsbefugnis folgt aus seiner Stellung als gesetzlicher Vertreter noch nicht ohne weiteres. Während die Inanspruchnahme der Grundrechte aus Art. 5 GG, der im übrigen als objektiver Ordnungsrahmen zu beachten ist, im konkreten Fall einen mindestens mit natürlicher Willensbildungskraft geäußerten Willen voraussetzt, um aus der potentiellen Ebene in die betreffende konkrete gehoben zu werden, stehen die in Art. 10 (und 13) GG geschützten Grundrechte für den jeweiligen Schutzbereich zur Verfügung, ohne daß es der Artikulation eines Schutzwillens bedürfte. Der Eingriff in diese Bereiche wäre zu legitimieren. In dieser Abstufung liegt keine - früher abgelehnte - Einführung einer Grundrechtsmündigkeits-/-fähigkeitsdiskussion für Volljährige[33]. Es wird lediglich die Bedeutung tatsächlicher Grundrechtsausübungshindernisse betont. Wer nach einem Unfall mit einer Schädelverletzung seine Post nicht entgegennehmen kann, ist als Grundrechtsträger betroffen, wenn einem anderen die Öffnungskompetenz übertragen wird. Da er nicht tätig werden kann, ist ein helfender Zugriff möglich, aber kein schrankenloser. So wird bei den Briefen zwischen Schadensregulierungspost und möglicherweise den Intimbereich betreffenden Privatbriefen zu unterscheiden sein.

Der Gesetzgeber muß bei der anstehenden Neuregelung die dazu bisher fehlende inhaltliche Ausgestaltung vornehmen. Die Schaffung der Betreuung an sich kann keine ausreichende Grundlage für jeden Eingriff in diese Grundrechte sein. Auch der Hinweis auf den Erforderlichkeitsgrundsatz (Erforderlichkeit eines gesetzlichen Vertreters) versagt hier, weil er in sich inhaltsleer ist.

---

33) Die Tragbarkeit einer (derartigen) rechtlichen Abstufung für Minderjährige ist umstritten, s. Hohm NJW 1986, 3107, 3110 ff m.Nachw. des Diskussionsstandes.

Nach gegenwärtiger Praxis wie vorgeschlagenem zukünftigem Recht wird in der bisherigen Diskussion nicht ausreichend zwischen Privat- und Geschäftspost unterschieden[34]. Wenn die Interessen des Betreuten, die Hilfe z.B. zur Abwicklung eines Schadensfalles es erfordern, mag die Öffnung der entsprechenden Post veranlaßt sein. Die Privatkorrespondenz kann insoweit auch im Hinblick auf die Rechte der (privaten) Absender nicht ernsthaft Zugriffsobjekt werden.

Dem Einwand, solche Regelungen seien unpraktikabel, jedenfalls nicht nachvollziehbar formulierbar, ist entgegenzuhalten, daß dies in anderen Bereichen bisher keine Schwierigkeiten aufgeworfen hat. So hat Bienwald[35] zutreffend den Vergleich mit den Bestimmungen der (öffentlich-rechtlichen) Unterbringungsgesetze empfohlen. Letztlich liegt das Problem wohl allein darin, daß eine solche Regelung sich nicht in überdeckender Abstraktheit verlieren könnte, sondern vielmehr bekennen muß, welche Ziele, auch welche Drittinteressen, als Kriterien für einen berechtigten Eingriff berücksichtigt werden sollen.

7.3. Aufenthaltsbestimmungsrecht

Jeder Grundrechtsträger kann seinen Aufenthalt frei wählen, wenn und soweit er zu einer natürlich kontrollierten Willensbetätigung in der Lage ist. Die an dieser Stelle beim jugendlichen Ausreißer besonders problematische Grundrechtsmündigkeitsdiskussion[36] kann auf Volljährige nicht übertragen werden[37]. Der Einwand Dürigs[38], damit werde das personale Familienrecht bedenklich in ein staatliches Amtswaltertum verlagert, übersieht, daß es eine "natürliche personale familiale

---

34) Worauf Bienwald FamRZ 1988, 1012, 1016 zutreffend hinweist.

35) Vormundschafts- und Pflegschaftsrecht S. 166 f.

36) Dürig in Maunz/Dürig Art. 11 Rz. 49 - 52.

37) BVerfGE 10, 302, 323 ff.

38) a.a.O. Rz. 53.

Beziehung" bei Vorrang beanspruchender Betreuung über Volljährige nicht gibt, von Verfassungs wegen auch nicht geben kann. Die Betreuer haben keine personale Macht, allenfalls aus der "Beleihung" als staatliche Amtswalter. Auch in den Fällen einer Weiterbetreuung durch Eltern nach Volljährigkeit ihrer Kinder verbietet das Persönlichkeitsrecht der Betreuten den Eltern eine Folgebetreuung aus eigenem Recht. Wollte man eine entgegenstehende Argumentation beleben, würde in rechtsgeschichtliche Dimensionen zurückgegriffen.

Bereits bei der Darstellung des geltenden Rechts ist darauf hingewiesen worden, daß ein Aufenthaltsbestimmungsrecht eines Betreuers jedenfalls dann problematisch ist, wenn der Betreute noch willensfähig ist. Die in diesem Zusammenhang durchgeführte Umsetzung Älterer in Heime (ohne die Sicherungsmechanismen wie bei einer Unterbringung nach Art. 104 Abs. 2 GG)[39] würde jedenfalls bei entgegenstehendem natürlichen Willen eine gesetzliche Grundlage erfordern, die dem qualifizierten Vorbehalt des Art. 11 Abs. 2 GG entspräche. Das Angebot besserer Hilfe für den Betreuten als im bisherigen Bereich ist in Art. 11 Abs. 2 GG nicht genannt bzw. nicht zuordnungsfähig. Das Fehlen einer (anderweitigen eigenen noch gesicherten) ausreichenden Lebensgrundlage kann schon deshalb nicht in Betracht kommen, weil kumulative Voraussetzung ist, daß sonst "der Allgemeinheit besondere Lasten entstehen würden"[40].

Eine Aufenthaltsbestimmung kann danach nur dann und so lange durch einen anderen für den Betreuten in Betracht kommen, wie er zu einer eigenen Entscheidung nicht in der Lage ist. Die Begrenzung durch das "so lange" ist besonders zu beachten. Die Betreuung darf auch in der konkreten Umsetzung das Grundrecht nicht unterlaufen oder dadurch aushöhlen, daß z.B. durch Schaffung faktischer Zwänge die Rückentscheidung obsolet gemacht wird.

---

39) Vgl. den Fall bei Moser Rpfleger 1984, 45.

40) So zutreffend Dürig in Maunz/Dürig Art. 11 Rz. 59/60 für das FürsorgeR i.e.S.

Wenn Krankheit, Hilflosigkeit oder z.B. ein Unfall mit der Folge eigener Entscheidungsunfähigkeit zum Anlaß genommen werden, eine Verlegung zu veranlassen, handelt es sich um aus den zu schützenden Rechtsgütern legitimierte Hilfe, deren Nebenfolgewirkung für das Grundrecht aus Art. 11 GG auch ohne entsprechenden Vorbehalt so lange und so weit zulässig ist, wie diese vorrangig zu gewährende Hilfe erforderlich ist. In diesem Umfang ist sie auch ohne einen entsprechenden Vorbehalt in Art. 11 GG nicht zu beanstanden[41].

7.4. Wohnungsbezogene Entscheidungen

Art. 13 Abs. 1 GG schützt mit der Wohnung den gegenständlichen Lebensraum, der staatlichen Zugriffen nur bei Zustimmung des Betroffenen zugänglich sein soll.

Die üblicherweise gewählte Formulierung, Art. 13 Abs. 1 GG verbiete als negatorisches Grundrecht ein Eindringen gegen den Willen des Betroffenen[42], verzeichnet die Bedeutung. Staatliche Maßnahmen dürfen die Unverletzlichkeit der Wohnung grundsätzlich nicht berühren. Auch dann, wenn der Wohnungsinhaber z.B. im Urlaub ist, steht es staatlichen Organen nicht etwa frei, die Wohnung ohne weiteres in Anspruch zu nehmen. Nur wenn die Zustimmung erteilt wird, ist das anders. Das Verbot spricht Art. 13 Abs. 1 GG selbst aus. Ein zusätzlich entgegenstehender Wille des Betroffenen ist nicht erforderlich. Nur wenn er wirksam zustimmt, ist das Verbot gegenstandslos.

An dieser Stelle liegt eine allgemeine Evidenzbehauptung für die Betreuung Volljähriger nahe. Hilfe für Volljährige müsse möglich sein und erfordere zu ihrem Schutz auch den Zugriff auf ihre Wohnung; das Grundgesetz verbiete sicher nicht derart

---

41) Vgl. BVerfGE 49, 24, 52 ff = NJW 1978, 2235, 2237 (Kontaktsperre).

42) So z.B. die Betonung bei Leibholz/Rinck Art. 13 (S. 368/2 Stand November 1987).

evident nötige Hilfe, die in Randbereichen immer mit Eingriffen verbunden sein wird. Von Verfassungs wegen ist dem entgegenzuhalten, daß das nur solange zutreffend ist, wie Fürsorge nicht zur Zumutung wird, nicht zur staatlich gelenkten Zuführung zu einem vermeintlich besseren, weil von anderen für sinnvoller gehaltenen Leben. Freiräume sind gerade für volljährige Betreute wichtig und dürfen nicht frühzeitig preisgegeben werden. Daraus folgt, daß der Zugriff auf Wohnungen auch willensunfähiger Volljähriger nicht ohne weiteres über einen staatlich bestellten Betreuer und dessen Zustimmung eröffnet werden kann. Das eigentliche Problem ergibt sich daraus, daß die genannten Sonderfälle in dem qualifizierten Gesetzesvorbehalt nicht zu der privatrechtlich organisierten Betreuung passen. Es ist nicht vorgesehen, daß der Staat Private zu entsprechenden Maßnahmen einsetzt, außer z.B. zur Abwehr von Lebensgefahr für den Betreuten. Wenn nicht aus dem immanenten Zusammenhang, so ergibt sich aber jedenfalls aus dem Sinngehalt der Eingriffsmöglichkeit zum Schutz der öffentlichen Sicherheit und Ordnung insoweit eine Zugriffsfreiheit für den Gesetzgeber. Der Begriff der öffentlichen Sicherheit und Ordnung ist von dem Grundgesetz in der Konkretisierung übernommen worden, wie er durch die Rechtsprechung ausgeformt worden ist[43]. Dazu gehört der Schutz für das Leben, die Gesundheit,

---

43) Maunz in Maunz/Dürig Art 13 Rz. 20 a.

Ob der Begriff für den privatrechtlich gestalteten Bereich in Anspruch genommen werden kann, ist nach der Rechtsprechung des BVerfG offen. In BVerfGE 75, 318, 327 heißt es unter b:

"Das BVerfG hat bisher noch nicht entschieden, ob Maßnahmen der vorliegenden Art (sc. Zutritt eines Sachverständigen als Gehilfe eines zivilprozessual tätigen Gerichts in die Wohnung eines am Rechtsstreit nicht beteiligten Dritten) als Eingriffe oder Beschränkungen i.S.d. Art. 13 Abs. 3 GG angesehen werden können. Bei der ausschließlich polizeirechtlichen Ausrichtung dieser Vorschrift bestehen daran immerhin Zweifel ..."

Anders als dort geht es hier aber nicht um eine vorüber-

die Freiheit wie auch das Vermögen des einzelnen. Daß dieser Schutz nur durch unmittelbar öffentlich-rechtlich ausgewiesene Tätigkeiten gar im Sinne des klassischen Polizeirechts erbracht werden darf, ist von Art. 13 Abs. 3 GG nicht vorgegeben.

Die Zuweisung derartiger Aufgaben kann deshalb vorgesehen werden, wenn der Betreute keinen entgegenstehenden natürlichen Willen äußert und entsprechende Rechtsgüter zu schützen sind. Wenn der Betreute natürlich willensfähig ist und dem Zugriff auf die Wohnung widerspricht, ist eine Zuweisung nur auf der Grundlage einer gesetzlichen Regelung möglich, die erkennen läßt, welche vorrangigen Schutzgüter im Einzelfall den Zugriff erlauben können. Bienwald bezeichnet es zu Recht als eine "Grundfrage des Betreuungsrechts"[44], in welchen Fällen dem Betreuer (ohne wirksame Einwilligung) Zugang zu der Wohnung und den Räumen verschafft werden darf. Auch aus den Entwürfen wird deutlich, daß die Wohnung als zentraler Schutzraum gerade für zu Betreuende von besonderer Bedeutung ist. Das bestätigt aber das Bedürfnis nach der Ausweisung der Gründe, die für Beschränkungen wie gar Durchsuchungen der Wohnung zureichend sein sollen. Aus dem Grundgesetz ist letztlich vorgegeben, daß (außer vielleicht bei Bewußtlosen und denjenigen, mit denen jede Verständigung rein tatsächlich unmöglich ist) ein Eingriff nur zum Schutz der in Art. 13 GG selbst genannten Rechtsgüter in Betracht kommt, nicht aber als Annex z.B. zur schlichten Rentenkontoverwaltung. Wenn der Betreuer Informationen braucht, muß er sich diese nötigenfalls - mühsam - bei den in Betracht kommenden Drittstellen beschaffen. Ihm die Kompetenz zuzuweisen, in der Wohnung nach Daten zu suchen, wird nicht in Betracht kommen. Der Aufgabenkreis Vermögenssorge (oder ein Teil davon) kann im übrigen bei diesem verfas-

---

43) gehende Inanspruchnahme zur Klärung eines Sachverhalts, sondern eine Restriktion mit dem Ziel der Hilfe, wie sonst auch im Ordnungsrecht anzutreffen.

44) FamRZ 1988, 1012, 1016.

sungsrechtlich gebotenen Verständnis nicht dahin verstanden werden, dem Betreuer sei die Kompetenz zum Übergriff in die Wohnung zugewiesen. Er darf sich dann noch keinen Schlüssel verschaffen und die Wohnung auch nicht (ohne Einwilligung) betreten.

Die bisherige Sprachlosigkeit an dieser Stelle erscheint nicht als zufällig. Jede Regelung müßte sich dazu bekennen, welche Rechte Vorrang haben sollen, welcher Wille unerheblich ist. Die Verfassung gibt dabei nur den Gesamtrahmen, nicht die den Einzelfall entscheidende Lösung vor. Auch mit globaler Standardisierung ist wenig geholfen. Der Zwang, z.B. von anderen als Müll empfundene Gegenstände beseitigen zu lassen, löst doch das persönliche Problem nicht. Gefragt ist Sozialarbeit und Zuwendung. Zwang muß die ultima ratio bleiben. Die Schwelle zu bestimmen, verlangt rechtspolitische Festlegung. Deduktion aus der Verfassung ergibt den Regelungsbedarf, nicht seinen Inhalt. Die BtG-E behaupten, das Problem sei gegenstandslos, weil der Wille der Betreuten zukünftig Bedeutung habe. Geregelt ist das nur für das Innenverhältnis. Mangels konkreter Eingriffstatbestände werden die Entwürfe es hinnehmen müssen, daß sie verfassungskonform eingegrenzt werden. Das bedeutet für den Betreueralltag, daß grundsätzlich kein (eigenmächtiger) Vollzug in diesem Bereich in Betracht kommt. Wenn die Entwürfe dem an anderer Stelle widersprechen (s. unten bei 10), ist ein Selbstwiderspruch zu konstatieren. Mangels entsprechender Eingriffsnormen kann er nicht mit der Unterstellung einer allgemeinen Vollzugskompetenz aufgelöst werden. Das bedeutet für die Betreuer, daß sie gegebenenfalls auf Hilfsbitten an die Ordnungsbehörden verwiesen werden müssen, eine wenig einleuchtende Umsetzung der (neuen) Ziele der Reform.

7.5. Zusammenfassung

Dadurch, daß das neue Recht sich als offenes, möglichst eingriffsfreies Recht präsentiert, wird verdeckt, daß sich an dem Eingriffscharakter schon der Aufgabenzuweisungen nichts ändert. In den bereits gegenwärtig bestehenden Problemzonen müssen sich die Schwierigkeiten verstärken, wenn aus dem Verfahren heraus nicht festgelegt ist, ob nun Geschäfts- und/oder Einwilligungsfähigkeit gegeben ist oder nicht. Auch an dieser Stelle - wie an den zahlreichen anderen im BtG/BR-E, an denen der Entwurf selbst auf die alte Eingrenzung zurückgreift (z.B. §§ 1600 d III, 1600 k II, 1617 II, 1618 II BGB oder besonders deutlich in § 6 AsylverfG jeweils i.d.F. d. BtG/BR-E) - wird letztlich deutlich, daß die Grundbehauptung, gesetzliche Vertretung könne als Betreuung stigmatisierungsfrei zugeschrieben werden, auf die Feststellung des Umfangs der Beeinträchtigung komme es nicht an, so nicht zutreffend ist. Die verfassungskonforme Auslegung solcher Normen wird der Praxis die undankbare Aufgabe zuweisen, die Reform zu unterlaufen, altes Recht in neuem Gewand fortzuschreiben. Anwendbare Alternativen werden bisher nicht angeboten.

Der Gesetzgeber wird die vorgeschlagenen Regelungen im übrigen jedenfalls um Normen ergänzen müssen, die die Eingriffsvoraussetzungen in die grundrechtsempfindlichen Bereiche regeln. (Daß sich daraus ein Zitierzwang nach Art. 19 I GG ergibt, kann kein Gegenargument begründen.) Das gilt nicht nur für die hier beispielhaft behandelten Sonderbereiche, sondern z.B. auch für Behandlungspflegschaften. Dort ist der Versuch einer inhaltlichen Ausgestaltung (wenn auch nur im Zusammenhang mit dem Genehmigungserfordernis) begonnen worden, in den hier behandelten Bereichen steht er aus.

8. Durchführung der Betreuung

§ 1901 BtG/BR-E erstrebt die Verwirklichung eines der vorrangigen Ziele der Reform, die Sicherstellung persönlicher Betreuung. Dazu wird die Bedeutung der Wünsche des Betreuten betont. Insoweit ergibt sich zunächst eine einfach-gesetzliche Kuriosität. Insbesondere in kleinen Dingen soll der Betreute Freiheit haben, seine Wünsche (im Innenverhältnis) Vorrang erhalten. Die Besprechungspflicht vor der Erledigung bezieht sich aber nur auf wichtige Angelegenheiten. Der Betreute wird von den weniger wichtigen also nur durch Zufall erfahren, wenn er sie nicht von sich aus an den Betreuer heranträgt.

Die Grenze für die Verbindlichkeit der Wünsche im Innenverhältnis ergibt sich einerseits aus dem Wohl des Betreuten, was unproblematisch ist (wenn auch außerordentlich schwer zuzuordnen). Hilfe zur Selbstschädigung kann jedenfalls nicht geboten sein. Andererseits soll die Zumutbarkeit für den Betreuer die Grenze darstellen. Das ist m.E. verfassungsrechtlich so nicht haltbar, es sei denn, die Norm wird im Wege verfassungskonformer Auslegung dahin uminterpretiert, daß die Zumutbarkeit für (überhaupt) einen (= jeden) Betreuer als Grenze verstanden wird. Diese Änderung widerspräche aber dem Wortlaut und der systematischen Einordnung des § 1901 BtG/BR-E, weshalb auch statt von einer Interpretation von einer Uminterpretation bei einer derartigen Anpassung gesprochen worden ist.

Betreuung Volljähriger ist (öffentliche) Fürsorge (die kraft Herkommens als Bestandteil Bürgerlichen Rechts verstanden wird). Sie ist mit Eingriffen verbunden. Jede Maßnahme gegen den Willen/Wunsch des Betreuten ist wiederum Eingriff. Ein derartiger Eingriff ist nur gerechtfertigt, wenn er erforderlich, geeignet und verhältnismäßig ist, um das Schutzziel, Bewahrung vor nicht überschauter Selbstschädigung zu erreichen. Die Zumutbarkeit für den konkreten Betreuer gehört nicht dazu. Es ist bereits betont worden, daß von diesem nichts Unzumutbares verlangt werden kann. Das bezieht sich aber auf das Verhältnis Betreuer/Gericht (Staat). Der Betreuer ist im Verhältnis zum Betreuten mit staatlicher Macht Beliehener. Er kann sich als solcher auf keine andere Position berufen als es der

Staat selbst könnte[1]. Der Betreuer hat (anders als Eltern gegenüber ihren minderjährigen Kindern) keine persönlichen Gegenrechte gegen den Betreuten (wobei hier dahingestellt bleiben soll, ob das bei dem Eltern-Kind-Verhältnis als offener Gegensatz oder als kooperative Konstellation zu sehen ist). Es geht nicht um den Ausgleich jeweils persönlich betroffener Grundrechte - z.B. des Persönlichkeitsrechts -, hier des Betreuten, da des Betreuers. Der Betreuer ist im Verhältnis zum Betreuten "Staat". Er kann sich gegenüber dem Betreuten deshalb nicht auf seine Grundrechte berufen. Bei unzumutbarer Beeinträchtigung kann er nur Ablösung verlangen (vgl. auch § 1908 b Abs. 2 BtG/BR-E). Das Vormundschaftsgericht wird dann einen anderen Betreuer einsetzen müssen, der derartige persönliche Auswirkungen mit fachlicher Distanz vermeiden und die anstehenden Fragen regeln kann (z.B. einen Sozialarbeiter).

In der Begründung ist darauf hingewiesen, der Betreute habe z.B. keinen Anspruch darauf, täglich stundenlang mit seinem Betreuer zu diskutieren[2]. Das ist von Verfassungs wegen nicht zu beanstanden, kann aber nicht an der Person des einzelnen Betreuers mit einer für diesen anzustellenden Zumutbarkeitsprüfung festgemacht werden. Die Begrenzung kann nur unmittelbar als Begrenzung eines insoweit bestehenden Leistungsangebots im Verhältnis Staat/Betreuter geregelt werden, etwa dadurch, daß die Aufgaben und Ziele für das Innenverhältnis klarer festgelegt und das Betreuungsangebot begrenzt wird. Klar geregelt ist nach dem BtG/BR-E nur das Außenverhältnis (§ 1902 BtG/BR-E), die Vertretung. Welche Geschäftsführungsaufgaben dazu aber wahrgenommen werden sollen, ist offen. Ist es z.B. Sache des Betreuers, die Vermüllung selbst (regelmäßig) zu beseitigen? Warum nicht, wenn er die Abwicklung regeln soll? Etwa weil es unzumutbar und auch für den Staat überobligationsmäßig wäre? Das ist zutreffend. Aber was ist obligationsmäßig im Innenverhältnis? Nach geltendem Recht wohl nicht mehr

---

1) Lepa Rz. XXI.

2) BtG-DiskE I S. 124 = BtG/BR-E S. 442.

als die (auf die individuelle Situation eingehende) Verwaltung. Diese Verwaltung soll durch ein neues Recht ersetzt werden. In diesem neuen Recht bleibt aber unklar, ob die ganze neue Betreuung sich darin erschöpft, daß der Betreuer mit dem Betreuten über die (beabsichtigte) Verwaltung redet. Es gibt einen (speziellen) anderen Ansatz im BtG/BR-E. Der Betreuer soll "dazu beitragen" (§ 1901 Abs. 3 BtG/BR-E), daß Rehabilitationsmaßnahmen genutzt werden. Was das bedeutet, wird auch in der Begründung nicht klar[3]. Offenbar wird doch konkrete Sozialarbeit im Innenverhältnis (auch von Laien) erwartet. Die Intensität ist offen. Solange nicht klargestellt wird[4], was "Betreuung" im Innenverhältnis meint, ist eine objektivierte Zumutbarkeitsabgrenzung nicht möglich. Es ist nicht gerechtfertigt, Wünsche des Betroffenen zu übergehen, obwohl sie seinem Wohl nicht widersprechen, weil Unzumutbarkeit entgegensteht. Die gesetzliche Regelung wird die Konkretisierung der Betreuung im Innenverhältnis zwar grundsätzlich offenhalten können, soweit es sich um Leistungsangebote handelt. An dieser Stelle ist dieses Leistungsangebot jedoch zu unscharf begrenzt mit einer Auswirkung für das Außenverhältnis, damit für den Bereich, in dem der Betreuer Vorrang beansprucht, also mit Auswirkung in den Eingriffsbereich. Diese Auswirkung ist nicht Randerscheinung einer anderweitigen Regelung und deshalb hinnehmbar. Es handelt sich vielmehr um den Versuch, die durch den Gesetzgeber vorzunehmende Abgrenzung durch die Einbeziehung einer individuellen Rechtssphäre des Betreuers zu ersetzen. Dieser Ersatzgesichtspunkt kann dem Betreuten nicht entgegengesetzt werden.

---

3) BtG/BR-E S. 444.

4) Es handelt sich um einer der zentralen zugleich aber auch diffusesten Punkte der Reformdiskussion.

9. Unterbringungen

§ 1906 BGB i.d.F. BtG/BR-E

(1) Eine Unterbringung des Betreuten durch den Betreuer, die mit Freiheitsentziehung verbunden ist, ist nur zulässig, solange sie zum Wohl des Betreuten erforderlich ist, weil

1. auf Grund einer psychischen Krankheit oder geistigen oder seelischen Behinderung des Betreuten die Gefahr besteht, daß er sich selbst tötet oder erheblichen gesundheitlichen Schaden zufügt, oder

2. eine Untersuchung des Gesundheitszustandes, eine Heilbehandlung oder ein ärztlicher Eingriff notwendig ist, ohne die Unterbringung des Betreuten nicht durchgeführt werden kann und der Betreute auf Grund einer psychischen Krankheit oder geistigen oder seelischen Behinderung die Notwendigkeit der Unterbringung nicht erkennen oder nicht nach dieser Einsicht handeln kann.

(2) Die Unterbringung ist nur mit Genehmigung des Vormundschaftsgerichts zulässig. Ohne die Genehmigung ist die Unterbringung nur zulässig, wenn mit dem Aufschub Gefahr verbunden ist; die Genehmigung ist unverzüglich nachzuholen.

(3) Der Betreuer hat die Unterbringung zu beenden, wenn ihre Voraussetzungen wegfallen. Er hat die Beendigung der Unterbringung dem Vormundschaftsgericht anzuzeigen.

(4) Die Absätze 1 bis 3 gelten entsprechend, wenn der Betreute durch mechanische Vorrichtungen, Medikamente oder auf andere Weise ununterbrochen oder regelmäßig am Verlassen seines Aufenthaltsortes gehindert werden soll, ohne untergebracht zu sein (unterbringungsähnliche Maßnahmen).

Die Grundlagen für fürsorgliche, auch zivilrechtliche Unterbringung sind vom Bundesverfassungsgericht im wesentlichen in den Beschlüssen vom 10.2.1960[1] und 7.10.1981[2] herausgearbeitet worden. Die Kritik an dem zweiten Beschluß[3] wendet sich letztlich nicht grundsätzlich gegen die fürsorgliche Unterbringung, sondern bezweifelt nur, daß diese öffentlich-rechtlich ausgestaltet werden dürfe. Dies wäre für die Neufassung der zivilrechtlichen Unterbringung nur von Bedeutung, wenn eine Neure-

---

1) BVerfGE 10, 302, 309 ff.

2) BVerfGE 58, 208, 220 ff; s. auch BVerfGE 70, 297 ff.

3) Neumann NJW 1982, 2588 ff m.w.Nachw.

gelung die Möglichkeit der zivilrechtlichen Unterbringung so beschnitte, daß sie nicht mehr flankierend zur öffentlich-rechtlichen bestünde. Dann könnte aus dem Sozialstaats- wie Rechtsstaatsprinzip eine Ergänzungsbedürftigkeit zu untersuchen sein. Durch die vorgeschlagene Neuregelung entsteht keine derartige Lücke. Die Ausgrenzung der Fremdgefährdung aus der zivilrechtlichen Unterbringung ist im Rahmen der Gestaltungsfreiheit des Gesetzgebers möglich.

Die vorgesehene Regelung in § 1906 Abs. 1 Nr. 1 BtG/BR-E greift die anerkannten Gründe auf, aus denen eine Unterbringung möglich ist. Der Staat kann und muß eingreifen, wenn schwere Selbstschädigungen drohen.

Die in § 1906 Abs. 1 Nr. 2 BtG/BR-E vorgesehene Unterbringungsmöglichkeit verläßt dagegen diesen Rahmen und erscheint nur haltbar, wenn im Wege der verfassungskonformen Auslegung die Gefahr schwerer Schäden als zusätzliches Kriterium für die Unterbringung zu dem Gesetzesvorschlag hinzugelesen wird[4].

Ziel dieser Regelung sind Zwangsbehandlungen Einsichtsunfähiger bei gewichtigen Gesundheitsgefahren. Der Wortlaut des Textes paßt aber auch z.B. auf einen einsichtsunfähigen Alkoholiker, der sich weigert, eine weniger gravierende ärztliche Maßnahme vornehmen zu lassen, so daß eine Behandlung nur mit - nicht nur kurzfristiger - Fixierung möglich ist. Solange die Betroffenen einsichtsfähig aber behandlungsunwillig sind, muß der Eingriff unterbleiben. Nach den bisherigen Bewertungspraktiken liegt es nahe, die Einsichtsunfähigkeit aus der Weigerung abzuleiten. Das würde einen Zwangseingriff mit Unterbringung in einem problematischen Umfang ermöglichen.

Das Bundesverfassungsgericht hat zu Recht betont, in das wichtige Freiheitsrecht dürfe auch bei Einsichtsunfähigkeit nur unter Beachtung des Grundsatzes der Verhältnismäßigkeit einge-

---

4) a.A. BtG/BR-E S. 482 f.

griffen werden, "wenn sich dies als unumgänglich erweist, um eine drohende gewichtige gesundheitliche Schädigung von dem Kranken abzuwenden"[5]. In weniger gewichtigen Fällen sei eine Freiheitsentziehung unverhältnismäßig und müsse auch den psychisch Kranken in gewissen Grenzen die "Freiheit zur Krankheit"[6] belassen werden.

Das verkennt der BtG/BR-E, wenn er das "Wohl des Betreuten", also eine nur positive Ausrichtung, zum zureichenden Eingriffsgrund erklärt. Auch wenn das Wohl beeinträchtigt wird, kommt noch nicht ohne weiteres eine Unterbringung zur Behandlung in Betracht. Erst wenn die Gesundheitsgefahren erheblich werden, kann eine Unterbringung veranlaßt werden.

Der BtG/BR-E versucht mit § 1906 Abs. 4 der gegenwärtig bestehenden Problematik von Freiheitsentziehungen auch außerhalb geschlossener Einrichtungen Rechnung zu tragen. Das begegnet den zum gegenwärtigen Recht bestehenden verfassungsrechtlichen Bedenken[7]. Ob es gelingen kann, das hier bestehende Dunkelfeld mit der neuen gesetzlichen Regelung einzugrenzen, wird abzuwarten sein[8].

Holzhauer meint[9], Zwangsmaßnahmen von Angehörigen (außerhalb von stationären Einrichtungen) seien familialer Art. Dem ist bereits oben unter Hinweis auf die zutreffende entgegenstehende Rechtsprechung des Bundesverfassungsgerichts widersprochen

---

5) BVerfGE 58, 208, 225/226.
6) a.a.O. S. 226.
7) Teilweise gegen den entspr. Vorschlag des BtG-DiskE Holzhauer (B 101 ff).
8) Die Entscheidung AG Recklinghausen FamRZ 1988, 653 ff verdeutlicht die Breite der tatsächlichen wie tatbestandlichen Probleme.
9) B 101 ff.

worden[10]. Der Ansatz von Holzhauer[11], "Weil die Vornahme einer freiheitsentziehenden Maßnahme keine gesetzliche Vertretung erfordert, kann sie durch Hilfen wie durch die Angehörigen ebensogut wie durch einen Betreuer erfolgen .....", ist aus verfassungsrechtlicher Sicht abzulehnen. Er verkennt den dem Hilfsbedürftigen von der Verfassung zugewiesenen Status, der zu niemandes Disposition außer seiner eigenen steht; es sei denn, der Gesetzgeber habe zulässig einen Eingriff legitimiert. Die Legitimation durch ein Gesetz muß Art. 104 II GG beachten. Die eigene Disposition des Betroffenen kann nicht durch einen Hilfswilligen ohne Rechtszuweisung ersetzt werden. Der von Holzhauer angebotene § 34 StGB ist weder auf die praktischen Probleme dieses Bereichs zugeschnitten - was nicht heißt, daß er nicht einmal greifen mag -, noch ist er geeignet, Dauerprophylaxe zu tragen.

Holzhauer meint weiter, freiheitsentziehende Unterbringungen müßten stets genehmigungsbedürftig sein, gleichgültig ob sie mit Zustimmung des Betroffenen erfolgten, ohne oder gegen dessen Willen. "Es wäre unpraktisch, wenn die Anstaltsleitung bei jedem Patienten verbuchen müßte, ob er mit oder gegen seinen Willen in die Anstalt gekommen ist, um ggf. die Genehmigung des Gerichts einholen zu können, wenn die Anwendung freiheitsentziehender Maßnahmen erforderlich wird"[12]. - Üblicherweise wird festgehalten, wer zugestimmt hat. Die Entscheidung zu Maßnahmen wäre zunächst nicht Sache der Anstalt, sondern eine vom Betreuer abzufragende, der seinerseits die Genehmigung zu beschaffen hätte. Schließlich darf ein Willensfähiger gegen seinen Willen auch nicht mit vormundschaftsgerichtlicher Genehmigung festgehalten werden, was de lege lata jedenfalls für

---

10) BVerfGE 10, 302 ff.

11) B 103 3. Abs. vorletzter Satz.

12) B 105 vorletzter Satz.

Geschäftsfähige[13] anerkannt ist. Auch verfassungsrechtlich kann ein "Erfordernis" freiheitsentziehender Maßnahmen gegen den Willen des Willensfähigen nicht anerkannt werden. Wenn er sich nicht (mehr) helfen lassen will, müssen die Einrichtung und der Betreuer ihn gehen lassen.

---

13) BGHZ 48, 147, 157 f; Palandt-Diederichsen § 1800 Anm. 3 b. - Da die Aufenthaltsentscheidung nicht rechtsgeschäftlicher Natur ist, wird man letztlich nicht auf die Geschäftsfähigkeit, sondern wie bei Heilbehandlungen auf die Einsichtsfähigkeit (natürliche Willensfähigkeit) abstellen müssen.

10. Zwangsbefugnisse der Betreuer

Im geltenden Recht wird (trotz der verfassungsrechtlichen Vorgaben) immer noch zugrunde gelegt, wer Aufgaben vom Staat erhalten habe, müsse sie auch mit (unmittelbarem) Zwang durchsetzen können. Leer laufendes Recht sei als sinnwidrig nicht denkbar[1]. Das kann für ein zukünftiges Betreuungsrecht so nicht übernommen werden. Wie Grundrechtseinschränkungen im Strafvollzug (ohne Strafvollzugsgesetz) grundsätzlich unzulässig waren[2], obwohl sogar die Verfassung das Strafrecht, Strafbefugnisse wie Strafgefangene als vorgegeben ansah, so wenig kann aus einer Aufgabenzuweisung ohne weitere Vorgabe eine Zwangskompetenz abgeleitet werden. Dem staatlichen Machtmonopol entspricht die Pflicht des Gesetzgebers, für verfassungskonforme gesetzesgebundene Abwicklung Sorge zu tragen[3]. Ein Betreuer kann ohne weitere gesetzliche Grundlage nicht die Wohnung aufbrechen, den Kontakt des Betreuten zu Dritten unterbinden, den Betreuten verschuben oder etwa das beteiligte Heim dazu veranlassen. Als Hilfstätigkeit zur Ermöglichung und zwangsbewährten Abwicklung der Aufgaben(-kreise) ist ein Eingriff nicht auf der Grundlage der Generalklausel aus §§ 1896, 1902 BtG/BR-E, die Vertretungskompetenzen ansprechen, denkbar; allenfalls auf der Grundlage einer entsprechenden speziellen gesetzlichen Regelung.

Holzhauer meint, es sei nicht erforderlich, die Zwangsbefugnisse des Betreuers Volljähriger anders zu regeln als die der Vormünder Minderjähriger[4]. Dem kann nur zugestimmt werden, wenn man eine uneingeschränkte Grundrechtsmündigkeit Minderjähriger bejahen und ihre Vormünder unter denselben öffentlich-rechtlich orientierten Kriterien beurteilen wollte, wie es für Betreuer Volljähriger angebracht ist. Es erscheint

---

1) Helle FamRZ 1984, 639 ff (betr. Zwangsmaßnahmen zur Durchführung einer genehmigten Unterbringung).
2) BVerfGE 33, 1, 9 ff.
3) Scholz NJW 1983, 705, 707
4) B 55 letzter Abs.

zweifelhaft, ob das für den Minderjährigenbereich zutrifft. Dann würden aber die bisherigen dortigen Vorschriften nicht ausreichen. Dieser Frage kann hier nicht weiter nachgegangen werden. Die Betreuer Volljähriger können de lege ferenda jedenfalls nur die Zwangsmaßnahmen ergreifen, für die eine Rechtsgrundlage geschaffen ist und soweit ihnen die entsprechende Kompetenz zugewiesen wird. Ihre Gleichstellung mit den Vormündern soll gerade abgelöst werden.

Der BtG/BR-E geht davon aus, daß das nicht erforderlich sei. Er will Zwangsmaßnahmen auf den dringenden Wunsch der Praxis nur in § 70 g Abs. 5 FGG i.d.F. BtG/BR-E ansprechen. Dort sind Unterstützungsmaßnahmen durch die Betreuungsbehörde bei der Durchsetzung der Unterbringung angesprochen. Dagegen soll auf sonstige Regelungen für Zwang des Betreuers gegen den Betreuten oder zu Lasten seiner Sphäre auch im Hinblick auf staatliche Hilfsmaßnahmen völlig verzichtet werden. Die Verweisungsnorm § 1908 i BtG/BR-E will nicht einmal mehr § 1631 III BGB in Bezug nehmen. Das ist verständlich aus der Absage an Erziehungsversuche der Betreuer, verkennt aber die gegenwärtige berechtigte Diskussion und Suche nach einer verfassungskonformen Grundlage für Vollziehungs- und Zwangsmaßnahmen gegen gesetzlich Vertretene. Diese Fragestellung wird besonders deutlich, wenn die Eigenmaßnahmen des Betreuers nicht mehr ausreichen und er unmittelbare staatliche/hoheitliche Hilfe in Anspruch nehmen muß. Klassisches Beispiel aus dem Minderjährigenbereich ist der Streit um die Zulässigkeit der Grenzen der Vollstreckung eines (Kindes-)Herausgabetitels. Bittmann[5] betont zu Recht, dieser rechtfertige keine Gewalt gegen das sich wehrende Kind. § 1631 III BGB, der insoweit allein als gesetzliche Ermächtigungsgrundlage für eine Titelergänzung in Betracht komme, legitimiere keine Zwangsmaßnahmen. Daß § 33 FGG nicht

---

5) DGVZ 1987, 134 ff; vgl. zum Streitstand Keidel/Zimmermann § 33 RdNr. 37 m.w.Nachw. in Fn. 188.

Ermächtigungsgrundlage sein kann, sondern diese grundsätzlich voraussetzt, ist allgemein anerkannt[6]. Die Darstellung von Helle[7] beschreibt dieses Dilemma sehr deutlich.

Letztlich kann hier dahinstehen, wie dieses Problem im Bereich der Minderjährigen abschließend zu lösen ist. Diesen gegenüber besteht ein Erziehungsauftrag, der jedenfalls nicht weit in die Volljährigkeit ausstrahlt[8]. Das ist auch mit dem Hinweis auf eine mangelnde Grundrechtsausübungsfähigkeit der Betroffenen nicht auffangbar. Kein Polizist würde sich, trotz seines Grundauftrages, bereit finden, einen Bewußtlosen durch Einsatz unmittelbarer Gewalt an einen anderen Ort zu bringen, wenn er sich nicht auf eine entsprechende Ermächtigung stützen könnte. Die alte Dame, die sich im ungeheizten Haus im tiefen Winter an ihrer Einrichtung festhält, weil sie dort bleiben will[9], kann von dem Polizisten aufgrund seiner polizeirechtlichen Ermächtigung weggebracht werden. Dem Pfleger fehlt wohl schon nach geltendem Recht eine solche. Das Betreuungsrecht schafft sie für die Betreuer zukünftigen Rechts und für die Zuziehung z.B. des Gerichtsvollziehers jedenfalls nicht. Auch die Betreuungsbehörde, die als speziellere Vollzugshilfe in Betracht käme, ist nicht ausreichend ermächtigt. Das ist zumindest unbefriedigend. Der Betreuer muß dann sehr oft auf rein ordnungsrechtliche Unterstützung zurückgreifen. Man mag das für positiv halten, weil er selbst nicht als Machtausübender in Erscheinung tritt. Dagegen ist zu sehen, daß der Betreute natürlich den empfundenen Zwang (auch) dem Betreuer anlasten wird. Wie an anderen Stellen ist es erforderlich zu bekennen, welche Abwicklung gewollt ist. Die so stark betonten Laienbetreuer werden es ebenfalls nicht als hilfreich empfinden, daß sie wieder allein auf sich verwiesen werden.

---

6) Keidel/Zimmermann § 33 RdNr. 1 unter d).

7) a.a.O. (Fn. 1).

8) BVerfGE 74, 102 ff (JGG-Arbeitsauflage).

9) Fall eines norddeutschen Amtsgerichts. Aufgefallen war das unter der Haustür hervorquellende Eis aus den geplatzten Leitungen.

11. Entgelt für die Betreuung und Aufwendungsersatz

Das Bundesverfassungsgericht hat in seinem Urteil vom 1.7. 1980[1] die Ausgestaltung der Vormundschaft als grundsätzlich unentgeltliches Ehrenamt behandelt und als Leitsatz festgestellt[2]:

> "Werden einem Staatsbürger (hier: einem Rechtsanwalt) in großem Umfang Vormundschaften und Pflegschaften über mittellose Personen übertragen und kann dieser die damit verbundenen Aufgaben nur als Teil seiner Berufsausübung wahrnehmen, so sind ihm in verfassungskonformer Auslegung des § 1835 Abs. 2 und 3 BGB als Aufwendungen auch Zeitaufwand und anteilige Bürokosten zu erstatten."

Die BtG-E greifen die Entscheidung ausdrücklich auch mit diesem Wortlaut auf[3]. Vorgeschlagen werden Änderungen der §§ 1835, 1836 BGB. Die entsprechenden Gesetzestexte sollen danach wie folgt lauten (Verbindung des geltenden Rechts mit den Änderungsvorschlägen):

> <u>§ 1835</u> (Ersatz von Aufwendungen)
>
> (1) Macht der Vormund zum Zwecke der Führung der Vormundschaft Aufwendungen, so kann er nach den für den Auftrag geltenden Vorschriften der §§ 669, 670 von dem Mündel Vorschuß oder Ersatz verlangen. Das gleiche Recht steht dem Gegenvormunde zu.
>
> (2) Aufwendungen sind auch die Kosten einer angemessenen Versicherung gegen Schäden, die dem Mündel durch den Vormund oder Gegenvormund zugefügt werden können, sowie gegen Schäden, die der Vormund oder Gegenvormund bei der Führung der Vormundschaft erleiden kann. Aufwendungen sind ferner die Kosten, die dem Vormund oder Gegenvormund für seine Anleitung, Fortbildung, Beratung und Unterstützung durch einen für geeignet erklärten (§ 1791 a) Verein entstehen; zur Fortbildung gehört auch der Erfahrungsaustausch in Gesprächen. Die Aufwendungen nach Satz 2 können je Kalenderjahr nur bis zur Höhe des Fünfzehnfachen dessen geltend gemacht werden, was einem Zeugen als Höchstbetrag der Entschädigung für eine Stunde versäumter Arbeitszeit gewährt werden kann.
>
> (3) Als Aufwendungen gelten auch solche Dienste des Vormundes oder des Gegenvormundes, die zu seinem Gewerbe oder seinem Beruf gehören.

---

1) BVerfGE 54, 251, 266 ff.

2) BVerfGE a.a.O. LS 2.

3) BtG-DiskE II S. 58; BtG/BR-E S. 281 ff.

(4) Ist der Mündel mittellos, so kann der Vormund Vorschuß und Ersatz aus der Staatskasse verlangen. Die Vorschriften über das Verfahren bei der Entschädigung von Zeugen hinsichtlich ihrer baren Auslagen gelten sinngemäß.

(5) Das Jugendamt oder ein Verein kann als Vormund oder Gegenvormund für Aufwendungen keinen Vorschuß und Ersatz nur insoweit verlangen, als das Vermögen des Mündels ausreicht. Allgemeine Verwaltungskosten einschließlich der Kosten nach Absatz 2 werden nicht ersetzt.

§ 1836 (Vergütung des Vormundes)

(1) Die Vormundschaft wird unentgeltlich geführt. Das Vormundschaftsgericht kann jedoch dem Vormund und aus besonderen Gründen auch dem Gegenvormund eine angemessene Vergütung bewilligen. Die Bewilligung soll nur erfolgen, wenn das Vermögen des Mündels sowie der Umfang und die Bedeutung der vormundschaftlichen Geschäfte es rechtfertigen. Die Vergütung kann jederzeit für die Zukunft geändert oder entzogen werden.

(2) Werden jemandem Vormundschaften in einem solchen Umfang übertragen, daß er sie nur im Rahmen seiner Berufsausübung führen kann, so ist ihm eine Vergütung auch dann zu bewilligen, wenn die Voraussetzungen des Absatzes 1 Satz 2 und 3 nicht vorliegen. Die Vergütung entspricht dem Höchstbetrag dessen, was einem Zeugen als Entschädigung für seinen Verdienstausfall gewährt werden kann. Die Vergütung kann bis zum Fünffachen erhöht werden, soweit die Führung der Vormundschaft besondere Fachkenntnisse erfordert oder mit besonderen Schwierigkeiten verbunden ist. § 1835 Abs. 4 gilt entsprechend.

(3) Vor der Bewilligung, Änderung oder Entziehung soll der Vormund und, wenn ein Gegenvormund vorhanden oder zu bestellen ist, auch dieser gehört werden.

(4) Dem Jugendamt oder einem Verein kann keine Vergütung bewilligt werden.

§ 1836 a (Aufwandsentschädigung)

Zur Abgeltung geringfügiger Aufwendungen kann der Vormund als Aufwandsentschädigung für jede Vormundschaft, für die ihm keine Vergütung zusteht, einen Geldbetrag verlangen, der für ein Jahr dem Vierundzwanzigfachen dessen entspricht, was einem Zeugen als Höchstbetrag der Entschädigung für eine Stunde versäumter Arbeitszeit gewährt werden kann (Aufwandsentschädigung). Hat der Vormund für solche Aufwendungen bereits Vorschuß oder Ersatz erhalten, so verringert sich die Aufwandsentschädigung entsprechend. Die Aufwandsentschädigung ist jährlich zu zahlen, erstmals ein Jahr nach Bestellung des Vormunds. § 1835 Abs. 4 und § 1836 Abs. 4 gelten entsprechend.

Im Betreuungsrecht sollen diese allgemeinen Vorschriften in Bezug genommen und dort spezifisch wie folgt ergänzt werden:

§ 1908 e

(1) Ist ein Vereinsbetreuer bestellt, so kann der Verein Ersatz für Aufwendungen nach § 1835 Abs. 1 und 4 und eine Vergütung nach § 1836 Abs. 1 Satz 2 und 3 und Abs. 2 verlangen. Allgemeine Verwaltungskosten werden nicht ersetzt.

(2) Der Vereinsbetreuer selbst kann keine Rechte nach den §§ 1835 bis 1836 a geltend machen.

§ 1908 h

(1) Ist ein Behördenbetreuer bestellt, so kann die zuständige Behörde Ersatz für Aufwendungen nach § 1835 Abs. 1 verlangen. § 1835 Abs. 5 gilt entsprechend.

(2) Der zuständigen Behörde kann eine Vergütung nach § 1836 Abs. 1 Satz 2 und 3 bewilligt werden.

(3) Der Behördenbetreuer selbst kann keine Rechte nach den §§ 1835 bis 1836 a geltend machen.

Mit der vorgeschlagenen Versicherungskostenregelung soll der Diskussion um eine Einschränkung der Haftung der Betreuer begegnet werden. Die naheliegenden, kaum überschaubaren Umsetzungsschwierigkeiten sollen zum Teil durch eine Begrenzung der Erstattungsfähigkeit[4], zum Teil dadurch aufgefangen werden, daß schon der BtG-DiskE II den Gerichten eine "den Lebensverhältnissen entsprechende Schätzung" nahelegte[5]. - Die neue Vergütungsregelung soll der Rechtsprechung des Bundesverfassungsgerichts Rechnung tragen, wobei aber in Abweichung von der Ausgangsentscheidung keine Regelung im Themenkreis der Aufwendungen vorgenommen werden, vielmehr ein Einschub bei den vorhandenen Bestimmungen über die Vergütungen erfolgen soll. Auch diese Vorschriften werden die Praxis mit naheliegenden Folgeauseinandersetzungen belasten, zumal der Entwurf die eigentlich immer schon zweifelhaften Abgrenzungsfragen nicht aufgreift und Lösungsvorschläge anbietet, sondern es der Pra-

---

4) BtG-DiskE II S. 27/28.

5) BtG-DiskE II S. 57; s. jetzt BtG/BR-E S. 370.

xis überlassen will, die Grenzen zu bestimmen[6]. - Die in diesem Zusammenhang vorgenommene Kostenschätzung[7] erscheint wenig realistisch. Die Kostenbelastung aus einem neuen Betreuungsrecht wird für die Umsetzbarkeit von nicht unerheblichem Gewicht sein. Als T. Unruh in der ersten Bundestagsdebatte nach Vorlage des BtG-DiskE I die voraussichtlichen Kosten mit 4 Mrd. DM beziffert hat[8], hat der Bundesminister der Justiz entgegnet, so viel würden es nicht; über die Kosten solle aber tunlichst nichts zerredet werden[9]. Es scheint andererseits nicht sinnvoll, die Kosten zu bagatellisieren. Andernfalls steht zu befürchten, daß ein neues Recht schon deshalb scheitern muß, weil für die Umsetzung mangels entsprechender Ressourcen keine Möglichkeit besteht.

In der Reformdiskussion war beanstandet worden, das geltende Recht betone die Vermögenssorge zu sehr, was sich auch aus dem Umfang der Regelungen im BGB über die Vermögenssorge im Verhältnis zu denen über die Personensorge ergebe. Wenn dieser Maßstab an die Vorschläge des BtG/BR-E einerseits zu der Betreuung, andererseits zu den Kostenabwicklungen angelegt wird, liegt der Schluß nahe, auch an dieser Stelle könne eine Stellenwertverzeichnung eingetreten sein.

Verfassungsrechtlich sind zu den Vorschlägen über die Aufwendungserstattung, Vergütungen und Aufwandsentschädigungen Fragen zu stellen, soweit die Kosten einer Versicherung für schuldhaft verursachte Schäden dem Betreuten angelastet werden sollen, soweit inhaltlich unterschiedliche Vergütungsregelun-

---

6) Weil es nicht gelungen ist, "gesetzgebungsreife Vorschläge" zu finden; BtG-DiskE II S. 59.

7) BtG-DiskE II S. 32 f; BtG-RefE S. 106 ff; BtG/BR-E S. 349 ff.

8) Deutscher Bundestag, 11., 52. Sitzung, 14.1.1988, S. 3687, 3693.

9) a.a.O. S. 3696.

gen vorgeschlagen werden und soweit die als natürliche Personen zum Betreuer berufenen Vereins- wie Behördenbetreuer von den Regelungen über Aufwandsentschädigungen und Vergütungen ausgeschlossen werden sollen.

Ausgangspunkt der Bewertung muß dabei wieder die Feststellung sein, daß die hier relevanten Fragen nicht (nur) im Verhältnis Betreuter zum Betreuer beurteilt werden können. Zwar ist die Regelung über die Erstattung von Aufwendungen und die Zahlung von Vergütungen so konzipiert, daß es scheinen könnte, es handele sich um ein derartiges reines Privatrechtsverhältnis. Dabei würde aber übersehen, daß nicht der Betreute sich den Betreuer aussucht, der Betreuer vielmehr staatlich zugewiesener Helfer ist. Die Frage danach, in welchem Umfang dem Betreuer dies mit unbegrenztem Haftungsrisiko zugemutet werden kann und wann er Vergütungsansprüche (zunächst gegen den Staat) hat, ist zu trennen von der Frage, wann der Betreute die erbrachte Hilfsleistung bezahlen muß und ob ihm zuzumuten ist, durch die Hilfe Schäden ohne vollen Ausgleich zu erdulden. Im BGB ist dieses Dreiecksverhältnis für vermögende Betreute gegenwärtig dahin verkürzt, daß der Betreuer sich unter bestimmten Voraussetzungen bei dem Betreuten unmittelbar schadlos halten kann. Das ist nur solange unproblematisch, wie der Inhalt der Leistungspflicht des Betreuten mit dem Anspruch des Betreuers übereinstimmt. Die staatliche Verantwortung wird im geltenden Recht durch die hilfsweise vorzunehmende Erstattung aus der Staatskasse (für Aufwendungen) verdeutlicht.

Der Betreuer hat allenfalls die Pflicht, ehrenamtlich unentgeltlich tätig zu werden. Ihn trifft jedenfalls keine Pflicht, aus eigenen Mitteln Aufwendungen für die Betreuung einzusetzen. Das war und bleibt unproblematisch. Der Betreute kann seinerseits nicht verlangen, Aufwendungen, die für ihn erbracht werden, ohne Ausgleichspflicht zu erhalten. Er ist bei vorhandenen Mitteln zum Ersatz verpflichtet.
Zweifelhaft ist, ob Versicherungskosten nicht nur für Eigenschäden des Betreuers, sondern auch für durch ihn verursachte

Schäden als derartige Aufwendungen verstanden werden können[10]. Der BtG/BR-E will diese Problematik gegenstandslos machen, indem er ausdrücklich die Erstattungsfähigkeit vorsieht. - Dem Staat steht es frei, seine Fürsorgepflicht gegenüber den verpflichteten Helfern dahin zu verstehen, daß er für sie derartige Kosten übernimmt. Aus dem Zusammenhang wird sich dafür auch eine bundesgesetzliche Kompetenz zu Lasten der zahlungspflichtigen Länder annehmen lassen. Problematisch bleibt die Erstattungspflicht des Betreuten jedenfalls, soweit eine Versicherung gegen rechtswidriges und schuldhaftes Verhalten des Betreuers eingegangen wird. Dagegen könnte eine rechtsstaatlich begründete Pflicht des Staates sprechen. Art. 34 GG schreibt zwar keine umfassende Staatshaftung fest. Er knüpft vielmehr an die anderweitig geregelte Beamtenhaftung an und sieht eine "grundsätzliche" Überleitung auf den Staat vor. Ausnahmen sind (nur) dann zulässig, wenn sie durch eine besondere Konstellation, durch wichtige Gründe gerechtfertigt werden können. Art. 34 GG umreißt damit eine Mindestgarantie der Staatshaftung[11], deren Ausformung nur im übrigen dem Gesetzgeber überlassen bleibt. Er ist in diesem Zusammenhang als besondere Ausprägung des Rechtsstaates zu verstehen[12]. Rechtsstaatlichkeit bedingt, daß der Bürger Ausgleich für rechtswidrige und schuldhafte Übergriffe erhält. Diese Grundsätze müssen auch dann berücksichtigt werden, wenn der Staat die Aufgaben nicht selbst wahrnimmt, sondern die Aufgaben staatlicher Wohlfahrtspflege, deren Anlaß und Grundlage das öffentliche Interesse an der Fürsorge für den schutzbedürftigen einzelnen ist[13], durch verpflichtete private Helfer durchführen läßt. Dabei kann dahingestellt bleiben, ob nicht doch entgegen der Rechtsprechung des BGH[14] in Betracht zu ziehen ist, Art. 34 GG

---

10) BtG-DiskE II S. 21/22.

11) BVerfGE 61, 149, 199 (StaatshaftungsG).

12) Hesse Rz. 206.

13) BVerfGE 54, 251, 268/269.

14) BGHZ 17, 108 ff i.V.m. BGH NJW 1987, 2664. - Die vor BVerfGE 10, 302 ff ergangene Entscheidung BGHZ 17, 108 be-

auf die Haftung privater Betreuer nach § 1833 BGB zu erstrekken[15]. Das würde die bisher für gegeben gehaltene Problematik entschärfen.

Die rechtsstaatlich begründeten allgemeinen Haftungsgrundsätze werden es jedenfalls verbieten, einzelnen Bürgern, hier den Betreuten, Leistungspflichten für eine derartige Versicherung aufzuerlegen. Dabei wäre es im Hinblick auf die vorgeschlagene Differenzierung für Privat-, Vereins- und Behördenbetreuer im übrigen völlig zufällig[16], welche der Betreuten die Prämien mittragen müßten. Eine sachgerechte Differenzierung ist insoweit nicht ersichtlich. Dieser Begründung kann nicht entgegengehalten werden, es gebe auch anderweit zulässige Eingrenzungen staatlicher Haftung, wie im Bereich z.B. des Postverkehrs. Es kann dahingestellt bleiben, in welchem Umfang dem Gesetzgeber dort Gestaltungsfreiheit zukommt. Anders als dort ist hier nicht eine überschaubare Sache dem Staat zur Leistungserbringung gegen Entgelt ausgehändigt. Es handelt sich vielmehr um die Folgen von Eingriffen zum vermeintlichen eigenen Besten. Hier kann der Staat sich der Haftung ebensowenig entledigen wie er bei Impfschäden die Betroffenen darauf verweisen könnte, sie sollten die Risiken auf eigene Kosten speziell versichern.

Für die Bewertung der weiter vorgeschlagenen Vergütungs- und Aufwandsentschädigungsregelungen sind zunächst noch einmal die vom Bundesverfassungsgericht dargelegten Grundsätze zu beto-

---

14) ruht auf der Annahme, private Vormünder übten keine öffentliche Gewalt aus. - Vgl. auch BVerwG NJW 1988, 2399 (Hinweis auf die generelle Tendenz des BVerfG gegen privatrechtliche Zuordnung).

15) Amtsvormünder sollen auch nach der Ansicht des BGH Beamte im haftungsrechtlichen Sinn sein, s. zuletzt BGH NJW 1987, 2664 unter II 1.

16) Besonders deutlich bei der Umettiketierung eines Vereinsbetreuers zum Privatbetreuer.

nen[17]. Das Bundesverfassungsgericht weist zunächst darauf hin, daß schon bei der Einzelvormundschaft das Prinzip der Unentgeltlichkeit nicht mehr durchgehend zugrunde gelegt war, seit durch das Gesetz über die rechtliche Stellung nichtehelicher Kinder vom 19.8.1969 § 1835 BGB dahin ergänzt worden ist, daß bei Mittellosigkeit eine Erstattung von Aufwendungen aus der Staatskasse erfolgt[18]. Die Gesamtregelung erscheine schon für Einzelvormünder nicht bedenkenfrei. Zwar sei die Pflicht, in der Regel höchstens zwei Vormundschaften unentgeltlich zu übernehmen, verfassungsrechtlich nicht schon prinzipiell zu beanstanden. Fraglich bleibe aber, ob es dem Grundsatz der Verhältnismäßigkeit[19] entspreche, wenn eine Unentgeltlichkeit auch dann hingenommen werden müsse, soweit die Vormundschaft wegen ihres Umfangs und dem Schwierigkeitsgrad mit einer erheblichen Belastung verbunden sei[20]. Zudem könne eine unangemessene Benachteiligung der Mündel wie der Betreuer darin liegen, daß das Vorhandensein von Mündelvermögen Anlaß für eine Entgeltlichkeit sei, bei mittellosen Mündeln die Betreuung unentgolten bleibe, während bei sonst gleicher Konstellation aber vorhandenem Vermögen Entgeltlichkeit gegeben sei. Das Bundesverfassungsgericht hat diese Überlegungen nur deshalb nicht weiterverfolgt, weil sie in dem konkreten Fall, bei dem es um einen Berufsvormund (Rechtsanwalt) ging, nicht entscheidungserheblich waren. Es hat jedoch das Erfordernis einer Berücksichtigung bei der Reform hervorgehoben[21]. In den Folgeausführungen ist noch einmal betont, daß zwei Vormundschaften (z.Zt. gem. § 1786 Abs. 1 Nr. 8 BGB) die Grenze für die Über-

---

17) BVerfGE 54, 251, 266 ff.

18) a.a.O. S. 268.

19) Der verfassungsrechtliche Grundsatz der Verhältnismäßigkeit (die Terminologie ist uneinheitlich, s. Grabitz AöR 98, 568, 570 f; Wendt AöR 104, 414, 415) ist vom Gesetzgeber bei der Normsetzung wie vom Rechtsanwender bei der Umsetzung zu beachten.

20) BVerfGE 54, 251, 269 vor 2. a.E.

21) a.a.O. S. 269 unter 2. 1. Abs.

nahme im Rahmen der allgemeinen staatsbürgerlichen Pflicht kennzeichneten. Die Pflicht zur Entlohnung bei weitergehender Inanspruchnahme ist dann unter Hinweis auf Art. 12 Abs. 1 GG wie folgt begründet[22]:

> "Die verfassungsrechtliche Beurteilung kann nicht an der Tatsache vorbeigehen, daß die Vormundschaftsgerichte den Beschwerdeführer zu 2) in großem Umfang mit Vormundschaften und Pflegschaften betraut haben, die dieser nur im Rahmen seiner anwaltlichen Berufsausübung wahrnehmen kann und die ihm zumindest teilweise wegen seiner besonderen beruflichen Qualifikation übertragen worden sind. Für einen solchen Vormund ist die Führung der Vormundschaften Teil seiner durch Art. 12 Abs. 1 GG geschützten Berufsausübung. Wenn aber der Staat für Aufgaben, deren ordentliche Wahrnehmung im öffentlichen Interesse liegt, Staatsbürger beruflich in Anspruch nimmt, dann erweist es sich als übermäßige, durch keine Gründe des Gemeinwohls gerechtfertigte Einschränkung der freien Berufsausübung, den derart Belasteten eine angemessene Entschädigung für ihre Inanspruchnahme vorzuenthalten. In einem solchen Fall ist der Grundsatz der Unentgeltlichkeit nicht nur mit Art. 12 Abs. 1 GG, sondern auch mit dem im Rahmen dieses Grundrechts zu berücksichtigenden Gleichheitsgebot unvereinbar. Denn dadurch würden stark belastete Vormünder ohne sachlich vertretbare Gründe mit denjenigen Vormündern gleichbehandelt, die entsprechend dem Leitbild der echten Einzelvormundschaft nicht mehr als zwei Vormundschaften oder Pflegschaften führen."

Nach diesen Grundsätzen kommt es nicht (allein) darauf an, ob die Übertragung zu dem ohnedies ausgeübten Berufsfeld gehört. Die Anknüpfung daran kann vielmehr ihrerseits gleichheitswidrig sein, wenn dadurch bestimmte Berufsgruppen nur deshalb besser gestellt werden, weil sich die Tätigkeit mit ihrer Berufstätigkeit deckt[23]. Entscheidend ist vielmehr zunächst die Differenzierung zwischen den echten Einzelbetreuern und den darüber hinaus in Anspruch genommenen Betreuern. Bei letzteren ist sodann sicherzustellen, daß sie eine angemessene Entschädigung erhalten, die Kosten und Zeitaufwand abdeckt[24]. Je nach

---

22) a.a.O. S. 271.

23) a.a.O. S. 274.

24) a.a.O. S. 275 f. S. auch BayObLG Rpfleger 1983, 313 f und Rpfleger 1988, 529 sowie Bobenhausen Rpfleger 1985, 426, 429 f sowie ders. Rpfleger 1988, 175 ff.

der Kostenstruktur[25] sind damit unterschiedliche Stundensätze geboten, die bei einem vorhandenen Büro zwischen 50,-- und 100,-- DM nach geltendem Recht angenommen werden müssen[26]. Von Verfassungs wegen ist es bei der Bestimmung der Höhe dieses Betrages nicht geboten, für mittellose Betreute dieselben Beträge zur Verfügung zu stellen, wie für vermögende[27], wenn nur sichergestellt ist, daß die mittellosen Betreuten nicht gleichheits- und sozialstaatswidrig benachteiligt werden[28], indem für sie nur weniger qualifizierte, billigere Betreuer zur Verfügung gestellt werden.

Die Betonung dieser Grundsätze ist deshalb wichtig, weil sich in der Zeit nach der Entscheidung des Bundesverfassungsgerichts Auslegungskriterien entwickelt haben, die mit dieser Entscheidung kaum im Einklang stehen. Indem der BtG/BR-E an die bestehenden Vorschriften anknüpft, die Bundesverfassungsgerichtsentscheidung nur durch neue (systemwidrige) Absätze in diese Normen integrieren will (außer durch § 1836 a), ergibt sich für die Zukunft das Problem einer Perpetuierung der zumindest wenig verfassungslegitimen Handhabungen. Literatur und Rechtsprechung gehen gegenwärtig davon aus, daß nur diejenigen Betreuer einen Anspruch nach Maßgabe der Entscheidung des Bundesverfassungsgerichts haben, die im Rahmen ihres Berufs und zur Erzielung des laufenden oder eines erheblichen Teils des

---

25) Es wird nicht angehen, einen Sozialarbeiter mit privatem Schreibtisch und Schreibmaschine wie einen Anwalt, der die Bürokosten mit abdecken muß, bei der pauschalierenden Stundenbezahlung gleich zu behandeln. - Zum Problem der Umsatzsteuer s. Bobenhausen Rpfleger 1988, 175, 178.

26) Soergel/Damrau § 1835 Rz. 16 (Höchstsatz 50,-- DM), MünchKomm/Schwab § 1835 Rz. 15 (20,-- bis 50,-- DM), jeweils auf der Grundlage der alten Entschädigungssätze; Bobenhausen Rpfleger 1988, 175, 177 mit Fn. 24 und 29; vgl. jetzt auch LG Mainz Rpfleger 1988, 411.

27) BVerfGE 54, 251, 276 unter 2.

28) a.a.O. S. 272/273.

Einkommens in großer Zahl Betreuungen übernehmen[29]. Auch die Durchsicht erstinstanzlicher Vorgänge bei verschiedenen Amtsgerichten in Niedersachsen hat diese Handhabung bestätigt[30]. Es werden von Amtsgerichten ehrenamtliche Betreuer beschäftigt, die bis zu 20 oder 30 Betreuungen führen, ohne daß auch nur erwogen wird, diese Betreuer als Berufsvormund anzusehen, zumal sie häufiger im übrigen in einem betreuungsfremden Berufsfeld arbeiten. Das widerspricht den von dem Bundesverfassungsgericht aufgestellten o.a. wiedergegebenen Grundsätzen. Eine weitere Schwierigkeit ergibt sich gegenwärtig auch für die anerkannten Berufsvormünder daraus, daß zweifelhaft ist, wie der Überschneidungsbereich[31] der Vergütungsregelungen mit denen über den Aufwendungsersatz für Zeit und Bürounkosten bewertet werden muß. Eine Vergütung ist nur zu bewilligen, "wenn das Vermögen des Mündels sowie der Umfang und die Bedeutung der vormundschaftlichen Geschäfte es rechtfertigen" (§ 1836 Abs. 1 S. 3 BGB). Dabei wird jetzt allgemein angenommen, daß Vermögen nur dann vorhanden ist, wenn die im Sozialhilferecht

---

29) Z.T. str. s. MünchKomm/Schwab § 1835 Rz. 15 mit Fn. 18; Bobenhausen Rpfleger 1988, 175 m.w.Nachw. in Fn. 2; LG Düsseldorf Rpfleger 1982, 147. LG Berlin Rpfleger 1981, 237 will sogar bei 15 Betreuungen den Berufsbezug noch verneinen. Erforderlich ein "umfangreicher Teil" der Berufsausübung. - Im anderen Extrem geht Soergel/Damrau § 1835 Rz. 15 davon aus, daß mehr als zwei Betreuungen in der Regel zu einer berufsmäßigen Inanspruchnahme führen.

30) Pardey, Vormundschaft und Pflegschaft, S. 23 f, 102/103. - Die Bewertungsunsicherheiten sind durch die in BayObLG FamRZ 1989, 214 erst- und zweitinstanzlich festgesetzten Beträge (28.000,--/7.000,-- DM) nachdrücklich betont worden.

31) Eine dogmatisch saubere Trennung ist kaum möglich, s. BVerfGE 54, 251, 275/276; KG OLGZ 1981, 176, 180; BayObLG Rpfleger 1983, 313, 314; Soergel/Damrau § 1835 Rz. 19, § 1836 Rz. 7; Bobenhausen Rpfleger 1988, 175, 177.

anerkannten Schutzgrenzen (kleine Guthaben, kleines Hausgrundstück)[32] überschritten werden[33]. Dann sind nach Schwierigkeit, Erfolg der Tätigkeit, Pflichteifer wie Qualifikation begründbare Vergütungen möglich, die aus naher Verwandtschaft[34], Mißerfolg wie Nachlässigkeiten[35] wieder begrenzt werden sollen. Es liegt auf der Hand, daß z.B. Erfolg oder Mißerfolg als Kriterien zu Vergütungen führen können, die keinerlei Bezug zu der aufgewandten Zeit haben. In der Praxis läßt sich im Ergebnis auch keinerlei Standardisierungstendenz für Vergütungen erkennen[36].

---

32) §§ 76 Abs. 2, 88 BSHG i.V.m. den VOen über die anrechnungsfreien Beträge wie bei § 115 ZPO (PKH). Die Gleichsetzung der "Sozialhilfe im Bereich der Rechtspflege" mit der im materiellen Bereich betont schon BVerfGE 54, 251, 273. - Übersicht über die Freigrenzen bei: Bobenhausen Rpfleger 1985, 426, 427.

33) S. z.B. LG Bremen Rpfleger 1984, 414; MünchKomm/Schwab § 1835 Rz. 18 m.w.Nachw. in Fn. 32, 33; Soergel/Damrau § 1835 Rz. 10 will nicht auf die PKH-Voraussetzungen i.V.m. dem BSHG, sondern nur auf die sozialrechtlichen Regelungen abstellen.

34) Übersicht über die Kriterien bei Palandt/Diederichsen § 1836 Anm. 2 a; Soergel/Damrau § 1836 Rz. 7 je m.w.Nachw. Die Einzelheiten sind z.T. str., so z.B. ob Verwandtschaft wirklich Ausschlußgrund sein kann. Verfassungs- wie einfach-rechtlich ist ein Verwandter nicht mehr in der Pflicht als ein Dritter. Er ist bevorrechtigt heranzuziehen. Das erlaubt aber keine Benachteiligung im Verhältnis zu anderen. Ausnahmen mögen sich allenfalls bei kollidierenden Unterhaltspflichten ergeben.

35) Gegen deren Berücksichtigung die in der Praxis kaum berücksichtigte Entscheidung des OLG Düsseldorf Rpfleger 1978, 410.

36) Pardey, Vormundschaft und Pflegschaft, S. 102/103; Bobenhausen Rpfleger 1985, 426, 429 vertraut primär auf das "sichere Gefühl" des entscheidenden Rechtspflegers, das

Ist ein Betreuter vorhanden, der z.B. 400,-- DM mehr besitzt als sozialrechtlich geschützt, könnten nur diese 400,-- DM als Vergütung zugewiesen werden. Das KG[37] hat dazu ausgeführt, daß dann gegebenenfalls der Differenzbetrag als Aufwendungsersatz für Zeit und Bürounkosten zugewiesen werden müsse. Das ist nicht unbestritten geblieben. Schwab sieht eine Lücke für den Ausgleich bei Berufsvormündern, die nur der Gesetzgeber schließen könne[38]. Bobenhausen will diese Lücke dadurch schließen, daß er unterschiedliche Auslegungen für Berufsvormünder und Einzelvormünder vorschlägt[39], was verfassungsrechtlich nicht unproblematisch erscheint.

Die Vorschläge des BtG/BR-E vermitteln den Eindruck, als sei diese Problematik übersehen worden. Dadurch, daß die vom Bundesverfassungsgericht für erforderlich gehaltenen Erstattungen als Zeitausgleich in die Vergütungsregelung aufgenommen werden sollen, entsteht nach dem Gesetzestext nunmehr explizit die o.a. dargelegte Lücke, ohne daß sie mit den Erwägungen des Kammergerichts ohne weiteres mehr geschlossen werden könnte. Wenn es in dem neuen § 1836 Abs. 2 heißen soll, der Betreuer erhalte eine Entschädigung nach Zeit, "wenn die Voraussetzungen des Abs. 1 S. 2 und 3 nicht vorliegen", spricht das vom Wortlaut dafür, die Bewilligungsfähigkeit nach Abs. 1 unabhängig von der Höhe für einen Ausschlußgrund zu halten, was verfassungsrechtlich nicht haltbar wäre. Wenn nach Abs. 1 eine Vergütung in Betracht kommt, die zu einem Stundensatz von z.B. 10,-- DM führt, kann diese Vergütung nicht Ausschlußgrund sein. Sie wird es erst dann sein können, wenn die Vergütung nach Abs. 1 gleich hoch oder höher als die sonst zu zahlende Zeitaufwandsentschädigung ist. Verfassungskonform muß Abs. 2

---

36) nicht einmal vom Rechtsmittelgericht überprüfbar sei. So zweifelhaft die letzte These erscheint, so deutlich macht sie in sich die erstinstanzliche Unsicherheit.

37) OLGZ 1981, 176, 180 ff (betr. Nachlaßpfleger).

38) MünchKomm/Schwab § 1836 Rz. 9 und 13.

39) Rpfleger 1988, 175, 177.

dahin verstanden werden, daß eine Zeitvergütung nicht "dann, wenn keine nach Abs. 1", sondern schon dann, "soweit keine gleich hohe oder höhere" Vergütung nach Abs. 1 zu zahlen ist. Es mag dahingestellt bleiben, ob diese Auslegung wirklich noch in ein "..... dann ....., wenn ....." hineingelesen werden kann. Ein neues Gesetz sollte derartige Auslegungsnöte nicht ohne wichtigen Grund provozieren.

Ein weiteres Problem ergibt sich daraus, daß in Abs. 2 eine Zeitvergütung nur für diejenigen vorgesehen ist, die Vormundschaften in einem solchen Umfang übertragen erhalten, daß sie sie nur im Rahmen ihrer Berufsausübung führen können. Auch mit dieser Formulierung knüpft der BtG/BR-E an die gegenwärtige verfehlte Handhabung an, ohne die von dem Bundesverfassungsgericht aufgestellten Grundsätze in ausreichendem Umfang zu berücksichtigen. Es kommt gerade nicht darauf an, ob der Betreuer in einem entsprechenden Beruf tätig ist. Die Indienstnahme Privater ist nach Art. 12 Abs 1 GG nur entgeltlich möglich. Die Pflicht zur Übernahme im Rahmen der allgemeinen staatsbürgerlichen Pflicht hört schon bei in der Regel mehr als zwei Betreuungen auf und ist selbst bei diesen Betreuungszahlen nur dann gegeben, wenn mit der Betreuung nicht eine erhebliche zeitliche und sonstige Belastung verbunden ist. Werden z.B. einem dazu bereiten Bandarbeiter von VW fünf Betreuungen übertragen, sind diese Tätigkeiten als Indienstnahme eines Privaten zu vergüten. Der erforderliche Aufwand ist als berufliche Betätigung in einem dann für diesen neuen Berufsfeld zu sehen. Die Grenze von zwei Betreuungen wird andererseits nicht starr gesehen werden müssen. Angemerkt sei, daß sehr zweifelhaft ist, ob die Vormundschaft über eine größere Zahl von Geschwistern insoweit noch als nur eine gezählt werden darf.

Der BtG/BR-E will in Abweichung von dem Vorschlag des BVerfG[40] die Vergütungshöhe an die Sätze für Zeugen, nicht die für Sachverständige, anbinden. Der Standardsatz wäre damit zu-

---

40) BVerfGE 54, 251, 276.

nächst 20,-- DM, der nur überschritten werden können soll, "soweit die Führung der Vormundschaft besondere Fachkenntnisse erfordert oder mit besonderen Schwierigkeiten verbunden ist" (§ 1836 Abs. 2 S. 3 BtG/BR-E). Diese Sätze können nicht als angemessener Ausgleich für eine berufliche Inanspruchnahme und für anteilige Bürounkosten in Betracht kommen. Bei 20 Arbeitstagen à 8 Stunden würde sich ein Monatsbruttobetrag von 3.200,-- DM ergeben. Nach Abzug der Bürounkosten, Steuern und sonstiger Lasten wäre das eine "Vergütung", die in die Nähe der Sozialhilfefähigkeit führte. Wenn die Regelung nicht als eine Absage an freiberufliche Betreuer verstanden werden soll, muß ein anderer Basissatz vorgesehen werden. Es kann auch nicht als selbstverständlich zugrunde gelegt werden, daß insoweit in jedem Fall die Übertragung wegen "besonderer Fachkenntnisse" etc. erfolgt. Das BVerfG hat betont, daß es gleichheitswidrig wäre, einzelne Berufsgruppen zu bevorzugen, weil die Tätigkeit gerade mit ihrer sonstigen beruflichen Tätigkeit zusammenfällt. Deshalb kommt auch nicht in Betracht, es als Übertragung "wegen besonderer Fachkunde" immer dann anzusehen, wenn z.B. ein Rechtsanwalt beauftragt wird, unabhängig davon, ob er nur dieselben Geschäfte erledigt wie die Masse anderer Betreuer.

Es liegt nahe, daß jede andere Regelung zu einer erheblichen Kostenlast führt. Der BtG/BR-E will - was begrüßenswert ist - die persönliche Betreuung fördern. Er will mindestens regelmäßige Gespräche mit jedem Betreuten. Wenn man dafür nur eine einzige Stunde pro Woche ansetzt, würden bei einem Stundensatz von ca. 50,-- DM (unter Abdeckung der Rahmenzeiten und -kosten) allein 2.600,-- DM jährliche Gesprächskosten pro mittellosem Betreuten anfallen. Daß ein einstündiges Gespräch pro Woche dem Betreuten im übrigen noch nicht das erstrebte Gefühl persönlichen Kontakts vermitteln wird, ist ebenso selbstverständlich wie die Tatsache, daß zusätzlich die sonstige Tätigkeit zu vergüten ist, was zu einem Standardbetrag von ca. 4.000,-- DM pro Betreutem (bei beruflicher Betreuung im o.a. Sinn) führen würde. Wenn zugrunde gelegt wird, daß ein nicht genau bekannter Teil der Betreuungen schon jetzt berufsmäßig erfolgt und mit deutlich mehr als den gegenwärtig 250.000 Betreuten zu rechnen ist, von denen etwa 200.000 mittellos im o.a. Sinne sein können, ergibt sich ein jährlicher Kostenaufwand, der nicht unerheblich über dem vom BtG-RefE angegebenen Betrag von 200 Mio. DM[41] liegen dürfte. Dieses gewichtige Kostenargument kann der dargestellten verfassungskonformen Handhabung aber nicht in dem Sinn entgegengehalten werden, daß es Sache der Berufsbetreuer sein müsse, die Finanzierbarkeit sicherzustellen und sich mit entsprechend herabgesetzten Basisbeträgen zufrieden zu geben[42]. Es handelt sich nicht um das Feld freiwilliger Leistungen, bei denen es Sache des Gesetzgebers ist, im Rahmen der gesamtwirtschaftlichen Möglichkeiten Schwerpunkte der Förderung und Hilfe festzulegen. Die Pflicht zur Hilfe für die Betroffenen ist sozialstaatliche Pflicht, und zwar Schutzpflicht mit besonderem Vorrang, weil die zu schützen sind, die selbst hilflos sind. Der Staat muß diese Hilfe sicherstellen. Auf welchem Weg er dies unternimmt, bleibt ihm überlassen. Der Gesetzgeber kann im Rahmen seiner Gestaltungsfreiheit die Hilfen vorsehen, die voraussichtlich (Prognosefreiheit) den erstrebten Effekt sicherstellen. Er kann jedoch nicht einen Weg festlegen, der zu einer Belastung der in Anspruch genommenen Privaten führt und dann diesen die erforderliche Entschädigung mit Hinweis auf die zu erwartende Gesamthöhe versagen. Wenn er meint, dieser Weg werde zu teuer und er glaubt, einen kostengünstigeren Weg beschreiten zu können, mag er diesen gehen.

---

41) BtG/BR-E S. 349 ff.

42) Die Probleme der Finanzierbarkeit wurden in der Begründung des BtG-DiskE II betont (S. 29). Auf S. 30/31 heißt es:

> "In Zeiten, in denen z.B. ..... erhebliche finanzielle Probleme aufwerfen, kann auch das Zivilrecht bei Vergütungsregelungen sich nicht ausschließlich am Gerechtigkeitsgehalt ..... orientieren ....."

In BtG/BR-E S. 289 wird ausgeführt:

> "Die Neuregelung darf aber keinesfalls die - angesichts der Zahl der Betroffenen offensichtlichen - Finanzierungsprobleme außer acht lassen."

Der Bundesrat hat in seinem Beschluß vom 10.3.1989 betont, er halte Festschreibungen unterhalb der von dem BtG/BR-E vorgeschlagenen Sätze für geboten. Das ist nur noch haushaltspolitisch nachvollziehbar.

Verfassungsrechtlich bedenklich ist weiter die vorgesehene Finanzierung der Betreuungsvereine zu Lasten der von ihnen gestellten Betreuer. Verfehlt ist die dabei zugrunde gelegte Konzeption, wonach die Vereine wie die zuständigen Behörden eine Aufsichtspflicht oder auch nur -möglichkeit gegenüber den Betreuern aus ihrem Hause haben sollen[43]. Es kann dahingestellt bleiben, wie das nach geltendem Recht im Verhältnis bestellter Verein oder bestellte Behörde zu ihren Angestellten beurteilt wird[44], die für sie die Aufgaben wahrnehmen. Gegenwärtig werden nicht die Angestellten, sondern die Organisationen in die Pflicht genommen. Diese Konzeption soll grundsätzlich abgelöst werden. Die Übertragung richtet sich nach den persönlichen Fähigkeiten, wie der Belastbarkeit. Die Betreuer sind zur Betreuung verpflichtet. Sie müssen Zeit aufbringen, und zwar ohne sich ihrerseits bei der Betreuung auf ihre Dienstzeiten berufen zu können. Sie haften bei Fehlern. Für die Indienstnahme ist die Vergütung zu zahlen. Sie haben Auslagen zu machen und den entsprechenden Erstattungsanspruch.

---

43) § 1908 f Abs. 1 Nr. 1 BtG/BR-E setzt für die Anerkennung eines Vereins u.a. voraus, daß er "Beaufsichtigung" sicherstellt. - BtG-DiskE II S. 43 hielt ohne Begründung eine Richtlinien- wie Weisungskompetenz der Behörde für gegeben und meinte, sie hafte als Anstellungskörperschaft.

44) Gegen eine Berechtigung zur Fachaufsicht Schach DAVorm 1988, 212, 215. Aus Sicht der Ämter war die Berechtigung kaum je zweifelhaft (vgl. z.B. Münder, JWG, § 37 Anm. 4.1 m.w.Nachw.). Die Mitarbeiter haben sich andererseits stets dagegen gewehrt. Zu deren Grundpositionen z.B. Fieseler/ Herborth S. 59 ff.

Warum die Behörde oder gar der Verein[45] verpflichtet (nicht nur voraussichtlich freiwillig durchführend) sein könnten, ihrerseits die volle Tätigkeit zu bezahlen und die Aufwendungen zu erbringen, ist aus Sicht des Betreuungsrechts nicht ersichtlich. Das mag im Einzelfall arbeitsvertraglich so sein. Daraus kann die gesetzliche Regelung des Betreuungsrechts aber kein Belastungsrecht ableiten. Zudem ist nicht sicher, daß der Behördenbetreuer nur so weit belastet wird, wie es gerade seiner individuellen Arbeitspflicht entspricht. Bei Vereinsbetreuern ist aus Sicht des Betreuungsrechts völlig offen, ob es sich überhaupt um einen voll bezahlten Mitarbeiter handelt[46]. Vermögende Betreute wie Mündel können sich dagegen verwahren, Drittbetreuungen (mit-) zu finanzieren[47]. Die Betreuer, die selbst in der Pflicht stehen, haben keine Veranlassung, ihrerseits die staatliche Inpflichtnahme ohne Entschädigung hinzunehmen. Sie könnten ggf. arbeitsvertraglich gehalten werden, die auf ihre Arbeitszeit entfallenden Beträge abzuführen. Auch das ist aber kein Problem des Betreuungsrechts oder aus diesem regelbar.

Verfassungsrechtliche Bedenken bestehen gegen die Neuregelung insoweit, als keine Härte- oder Erschwernisklausel vorgesehen ist sowie unter Gleichbehandlungsgesichtspunkten. Bei vermögendem Betreuten kann der Betreuer (der nicht Berufsbetreuer ist) eine Vergütung erhalten. Der gleich viel arbeitende Betreuer eines Betreuten ohne Vermögen erhält nach gegenwärtig vorgesehenen Beträgen jährlich 480,-- DM als Aufwendungsausgleich (§ 1836 a BtG/BR-E).

---

45) In BtG/BR-E S. 512 heißt es, es sei folgerichtig, dem Verein an Stelle seines Mitarbeiters die Entlohnung zukommen zu lassen, "wenn" er ihn bezahle. Das "wenn" ist aber nicht Bestandteil des Entwurfs. Die nur vermutete Deckungsgleichheit dürfte nicht genügen.

46) Insbesondere bei Teilzeitbeschäftigten liegt die Gefahr divergierender Belastungen nahe.

47) Vgl. BVerfGE 54, 251, 272 vor b a.E.

Das BVerfG hat bereits in der dargestellten Entscheidung betont, daß sich eine unberechtigte unverhältnismäßige Belastung der Betreuer ergeben kann[48], wenn für sie keine Entschädigung bei besonderer Erschwernis vorgesehen wird. Daraus kann nicht gefolgert werden, daß es dem Gesetzgeber überhaupt nicht gestattet wäre, zu pauschalieren. Der Gesetzgeber darf im Rahmen der von ihm vorzunehmenden Gestaltungen vielmehr auch Pauschalierungen vornehmen und dadurch auf Kosten der Einzelfallgerechtigkeit individuelle Aspekte in einem gewissen Umfang zurückdrängen. Das kann aber nicht ohne Grenzen gelten. Wie das BVerfG z.B. seinerzeit im Zusammenhang mit den Bestimmungen über Ehegattenscheidungsunterhalt (§ 1579 II BGB a.F.) dargelegt hat, kann es Aufgabe des Gesetzgebers sein, auch bei derartigen Standardisierungen Härteklauseln für die Fälle vorzusehen, für die sich sonst unverhältnismäßige Unbilligkeiten ergäben[49]. Hier fordert es sowohl das Interesse der Betreuer wie der Betreuten, die gerade in derartigen zugespitzten Situationen nicht allein gelassen oder z.B. an einen fremden (neuen) Betreuer verwiesen werden dürfen, eine Härteregelung vorzusehen, wonach dann eine Vergütung nach § 1836 Abs. 2 BtG/BR-E zu zahlen ist, wenn sich im Rahmen der Betreuung eine außergewöhnliche Belastung ergibt, soweit dies zum Ausgleich dieser Belastung erforderlich ist.

---

48) BVerfGE 54, 251, 269.

49) Vgl. BVerfGE 57, 361, 387 f zu § 1579 II BGB a.F. aber auch BVerfGE 55, 134, 143 zu § 1568 II BGB a.F.

12. Einzelne Verfahrensfragen

Ein oder sogar das zentrale Anliegen der Reform ist es, die bisherige sehr problematische Verfahrensabwicklung zu sanieren, verfassungskonforme Zustände zu schaffen[1]. Damit sollte die Schaffung eines möglichst wenig eingriffsintensiven, flexiblen, materiellen Rechts verbunden sein. Diese materielle Ausformung ist in der Reformdiskussion jetzt so in den Vordergrund getreten, daß Schumacher gemahnt hat, weiter an die Bedeutung des Verfahrensrechts zu denken[2], zumal die Praktikerstellungnahmen und ihnen folgend die Justizminister der Länder zum Teil schon von einer Hypertrophie des vorgeschlagenen Verfahrensrechts sprechen.

Das Gewicht der vorgeschlagenen neuen Regelungen wird am ehesten deutlich, wenn an die noch geltenden Strukturen erinnert wird. Das bisherige Recht ist zweigleisig.

12.1. Überblick über das geltende Recht

Das Verfahrensrecht zur Anordnung der Entmündigung ist noch in §§ 645 ff ZPO enthalten, obwohl es vom Gegenstand her als Bestandteil der Freiwilligen Gerichtsbarkeit zu verstehen ist[3]. Es soll deshalb auch nach den Reformvorschlägen in das FGG (rück-)integriert werden.

Von der Regelung des Entmündigungsverfahrens wurde erwartet, daß die verfahrensrechtlichen Garantien einen Mißbrauch verhindern würden[4]. Mißbrauchsversuche sind naheliegend[5]. Die Re-

---

1) Antwort der Bundesregierung auf die große Anfrage der SPD, BT 10/5970 S. 1/2.
2) ZRP 1989, 7.
3) Stein/Jonas/Schlosser, ZPO, Anm. III vor § 645, was zunächst durchaus str. war, s. Holzhauer B 20 f m.w.Nachw.
4) Vgl. Mugdan I S. 387.
5) Baumbach/Albers, ZPO, § 653 Anm. 2 A.

formdiskussion wird mit davon geprägt, daß beanstandet wird, die Anordnung der in der Praxis vorgedrungenen Zwangspflegschaft müsse ohne das rechtsstaatlich durchnormierte Verfahren wie nach §§ 645 ff ZPO auskommen. Dieses Verfahren ist jedoch seinerseits verfahrens-[6] und verfassungsrechtlicher[7] Kritik ausgesetzt.

Ein Entmündigungsverfahren wird nur auf Antrag durchgeführt (§§ 645 Abs. 2, 680 Abs. 2 ZPO). Antragsberechtigt sind insbesondere der Ehegatte, bestimmte Verwandte und Sorgeberechtigte und bei der Entmündigung nach § 6 Abs. 1 Nr. 1 BGB auch der Staatsanwalt (§§ 646, 680 Abs. 3 ZPO).

Über den Antrag entscheidet mit ausschließlicher Zuständigkeit das Amtsgericht (§§ 648, 680 Abs. 3 ZPO) des allgemeinen Gerichtsstandes des Betroffenen (durch den Richter). Das Amtsgericht ermittelt von Amts wegen (§ 653 ZPO), bei einer Entmündigung wegen Geisteskrankheit oder -schwäche unter Zuziehung eines Sachverständigen (§§ 649, 655 ZPO). Der Betroffene ist (in der Regel) persönlich zu hören (§ 654 ZPO). Die Ausnahmeregelung nach § 654 Abs. 3 ZPO ist eng auszulegen[8].

Bei der Entscheidung ist das Gericht grundsätzlich an den Antrag gebunden. Es kann jedoch auf einen Antrag, der auf Entmündigung wegen Geisteskrankheit gerichtet ist, die geringer eingreifende Entmündigung wegen Geistesschwäche aussprechen[9], nicht jedoch in umgekehrter Richtung[10].

---

6) S. z.B. van Delden ZRP 1979, 34 f und Baumbach/Albers § 653 Anm. 1 B.

7) Z.B. Waldner NJW 1982, 316, 318 f.

8) Soergel/Fahse § 6 Rz. 48; Baumbach/Albers § 654 Anm. 3 a - c.

9) Palandt/Heinrichs § 6 Anm. 6 b; Soergel/Fahse § 6 Rz. 53 m.w.Nachw. in Fn. 30.

10) OLG Hamm MDR 1971, 582; Baumbach/Albers § 645 Anm. 2 B; anders noch RGZ 68, 402 ff.

Der Entmündigungsbeschluß wird bei Entmündigung wegen Geisteskrankheit mit Zustellung an den gesetzlichen Vertreter oder Bestellung des Vormunds (§ 661 Abs. 1 ZPO), bei Entmündigung wegen Geistesschwäche, Verschwendungssucht, Trunksucht oder Rauschgiftsucht mit Zustellung an den Entmündigten wirksam (§§ 661 Abs. 2, 683 ZPO).

Der ablehnende Beschluß kann durch die sofortige Beschwerde (§§ 663, 680 Abs. 3 ZPO), der Entmündigungsbeschluß kann durch Klage angefochten werden (§§ 664, 684 ZPO), eine auch verfassungsrechtlich nicht uninteressante Differenzierung[11].

Die Entmündigung ist aufzuheben, wenn der Entmündigungsgrund wegfällt (§ 6 Abs. 2 BGB). Wiederbemündigungen sind jedoch recht selten[12]. Die Entmündigungsentscheidung hat in der Vielzahl der Fälle lange dauernde Wirkung[13].

Die Anordnung der Gebrechlichkeitspflegschaft erfolgt grundsätzlich durch den Richter (§ 14 Nr. 4 RpflG) des Amtsgerichts als Vormundschaftsgericht (§§ 35, 38, 36 FGG) am Wohnsitz, hilfsweise Aufenthaltsort[14], des Betroffenen. Die Anordnung trifft der Rechtspfleger bei Pflegschaften für die Geltendmachung von auf öffentlichem Recht beruhenden Renten oder ähnlichen Ansprüchen[15].

Das Verfahren ist von Amts wegen einzuleiten und zu führen (§ 12 FGG). Anders als im ZPO-Entmündigungsverfahren ist eine förmliche Antragstellung (Antrag im engeren Sinne) nicht vorgesehen. In vielen Fällen wird das Verfahren jedoch durch An-

---

11) Waldner NJW 1982, 316, 317.

12) BT 10/5970 S. 10/11.

13) Zenz u.a. S. 13 m.w.Nachw.; BtG-DiskE I S. 24.

14) Über den entscheidenden Zeitpunkt besteht Streit, s. Keidel/Kuntze, FGG, § 38 Rz. 2 a m.Nachw. des Streitstandes.

15) § 14 Nr. 4 RpflG. - Keidel/Kuntze § 38 Rz. 5.

regungen von Familienangehörigen, die ihrerseits zum Teil auf Veranlassung von Behörden handeln, im übrigen sehr oft durch unmittelbare Anregungen von Behörden veranlaßt[16].

Das FGG enthält wenige eigenständige Verfahrensregelungen. Als vorkonstitutionelles Gesetz ist es auf der Grundlage konzipiert, daß der seinerzeitige Gesetzgeber annahm, die Vormundschaftsgerichte würden durch die Amtsmaßnahmen den rechtsunterworfenen Bürgern das angemessene Recht zukommen lassen. Die Beteiligungsrechte in der Ausformung durch das Grundgesetz waren insoweit noch nicht in Erwägung gezogen.

Soweit das FGG durch das Sorgerechtsgesetz[17] in den §§ 50 a ff eine Änderung erfahren hat, ist eine Stärkung der Position der Beteiligten erstrebt worden. Die verfassungsrechtlichen Postulate auf Beteiligung sind damit aber nicht insgesamt in das FGG integriert worden, sie sind weiterhin eigenständig zu beachten[18]. Sie gehen erheblich weiter. Das Sorgerechtsgesetz hat auch die erst von der Rechtsprechung herausgearbeiteten Grundsätze[19] über die Verfahrensabwicklung, von der Frage der Verfahrensfähigkeit über das Erfordernis der Beiziehung von Sachverständigen bis zur Befugnis, Rechtsmittel einzulegen, unberührt gelassen[20], obwohl nicht erst seit neuerer Zeit bekannt ist, daß diese Grundsätze jedenfalls im Verfahren der Pflegschaft für Volljährige weniger effektiv sind[21]. Durch die Rückanbindung der Kriterien zu § 1910 Abs. 3 BGB (Verständigungsmöglichkeit = Geschäftsfähigkeit) an die Inhalte des Entmündigungsrechts[22] ergibt sich, daß betroffene (auch nur par-

---

16) D. Lempp FamRZ 1987, 768.
17) Vom 18.7.1979 (BGBl. I S. 1061).
18) BVerfG NJW 1988, 125.
19) Darstellung der Entwicklungsstufen bei Hendel FamRZ 1982, 1058 ff und Bienwald in Beiträge S. 71 f, 74 ff.
20) MünchKomm/Goerke § 1910 Rz. 28 a.
21) Bobenhausen Rpfleger 1986, 248, 249.
22) Bienwald FamRZ 1987, 533, 540.

tiell) Geschäftsunfähige (§ 104 Nr. 2 BGB) selbst weder einen wirksamen Einleitungsantrag noch einen Aufhebungsantrag (§ 1920 BGB) stellen können. Inwieweit diese nach ganz überwiegender Meinung zutreffende Behauptung bei partieller Geschäftsunfähigkeit letztlich haltbar ist, ist wohl offen[23]. Die partielle Geschäftsunfähigkeit wird in der Regel auf den materiellen Gegenstand, nicht das Verfahren bezogen sein. Die Behauptung, der Verfahrensvorgang sei Annex der materiellen Beeinträchtigung bestätigt den Willen, das Phänomen mit diesem Rechtsinstitut zu lösen. Diese medizinische wie juristische Zuordnung dürfte aber durchaus problematisch sein. - Dagegen werden die Betroffenen für verfahrensfähig[24] für die Anordnung wie das Beschwerdeverfahren gehalten. Diese Verfahrensfähigkeit soll allerdings für das Bestellungsverfahren (Auswahl und Verpflichtung des Betreuers) wie bei einem Pflegerwechsel und sonstigen Folgeentscheidungen fehlen[25].

Zu betonen ist die rechtsstaatlich orientierte Ausformung der Verfahrensfähigkeit außerhalb der gesetzlichen Bestimmungen. Mit diesem Verständnis haben die Instanzgerichte versucht, den verfasungsrechtlichen Anforderungen[26] Rechnung zu tragen. Die Reform will daran anknüpfen und die Rechte der zu Betreuenden noch ausbauen. Das Dilemma des derzeitigen Verfahrensrechts ist im Schwerpunkt nicht das zutreffende Verständnis, sondern das Phänomen, mit welcher Selbstverständlichkeit die Praxis gelernt hat, anders zu handeln, als es diesem Selbstverständnis entspricht. Die tatsächliche Verfahrensabwicklung, von der

---

23) So zu Recht Bienwald in Beiträge S. 79 und in Fn. 49 (S. 95).

24) Seit BGHZ 35, 1, 9 f mit Bestätigung in BVerfGE 19, 93, 99 nicht mehr bestritten.

25) KG FamRZ 1966, 320; BayObLG MDR 1969, 145; OLG Karlsruhe FamRZ 1983, 312 ff; BayObLG FamRZ 1988, 433/434 (LS); Soergel/Damrau § 1910 Rz. 24; Palandt/Diederichsen § 1910 Anm. 5; a.A. Hendel FamRZ 1982, 1058, 1062.

26) S. BVerfG a.a.O. (Fn. 24)

das Bundesverfassungsgericht annahm, mit den durch die Rechtsprechung entwickelten Vorgaben seien rechtsstaatliche Abläufe gewährleistet[27], ist häufig problematisch[28].

Ein wesentlicher faktischer Unterschied zwischen Entmündigung und Pflegschaftsverfahren findet sich gegenwärtig noch in der Dauer der Verfahren bis zum Beginn der Tätigkeit des Regelbetreuers. Während allein das Entmündigungsverfahren oft ein Jahr und länger dauert[29], kann bei einer Anregung nach § 1910 BGB damit gerechnet werden, daß der Pfleger binnen zwei bis vier Monaten seine Tätigkeit aufnimmt[30]. Ein nicht unerheblicher Teil dieser letzteren Zeitspanne vergeht durch das Zuwarten auf die Eignungsstellungnahme des Jugend- oder Sozialamtes[31]. Schon dieser Zeitraum wird nicht nur in Kliniken für problematisch gehalten, insbesondere in den Fällen, in denen Senioren z.B. nach häuslichen Unfällen einem Heim zugeführt werden sollen, sich selbst (partiell geschäftsunfähig) weigern oder schweigen und im Klinikbett ohne akuten Krankenhausbehandlungsbedarf auf die Entscheidung des zu bestellenden Betreuers warten[32].

Dieses Zeitproblem scheint bei den Reformvorschlägen etwas aus den Augen verloren gegangen zu sein. Das neue Verfahren ist tendenziell erheblich schwerfälliger als das gegenwärtige Pflegschaftsverfahren.

---

27) BVerfGE 19, 93, 99.

28) Vgl. z.B. Moser Rpfleger 1984, 45, 48.

29) Hinzuzurechnen ist die Zeit für das Auswahl- und Verpflichtungsverfahren bis zum Beginn der Tätigkeit.

30) Zenz u.a. S. 25; Pardey, Vormundschaft und Pflegschaft, S. 28/29.

31) Auch in den klassischen Bereichen der Jugendamtstätigkeit ist mit einem derartigen zeitlichen Hemmfaktor zu rechnen, s. Münder, Familien- und Jugendrecht, S. 103.

32) Bis zu 75 % der Bewohner von Pflegeheimen werden über einen Krankenhausaufenthalt dorthin zugewiesen (Bruder C 20).

12.2. Verfahren nach der Reform und Kritikansätze

Die Reform will die gegensätzlichen Tendenzen der Entmündigungs- und Pflegschaftsanordrungsverfahren auffangen und vereinheitlichen. Das schwerfällige Entmündigungsverfahren soll aufgegeben, das anpassungsfähige Pflegschaftsverfahren ausgebaut und rechtsstaatlich gesichert werden. Daß sich daraus die Gefahr eines Rückschlages der Tendenz der Abwendung von dem Entmündigungsverfahren ergeben kann, liegt nahe. Andererseits war und ist diese Tendenz ja nicht nur (aber auch!) verfahrensbezogen, sondern will materielle Stigmatisierung vermeiden. Das soll durch die Entwürfe im materiellen Recht vorgegeben werden. Aus den vorgeschlagenen diffusen[33] materiellen Vorgaben können sich aber keine Hilfen für die Einschätzung der verfahrensrechtlichen Probleme ergeben. Die Entwürfe sind darüber hinaus dadurch belastet, daß sie von einem rechtstatsächlich unzutreffenden Verständnis der Anlässe für Betreuungsverfahren ausgehen. Nahezu jeder Heimleiter betroffener Einrichtungen pflegt z.B. als selbstverständlich zu berichten, daß grundsätzlich nur ein Bruchteil der betreuten Volljährigen gesetzlich vertreten wird, dies aber im Einzelfall natürlich geändert werde, wenn Erbschaften abzuwickeln seien oder Behörden, Versicherungen und dergl. im Zusammenhang mit der Abwicklung von Zahlungen auf einer rechtlich sicheren (befreienden) Leistungsmöglichkeit an einen (gesetzlichen) Vertreter bestehen. Das korrespondiert mit den oben behandelten[34] Interessen an der Einleitung und Klarstellung entsprechender Kompetenzen. Dadurch, daß die Entwürfe das Bedürfnis nach Klärung des Umfanges der Eigenverantwortlichkeit der zu Betreuenden als grundsätzliches Phänomen - im Gegensatz zu den eigenen Detailregelungen[35] - negieren, wird für die Verfahren ein weiteres Problem vorgegeben. Verfahrenseinleitende Anträge der Betreu-

---

33) Bürgle NJW 1988, 1881, 1883 "viel zu unbestimmt". - S. oben 4.

34) S. unter 5.

35) S. z.B. §§ 1600 d, 1600 k, 1617, 1618 BGB und insbes. § 6 AsylverfG jeweils i.d.F. d. BtG/BR-E (dort S. 75).

ten können in der Regel nur noch Anlaß für Prüfungen, nicht mehr verläßliche Grundlage verfahrensrechtlicher Differenzierungen sein[36]. In § 1896 I 2 BGB i.d.F. BtG/BR-E heißt es konsequent, der Antrag könne auch von einem Geschäftsunfähigen gestellt werden. Das entspricht der rechtsstaatlich orientierten Stärkung seiner Verfahrensfähigkeit (vgl. § 66 FGG i.d.F. BtG/BR-E). Dem entspricht, daß der Aufhebungsantrag (§ 1908 d II BGB i.d.F. BtG/BR-E) im Ergebnis nur noch Anregung zur Beendigung der Betreuung ist. Sie wird weitergeführt, wenn sie "von Amts wegen erforderlich ist". Ein sprachlich interessanter Bezug des "erforderlich".

In den vorgeschlagenen Verfahrensvorschriften[37] findet sich ein weiterer Gegensatz zu den materiellen Normen bei der Bezeichnung des Gerichts. Während das materielle Recht vom "Vormundschaftsgericht" als zuständigem Gericht ausgeht, ist im FGG nur noch von dem "Gericht" - nach der Überschrift vor § 65 FGG - "für Betreuungssachen" die Rede, das allerdings das Verfahren "an ein anderes Vormundschaftsgericht" (§ 65 a FGG i.d.F. BtG/BR-E) abgeben kann. Es ist eben sehr schwer, sich aus den hergebrachten Denkschemata zu lösen, zumal wenn ein neues Konzept dazu neigt - jedenfalls in erheblichen Teilen -, "alten Wein in neue Schläuche" zu gießen.

Das neue Recht will die Verfahrensposition des Betroffenen stärken (§ 66 FGG)[38] und ihm, soweit erforderlich, mit einem Verfahrenspfleger helfen (§ 67 FGG). Das Gericht hat den Betroffenen grundsätzlich persönlich vor der Bestellung anzuhören (§ 68 FGG), was nicht durch einen ersuchten Richter erfolgen <u>soll</u>. Die Anhörung kann z.B. unterbleiben, wenn

> der Betroffene nach dem unmittelbaren Eindruck des Gerichts offensichtlich nicht in der Lage ist, seinen Willen kundzutun (§ 68 II Nr. 2 FGG).

---

36) S. oben 3.2.2.3.

37) S. Anhang (Textauszug).

38) Hier und unmittelbar folgend jeweils: FGG i.d.F. BtG/BR-E.

In dem Verfahren soll die "zuständige Behörde" gehört werden können (§ 68 a FGG). Diese zuständige Behörde ist nach dem "Gesetz über die Wahrnehmung behördlicher Aufgaben bei der Betreuung Volljähriger (Betreuungsbehördengesetz - BtBG)" die nach Landesrecht bestimmte Behörde. Es steht zu erwarten, daß danach zukünftig das Jugendamt als "zuständige Behörde nach dem BtBG" tätig wird. Was das für die Betroffenen bedeuten würde, liegt auf der Hand. Das würde auch dann nicht besser, wenn die Jugendämter sich eine zweite Art von Briefbögen und ein zweites Türschild beschafften.

§ 68 b FGG sieht grundsätzlich die Anhörung eines Sachverständigen vor. Abweichungen sollen bei Antrag und Verzicht des Betroffenen möglich sein, wenn "die Einholung des Gutachtens insbesondere im Hinblick auf den Umfang des Aufgabenkreises des Betreuers unverhältnismäßig wäre".

In § 69 FGG ist in perfektionistischer Art der Mindestinhalt der Entscheidungen über Betreuerbestellung und Anordnung eines Einwilligungsvorbehalts geregelt. Daß der Vereins- oder Behördenbetreuer dabei nicht nur als Betreuer bezeichnet und ausgewiesen werden muß, sondern zusätzlich darauf hinzuweisen ist, daß es sich um einen Vereins- oder Behördenbetreuer handelt (gleichermaßen in der Bestallungsurkunde - § 69 b FGG -), wird im Alltag kaum hilfreich sein. Das Gesetz erstrebt auch eine sprachliche Vereinfachung für die betroffenen Laien. Warum es diesem helfen könnte zu erfahren, daß er nicht nur einen Betreuer, sondern sogar einen Behördenbetreuer vor sich hat, ist wenig klar. Solche begrifflichen Bezugnahmen auf nicht gleichzeitig mitgeteilte Sonderregelungen sind außerhalb juristischer Fachkreise in der Regel wenig plausibel zu machen. (Daß der Vereinsbetreuer später wieder zu einem Betreuer "als Privatperson" - § 1908 b IV 2 BGB i.d.F. BtG/BR-E - werden kann, sei als weiteres Verwirrungspotential am Rande erwähnt.) Der Betreuer wird mündlich verpflichtet (§ 69 b FGG). Die Vertretungsmacht entsteht dabei interessanterweise <u>vor</u> dieser mündlichen Einweisung und Verpflichtung (s. § 69 a III 1 FGG).

Sofern ausnahmsweise ein Verein oder die zuständige Behörde bestellt worden ist, ist eine Prüfung nach spätestens jeweils einem Jahr (§ 69 c FGG), sonst jeweils eine Überprüfung nach spätestens fünf Jahren (§ 69 I Nr. 5 FGG) vorgesehen. Demgegenüber ist für Altfälle, die bereits länger als zehn Jahre bestanden haben, zwar ebenfalls eine Frist von fünf Jahren, im übrigen aber eine Übergangslaufzeit von zehn Jahren vorgesehen (Art. 9 § 2 BtG/BR-E)[39]. Als Begründung wird dazu nur angegeben, die Arbeitsbelastung der Gerichte dürfe nicht außer Acht gelassen werden[40], eine im Hinblick auf Art. 3 I GG eher weniger einleuchtende Argumentation für eine Fristverdoppelung. Zu einer verfassungsgerichtlichen Entscheidung wird es zwar insoweit kaum kommen, weil die Betroffenen, die sich wehren, damit ohnehin die Überprüfung veranlassen. Im Hinblick auf die Erfahrungen der letzten 20 Jahre erscheint es aber überdenkenswert, ob die befürchtete Arbeitsbelastung der Gerichte zureichender Grund sein soll, gerade die nicht wehrhaften Hilflosen von den versprochenen Vorteilen der Überprüfungen für immerhin zusätzliche fünf Jahre auszuschließen.

Für die praktische Arbeit der verwandten Betreuer mit den Gerichten wird sich § 1908 i II 3 BGB i.d.F. BtG/BR-E erheblich auswirken. Eltern, Ehegatten und Abkömmlinge sollen wie Vereins- und Behördenbetreuer befreite Betreuer (s. § 1857 a BGB) sein, "soweit das Vormundschaftsgericht nichts anderes anordnet". Für die Eltern, Vereinsmitarbeiter und Behördenangestellten bleibt dadurch das gegenwärtige Recht erhalten. Es wird jedoch auf die Ehegatten ausgeweitet, was auch im Hinblick auf Art. 6 I GG seit langem überfällig ist. Ehegatten ist z.Zt. kaum klarzumachen, warum sie als Betreuer plötzlich gemeinschaftliche Konten auflösen müssen (diese Pflicht bleibt - problematisch - unberührt) und den Haushaltsbedarf wie die sonstigen Kosten abrechnen sollen, obwohl sie nur so weiterwirtschaften wie seit Jahren - bisher unbeanstandet und unkon-

39) S. 103 BtG/BR-E.

40) S. 644 BtG/BR-E.

trolliert -. Zweifelhaft ist die Ausweitung der Befreiung auf Kinder. Die liebevoll fürsorgenden Kinder waren nie ein Problem. Im Bereich der Abkömmlinge gibt es aber schon jetzt viel Streit[41], nicht zuletzt offenbar aus der Sorge, im Erbfall benachteiligt zu werden. Verfassungsrechtliche Bedenken werden letztlich durch die Regelungskompetenzen des Vormundschaftsgerichts aufgefangen. Glücklich erscheint die Grundsatzbefreiung mit Ausnahmemöglichkeit nicht. Naheliegender wäre der gegenteilige Weg gewesen.

12.3. Besondere Problempunkte im Verfahren nach dem BtG/BR-E

In der Diskussion nach den BtG-DiskE ist den Verfahrensbestimmungen relativ wenig Aufmerksamkeit geschenkt worden. Soweit diese Bestimmungen Gegenstand der Erörterungen waren, ist in der Regel davor gewarnt worden, das Verfahren zu überfrachten[42]. Praktiker pflegen bei den gegenwärtigen Diskussionen auf Fortbildungsveranstaltungen gerne zu betonen, das werde später dann schon von der Praxis "zurechtgerückt". Dem wollten die BtG-DiskE noch zuvorkommen. Der BtG/BR-E hat sich inzwischen aber der Kritik zum Teil gebeugt; ein Teil der Verfahrensvorschriften ist relativiert worden, nämlich für die Bestellung eines Verfahrenspflegers, die Anhörungen, das Schlußgespräch, die Behördenbeteiligung und an anderen Stellen[43]. Der BtG-RefE sprach auch insoweit davon, die Kriterien seien "flexibler ausgestaltet" worden. Man wird bei der weiteren Diskussion darauf achten müssen, daß sich die als positiv gedachte Flexibilität nicht zu einem negativ auswirkenden Ausstiegsansatz entwickelt.

---

41) Symptomatisch der Antrag der Tochter in OLG Hamm Rpfleger 1989, 61.

42) Auflistung der Stellungnahmen dazu bei Schumacher ZRP 1989, 7, 8.

43) Zusammenfassung S. 90 f der Begründung des BtG-RefE. Der BtG/BR-E hat diese Relativierungen übernommen.

Schumacher meldet gegen die jetzt vorgeschlagene Regelung über die Voraussetzungen für die Bestellung von Verfahrenspflegern verfassungsrechtliche Bedenken an[44]. Grundsätzlich sei in jedem Betreuungsverfahren ein Verfahrenspfleger zwingend vorzuschreiben. Ausnahmen seien nur für die - nach Schumacher praktisch seltenen - Antragsverfahren vorgesehen worden. Diese Differenzierung stößt schon vom Ansatz her nach den Regelungen des BtG/BR-E ins Leere. Eine derartige Ausnahme würde den Antrag eines Betroffenen voraussetzen, der nicht nur nach § 66 FGG i.d.F. BtG/BR-E verfahrensfähig ist, sondern so informiert und entscheidungsfähig, daß er zu einer Wahrung seiner Interessen nachhaltig in der Lage wäre[45]. Zutreffend ist es aber, daß es gilt, den Tendenzen zur Rücknahme der Bestellung von Verfahrenspflegern entgegenzutreten. Das BVerfG hat (zum Minderjährigenrecht) betont[46]:

> "a) Wegen seiner sich aus Art. 6 II 2 und Art. 2 I GG ergebenden Schutzpflichten hat der Staat für sorgerechtliche Verfahren auch in verfahrensrechtlicher Hinsicht normative Regelungen zu schaffen, die eine hinreichende Berücksichtigung der grundrechtlichen Stellung des betroffenen Kindes garantieren (vgl. BVerfGE 55, 171 (179) = NJW 1981, 217). Ob die bestehende Gesetzeslage der "Subjektstellung" des Kindes in den Verfahren, in denen es um sein Schicksal geht, in ausreichendem Maße Rechnung trägt, ist Gegenstand eingehender Erörterungen (vgl. Tagungsberichte - Protokolldienste 14/83 und 27/84 der Pressestelle der Evangelischen Akademie Bad Boll). In diesem Zusammenhang wird ein eigener Interessenvertreter für das minderjährige Kind gefordert. Indessen ist hier nicht näher auf den "Anwalt des Kindes" einzugehen. Er ist derzeit als Institution nicht vorhanden, so daß er auch nicht als Vertreter der Bf. zu 1 im verfassungsgerichtlichen Verfahren in Frage kommt.
> b) Wer unter elterlicher Sorge oder Vormundschaft steht, erhält für Angelegenheiten, an deren Besorgung die Eltern oder der Vormund verhindert sind, einen Pfleger (§ 1909 I 1 BGB). Ob und unter welchen Voraussetzungen ein noch nicht 14jähriges Kind im Verfahren der freiwilligen Gerichtsbarkeit über die Regelung der elterlichen Sorge eines Pflegers bedarf, wird in Rechtsprechung und Literatur

---

44) ZRP 1989, 7, 8 f unter IV 1.

45) Dasselbe Problem ergibt sich auch für sonstige Differenzierungen nach dem Antrag bis hin zu der von Rink Rpfleger 1989, 14 erörterten Zuständigkeitsabgrenzung.

46) BVerfG NJW 1986, 3129, 3130.

> kaum behandelt (vgl. März, FamRZ 1981, 737). Die weitere Frage nach der Notwendigkeit der Bestellung eines Ergänzungspflegers für das Verfassungsbeschwerdeverfahren, wenn Eltern wegen eines Interessenwiderstreits an der Erhebung der Verfassungsbeschwerde für ihre minderjährigen Kinder verhindert sind, ist bisher weder in der Rechtsprechung des BVerfG noch in einschlägigen Kommentaren erörtert worden.
> Künftig wird in Fällen der vorliegenden Art ein Ergänzungspfleger zu bestellen sein, sofern der Gesetzgeber nicht in anderer Weise für eine hinreichende Berücksichtigung der Kindesinteressen im Verfassungsbeschwerdeverfahren sorgt."

Diesem Beschluß ist zu entnehmen, daß es letztlich Aufgabe des Gesetzgebers ist, in jedem gerichtlichen Verfahren Vorkehrungen zu treffen, daß für die, die sich nicht selbst helfen können, eine Artikulierung der eigenen Interessen erfolgt. Die abstrakte Orientierung an ihrem Wohl genügt nicht. Man wird § 67 I 1 FGG i.d.F. BtG/BR-E als Generalklausel verstehen können und die anschließenden Beispiele als zwingende Fälle einer Anordnung. Dies Verständnis entspricht dem Ziel des BtG/BR-E[47]. Sprachlich ist dies im Text allerdings nur angedeutet. Die Fälle sollten mehr als Regelbeispiele betont werden. Bei verfassungskonformer Auslegung ergeben sich insoweit jedoch keine Einwände.

Nach den Vorstellungen des BtG/BR-E soll vor der Bestellung eines Betreuers stets ein Sachverständigengutachten einzuholen sein (§ 68 b FGG i.d.F. BtG/BR-E)[48], es sei denn, der Betreute habe die Betreuung beantragt, auf ein Gutachten verzichtet und die Einholung eines Gutachtens wäre im Hinblick auf den Aufgabenkreis unverhältnismäßig. - Es ist bereits wiederholt dargelegt worden, daß an seine Erklärung (Antrag) dann keine Folgerungen zu seinen Lasten anzuknüpfen sind, wenn er einsichtsunfähig ist. Das Rechtsstaatsprinzip verlangt, daß Entscheidun-

---

47) Begründung S. 555 f.

48) Das entspricht den bei § 1910 Abs. 3 BGB zum geltenden Recht entwickelten Grundsätzen, s. z.B. BayObLG Rpfleger 1982, 67 f.

gen nur auf einer ausreichend geklärten tatsächlichen Grundlage getroffen werden[49]. Zwar sind die Anforderungen weniger streng, wenn es z.B. nicht um Eingriffe in die Bewegungsfreiheit, sondern "nur" um Eingriffe in die allgemeine Handlungsfreiheit geht. Auch dann ist jedoch keine Freistellung von jeder Klärungspflicht anzunehmen. Die Erklärung eines Einwilligungsunfähigen kann nicht von der Aufklärungspflicht befreien. Antrag i.S. des § 68 b I 2 FGG i.d.F. BtG/BR-E kann also nur ein solcher sein, dessen Wirksamkeit feststeht.

Nach § 68 b Abs. 1 S. 5 FGG i.d.F. BtG/BR-E scheint es Sache des Sachverständigen zu sein, über den Umfang seines Gutachtens selbst zu befinden. Es heißt dort:

"Kommt nach Auffassung des Sachverständigen die Bestellung eines Betreuers in Betracht, so hat sich das Gutachten auch auf ....."

Wenn aus dieser Vorschrift abgeleitet würde, dem Sachverständigen sei die Feststellung der Krankheit wie der Betreuungsbedürftigkeit übertragen, wäre dies verfassungswidrig[50]. In Art. 2 Abs. 2 GG ist mit seiner freiheitssichernden Ausrichtung eine verfassungsrechtliche Grundlage für das Gebot eines fairen, rechtsstaatlichen Verfahrens festgeschrieben[51]. Das Gericht hat verfassungsrechtliche Mindesterfordernisse für eine zuverlässige Sachverhaltsermittlung zu erfüllen[52]. Zwar ist damit die einfach-gesetzliche Ausgestaltung wie deren Auslegung nicht im einzelnen vorgegeben. Es muß jedoch sichergestellt sein, daß die alleinige Entscheidung durch den Richter nicht in Frage gestellt wird. Der Sachverständige ist Helfer des Gerichts, nicht selbständig Entscheidungsträger. - Verfassungsrechtlich haltbar ist § 68 b Abs. 1 S. 5 FGG i.d.F. BtG/BR-E danach nur, wenn er dahin verstanden wird, daß eine Gut-

---

49) BVerfGE 70, 297, 308.

50) Vgl. BVerfGE 70, 297, 308, 310 f.

51) BVerfGE a.a.O. S. 308.

52) BVerfGE 58, 208, 222, 230.

achtenerstattung durch diesen Sachverständigen zu dem Aufgabenkreis und der voraussichtlichen Dauer der Betreuungsbedürftigkeit deshalb entbehrlich ist, weil es sich nach seiner Vorfeststellung nur um ein Hilfsgutachten handeln könnte. Problematisch bleibt, überhaupt von einer Kompetenz des Sachverständigen zur rechtlichen Umsetzung seiner Feststellung ("kommt nach Auffassung des Sachverständigen ..... in Betracht") auszugehen. Verfassungskonform kann die Norm jedenfalls nur dahin verstanden werden, daß eine derartige Kompetenz lediglich überprüfungsbedürftige Anregung sein kann, der Richter insbesondere gehalten ist, das Gutachten selbst zu würdigen und dann einen anderen Sachverständigen mit der Erstellung des fehlenden Teils zu beauftragen, wenn nach der Überzeugung des Gerichts eine Betreuungsbedürftigkeit doch in Betracht kommt.

Der BtG/BR-E sieht die Möglichkeit vor, den Betroffenen dem Gericht vorführen zu lassen (§§ 68 Abs. 3, 68 b Abs. 3 FGG i.d.F. BtG/BR-E). Zur Entscheidung, auch über einen Unterbringungsantrag (Anregung), soll eine Anstaltsunterbringung möglich sein, soweit dies zur Vorbereitung eines Gutachtens erforderlich ist (§§ 68 b Abs. 4, 70 e Abs. 2 FGG i.d.F. BtG/BR-E). Der BtG/BR-E will mit der beobachtenden Unterbringung "einem dringenden Bedürfnis der Praxis"[53] abhelfen.

Alle drei Maßnahmen erscheinen verfassungsrechtlich nicht unbedenklich. Zu betonen ist wieder, daß das Ziel in der Regel eine Schutzmaßnahme zugunsten des Betroffenen ist, die ihrerseits nur über einen Eingriff in seine Freiheit gewährt werden kann. (Derartige Maßnahmen im Hinblick auf Drittinteressen werden auch wegen der materiellen Änderungen im Unterbringungsrecht selten in Betracht kommen.) Die Eingriffe sind legitim, wenn der Betroffene die Freiheit nicht eigenverantwortlich nutzen kann, vielmehr unkontrolliert erhebliche Selbstschädigungen verursacht oder wenn die Gefahr dazu besteht. In einem sozialen Rechtsstaat ist auch die entsprechende Aufklä-

---

53) BtG-DiskE I S. 183; BtG-RefE S. 164; BtG/BR-E S. 566.

rung und Feststellung der Hilfsbedürftigkeit geboten. - Eine Vorführung unter Berufung auf Art. 103 Abs. 1 GG ist nicht möglich. Art. 103 Abs. 1 GG begründet ein Äußerungsrecht, keine grundsätzlich bestehende Pflicht. Die Vorführungen können deshalb nur im Kontext der Aufklärungspflicht gesehen werden. Wenn der Staat in der Doppelpflicht zur Hilfe und der vorherigen Klärung steht, wird er den Betroffenen zur Mitwirkung nötigenfalls über die Vorführung zwingen können, wenn dringende Gründe für das Erfordernis einer Anordnung bestehen und eine Aufklärung ohne das Erscheinen des Betroffenen nicht möglich ist[54]. Ergänzt man die Vorschriften der §§ 68 Abs. 3, 68 b Abs. 3 FGG i.d.F. BtG/BR-E um eine derartige verfassungskonforme Eingrenzung, können sie als unproblematisch angesehen werden. Glücklich ist es nicht, die Vorführung in § 68 Abs. 3 FGG i.d.F. BtG/BR-E schon bei jeder Mitwirkungsverweigerung vorzusehen.

Anders ist jedoch die Unterbringung zur Klärung der Entscheidungsvoraussetzungen zu bewerten. Einschränkungen der Freiheit erfordern eine strenge Prüfung der Eingriffsvoraussetzungen auch ausgerichtet an dem Grundsatz der Verhältnismäßigkeit[55]. Grundsätzlich kann eine Unterbringung (zum Schutz gegen Selbstgefährdung) nur angeordnet werden, wenn alle Voraussetzungen zweifelsfrei feststehen[56]. Gerade bei Unterbringungen ausschließlich zum Schutz gegen Selbstgefährdungen ist dies lediglich selbstverständliche Folge der grundsätzlichen Freiheitsvermutung[57].

§§ 68 b Abs. 4, 70 e Abs. 2 FGG i.d.F. BtG/BR-E sehen die beobachtende Unterbringung nach Anhörung eines Sachverständigen schon dann vor, wenn dies zur Erstattung eines Gutachtens erforderlich ist. Das Gutachten soll erst die Prüfung der Ent-

---

54) S. auch BVerfGE 58, 208, 220 f, 223.
55) BVerfGE 58, 208, 224, 227.
56) Schmidt-Bleibtreu/Klein, Art. 104 Rz. 8.
57) BVerfGE 63, 340, 342.

scheidungsvoraussetzungen ermöglichen. Danach würden schon bloß tatsächliche Anhaltspunkte, die nach sachverständiger Stellungnahme so nicht klärbar sind, eine beobachtende Unterbringung ermöglichen. Das wäre verfassungswidrig. Diese weite Vorschrift kann auch nicht mit sonstigen einfach-gesetzlichen Anhaltspunkten so weit eingeengt werden, daß sie Bestand behalten könnte. - Schon die Unterbringungsvoraussetzungen müssen entsprechend einengend interpretiert werden (§ 1906 Abs. 1 Nr. 2 BGB i.d.F. BtG/BR-E). Für die Unterbringung nach § 1906 Abs. 1 Nr. 1 BGB i.d.F. BtG/BR-E kann eine vorbereitende Unterbringung in Betracht kommen, wenn die Selbsttötungsgefahr oder die Gefahr erheblicher gesundheitlicher Eigenschädigungen feststeht, hinreichende Anhaltspunkte für eine bestehende psychische Erkrankung wie Einsichtsunfähigkeit bestehen, diese jedoch ohne die Beobachtung nicht verifiziert werden können. Der staatliche Schutz kann schon einsetzen, wo die Selbstbestimmung erheblich beeinträchtigt ist[58]. Es muß nicht feststehen, daß sie gänzlich aufgehoben ist. Diese Abstufungen müßte aber der Gesetzgeber festlegen[59]. Sie können nicht mehr im Wege einer Auslegung entwickelt werden, schon gar nicht zu § 68 b IV FGG i.d.F. BtG/BR-E.

Der BtG/BR-E sieht in § 70 g Abs. 5 FGG die Regelung der Einsetzung von unmittelbarem Zwang zur Durchsetzung von Unterbringungsentscheidungen vor. Die Kompetenz zur Sachregelung deckt auch diese Regelung der Zwangsmaßnahmen[60]. - In der Begründung heißt es dazu[61]:

> "Zivilrechtliche Unterbringungen werden nicht durch das Gericht oder eine Behörde vollzogen, sondern vom gesetzlichen Vertreter durchgeführt. Eine Vollzugsregelung ist daher grundsätzlich entbehrlich ....."

---

58) BVerfGE 58, 208, 225.

59) BVerfGE a.a.O. S. 224.

60) BVerfGE 58, 208, 227.

61) BtG-DiskE I S. 184 = BtG/BR-E S. 597.

Der insoweit vorausgesetzten Grundbewertung kann nicht gefolgt werden, wie oben im einzelnen dargelegt ist[62]. Wenn sich nicht einmal Strafgefangene ohne gesetzliche Grundlage eine Briefkontrolle gefallen lassen müssen[63], wird nicht mehr vertreten werden können, ein bestellter Betreuer habe als solcher Kraft der Struktur seiner Aufgabe Eingriffskompetenzen für den Vollzug seiner Entscheidungen, d.h. dem Betreuten z.B. auch nur Dinge wegzunehmen oder wegnehmen zu lassen. Soweit die in § 70 g V FGG i.d.F. BtG/BR-E genannte gerichtliche Entscheidung für die Umsetzung gebraucht wird, ist offen, auf welche materielle Ermächtigung sich das Gericht stützen soll. § 70 g V FGG i.d.F. BtG/BR-E wird ebensowenig wie § 33 FGG selbst die materielle Ermächtigung enthalten, diese vielmehr voraussetzen. Aus der Kompetenz des Betreuers, die selbst nur auf Verleihung beruht, kann das Gericht keine Ermächtigung ableiten. - Wenn das Betreuungsrecht eigenständig neben den im öffentlichen Recht angesiedelten Maßnahmen bleiben soll, müssen im BGB und/oder FGG entsprechende ergänzende Regelungen getroffen werden, wie sie z.B. in den PsychKGen und entsprechenden ordnungsrechtlichen Normen selbstverständlich sind.

---

62) Oben unter 10.

63) BVerfGE 33, 1, 9 ff.

13. Schlußbetrachtung

Das gegenwärtige Bild der gesetzlichen Betreuung Volljähriger wird durch das Vormundschaftsrecht geprägt. Alle Umsetzungsversuche haben außerhalb juristisch vorgebildeter Kreise wenig dazu beigetragen, den Pfleger als eigenständiges Phänomen verständlich zu machen[1]. Auch die Reformdiskussion neigt dazu, die Probleme von Vormundschaften und Pflegschaften eher gleichzusetzen. Das dringend nötige neue Recht wird diesem für juristische Feinarbeit wenig offenen Verständnishorizont in besonderem Maße Rechnung tragen müssen.

Die BtG-Entwürfe sind mit einem hohen Anspruch an sich selbst angetreten. Der bisher zu konstatierende Erosionsprozeß von den BtG-DiskE über die Anhörungen und den Referentenentwurf bis zum BtG/BR-E ist nicht unerheblich. Die eigentlichen Belastungen stehen für die parlamentarischen und diese begleitenden Erörterungen erst noch bevor. Die Reformdiskussion hat schon manches bewegt[2]. Andererseits darf der Kreis derer, die dadurch erreicht worden sind, nicht überschätzt werden. Außerhalb organisierter Hilfen scheint es bisher kaum gelungen zu sein, auch nur die Anliegen der Reform zu verdeutlichen.

Das mag mit daran liegen, daß die Entwürfe die eigenen Ziele selbst wenig konkret angeben. Dabei entsteht der Eindruck, es gelte primär, den weitgehenden Reformkonsens nicht zu gefährden. Flexibilität nach allen Seiten soll offenbar Zustimmung erleichtern, auch um den eigen Zeitplan (Verabschiedung bis Ende 1990) einhalten zu können.

---

1) Plakativ deutlich z.B. bei der "Arbeitshilfe zur Führung von Vormundschaften und Pflegschaften für Erwachsene" durch die fettgedruckte Überschrift:

Mach mit als Vormund!

(Zentrale des Sozialdienstes Katholischer Männer e.V. 1987).

2) Vgl. z.B. Rink/Bauer FamRZ 1988, 1229.

Man hat mir entgegengehalten, meine Überlegungen seien unergiebig, contraproduktiv und/oder destruktiv. Ich will deshalb noch einmal betonen, daß ich die Reform nicht sabotieren will, im Gegenteil ihre Durchsetzung begrüßen würde. Meine Ausführungen enthalten keine alternativen oder ergänzenden Gesetzesvorschläge, weil ich das Problem nicht in deren Ausgestaltung sehe, wie Regelungen des öffentlichen Rechts belegen. Ich meine aber, daß die Verfassung die von mir vermißten Folgebewertungen nicht vorgibt, sie aus ihr nicht extrahiert werden können. Dabei handelt es sich vielmehr um erforderliche rechtspolitische Festlegungen, die den Parteien wie dem Gesetzgeber im Rahmen seiner Gestaltungsfreiheit obliegen.

Ich habe versucht, darzulegen, warum der Versuch, solche Streit nahelegenden Festlegungen zu vermeiden, warum die Offenheit der Formulierungen zu einer Gefahr für die Reform werden. Die Verfassung gebietet, diese Unbestimmtheit zu konkretisieren. Aus der Tatsache, daß die Verfassung eine Konkretisierung fordert, kann aber nicht abgeleitet werden, sie könne aus ihr selbst abgelesen werden. Da den Entwürfen eigene neue Werte nicht beigegeben sind, kann diese Konkretisierung in vielen Teilen nicht über das hinausführen, was das geltende Recht bietet. Daraus ergibt sich die Gefahr der so begrenzten Reformdiskussion. Die Hoffnung auf ein neues Recht und dessen Diskussion absorbiert die Kräfte, die gebraucht werden, um aus dem gegenwärtigen Dilemma zu entkommen. Es ist zu befürchten, daß nach Verabschiedung und zweijähriger Anlauffrist sowie folgender negativer Auswertung erst mit dem begonnen wird, was heute nötig ist. Wir sollten von den Österreichern lernen, daß dieses neue Recht konkret vorbereitet und begleitet werden muß. Die Hoffnung, es liege (bei uns) nur an der fehlenden Einsicht, die durch Schulung erreicht werden könnte, erscheint sehr unbefangen. Wenn die Reform scheitert - was ihr nicht zu wünschen ist -, wären Jahre vertan. - Nötig sind gegenwärtig ständige (kleine) Schritte, bei denen die Erkenntnis wachsen wird, daß vor dem großen Sprung bekannt sein sollte, welches Ziel er (konkret) erreichen will. Die Belange der Betroffenen sind zu wichtig, als daß es zumutbar wäre, sie darauf zu vertrösten, über die (weiteren) Jahre werde die Entwicklung aus den einzelnen Fällen das Ziel noch konkretisieren. Persönliche Betreuung ist Zentralpunkt jeder Hilfe, in der Reformdiskussion jedoch bisher ein bloßes Blanko-Etikett zur beliebigen Beschriftung.

Anhang

Auszug aus dem BtG/BR-E (Verfahrensvorschriften)

III. Betreuungssachen

§ 65

(1) Für Verrichtungen, die die Betreuung betreffen, ist das Gericht zuständig, in dessen Bezirk der Betroffene zu der Zeit, zu der das Gericht mit der Angelegenheit befaßt wird, seinen gewöhnlichen Aufenthalt hat.

(2)

.

.

.

(5)

§ 65 a

(1) Für die Abgabe an ein anderes Vormundschaftsgericht gelten § 46 Abs. 1 Satz 1 und Abs. 2, § 36 Abs. 2 Satz 2 entsprechend. .....

(2) .....

§ 66

In Verfahren, die die Betreuung betreffen, ist der Betroffene ohne Rücksicht auf seine Geschäftsfähigkeit verfahrensfähig.

§ 67

(1) Soweit dies zur Wahrnehmung der Interessen des Betroffenen erforderlich ist, bestellt das Gericht dem Betroffenen einen Pfleger für das Verfahren. Die Bestellung ist erforderlich, wenn

1. nach § 68 Abs. 2 von der persönlichen Anhörung des Betroffenen oder nach § 69 a Abs. 1 Satz 2 von der Bekanntmachung der Entscheidungsgründe gegenüber dem Betroffenen abgesehen werden soll,
2. Gegenstand des Verfahrens die Bestellung eines Betreuers zur Besorgung aller Angelegenheiten des Betroffenen oder die Erweiterung des Aufgabenkreises hierauf ist; dies gilt auch, wenn der Gegenstand des Verfahrens die in § 1896 Abs. 4 und § 1905 des Bürgerlichen Gesetzbuchs bezeichneten Angelegenheiten nicht erfaßt,
3. Gegenstand des Verfahrens die Genehmigung einer Einwilligung des Betreuers in die Sterilisation (§ 1905 Abs. 2 des Bürgerlichen Gesetzbuchs) ist.

Die Bestellung soll unterbleiben oder aufgehoben werden, wenn der Betroffene von einem Rechtsanwalt vertreten wird.

(2) Die Bestellung erfolgt für jeden Rechtszug gesondert, erfaßt jedoch auch die Einlegung und Begründung eines Rechtsmittels.

§ 68

(1) Vor der Bestellung eines Betreuers oder der Anordnung eines Einwilligungsvorbehalts hat das Gericht den Betroffenen persönlich anzuhören und sich einen unmittelbaren Eindruck von ihm zu verschaffen. Den unmittelbaren Eindruck soll sich das Gericht in der Regel in der üblichen Umgebung des Betroffenen verschaffen, falls dieser nicht widerspricht. Das Gericht unterrichtet ihn über den möglichen Verlauf des Verfahrens. Verfahrenshandlungen nach Satz 1 sollen nicht durch einen ersuchten Richter erfolgen, sofern nicht Gegenstand des Verfahrens lediglich die Bestellung eines Betreuers mit dem Aufgabenkreis der Geltendmachung von Rechten des Betroffenen gegenüber seinem Bevollmächtigten (§ 1896 Abs. 3 des Bürgerlichen Gesetzbuchs) ist.

(2) Die persönliche Anhörung des Betroffenen kann unterbleiben, wenn

1. nach ärztlichem Gutachten hiervon erhebliche Nachteile für die Gesundheit des Betroffenen zu besorgen sind oder
2. der Betroffene nach dem unmittelbaren Eindruck des Gerichts offensichtlich nicht in der Lage ist, seinen Willen kundzutun.

Sobald die Gründe nach Satz 1 entfallen, ist die persönliche Anhörung nachzuholen.

(3) Das Gericht kann den Betroffenen durch die zuständige Behörde vorführen lassen, wenn er sich weigert, an Verfahrenshandlungen nach Absatz 1 Satz 1 mitzuwirken.

(4) Das Gericht kann einen Sachverständigen hinzuziehen, wenn es den Betroffenen persönlich anhört und sich einen unmittelbaren Eindruck von ihm verschafft. Auf Verlangen des Betroffenen ist einer Person seines Vertrauens die Anwesenheit zu gestatten. Anderen Personen kann das Gericht die Anwesenheit gestatten, jedoch nicht gegen den Willen des Betroffenen.

(5) Das Ergebnis der Anhörung, das Gutachten des Sachverständigen oder das ärztliche Zeugnis, der etwaige Umfang des Aufgabenkreises und die Frage, welche Person oder Stelle als Betreuer in Betracht kommt, sollen in der Regel mit dem Betroffenen mündlich erörtert werden (Schlußgespräch). Die Verfahrenshandlungen nach Absatz 1 Satz 1 und das Schlußgespräch können in einem Termin stattfinden. Absatz 4 Satz 2 und 3 gilt entsprechend.

§ 68 a

Vor der Bestellung eines Betreuers oder der Anordnung eines Einwilligungsvorbehalts gibt das Gericht der zuständigen Behörde Gelegenheit zur Äußerung, wenn es der Betroffene verlangt oder wenn es der Sachaufklärung dient. .....

§ 68 b

(1) Ein Betreuer darf erst bestellt werden, nachdem das Gutachten eines Sachverständigen über die Notwendigkeit der Betreuung eingeholt worden ist. Für die Bestellung eines Betreuers auf Antrag des Betroffenen genügt ein ärztliches Zeugnis, wenn der Betroffene auf die Begutachtung verzichtet hat und die Einholung des Gutachtens insbesondere im Hinblick auf den Umfang des Aufgabenkreises des Betreuers unverhältnismäßig wäre. Ein ärztliches Zeugnis genügt auch, wenn ein Betreuer nur zur Geltendmachung von Rechten des Betroffenen gegenüber seinem Bevollmächtigten bestellt wird. Der Sachverständige hat den Betroffenen vor Erstattung des Gutachtens persönlich zu untersuchen oder zu befragen. Kommt nach Auffassung des Sachverständigen die Bestellung eines Betreuers in Betracht, so hat sich das Gutachten auch auf den Umfang des Aufgabenkreises und die voraussichtliche Dauer der Betreuungsbedürftigkeit zu erstrecken.

(2) Für die Anordnung eines Einwilligungsvorbehalts gilt Absatz 1 Satz 1, 4 und 5 entsprechend.

(3) Das Gericht kann anordnen, daß der Betroffene zur Vorbereitung eines Gutachtens untersucht und durch die zuständige Behörde zu einer Untersuchung vorgeführt wird.

(4) Das Gericht kann nach Anhörung eines Sachverständigen anordnen, daß der Betroffene auf bestimmte Dauer untergebracht und beobachtet wird, soweit dies zur Vorbereitung des Gutachtens erforderlich ist. Der Betroffene ist vorher persönlich anzuhören. Die Unterbringung darf die Dauer von sechs Wochen nicht überschreiten. Reicht dieser Zeitraum nicht aus, um die erforderlichen Erkenntnisse für das Gutachten zu erlangen, so kann die Unterbringung bis zu einer Gesamtdauer von drei Monaten verlängert werden. Für die Vorführung gilt Absatz 3 entsprechend.

§ 69

(1) Die Entscheidung, durch die ein Betreuer bestellt oder ein Einwilligungsvorbehalt angeordnet wird, muß enthalten

1. die Bezeichnung des Betroffenen,
2. bei Bestellung eines Betreuers die Bezeichnung
   a) des Betreuers,
   b) seines Aufgabenkreises,
3. bei Bestellung eines Vereinsbetreuers oder Behördenbetreuers zusätzlich die Bezeichnung
   a) als Vereinsbetreuer oder Behördenbetreuer,
   b) des Vereins oder der Behörde,
4. bei Anordnung eines Einwilligungsvorbehalts die Bezeichnung des Kreises der einwilligungsbedürftigen Willenserklärungen,
5. den Zeitpunkt, zu dem die Maßnahme endet, wenn sie nicht vorher verlängert wird; dieser Zeitpunkt darf höchstens fünf Jahre nach Erlaß der Entscheidung liegen,
6. eine Rechtsmittelbelehrung.

(2) Die Entscheidung ist auch im Falle der Ablehnung einer Maßnahme zu begründen.

§ 69 a

(1) Entscheidungen sind dem Betroffenen stets selbst bekanntzumachen. Von der Bekanntmachung der Entscheidungsgründe an den Betroffenen kann abgesehen werden, wenn dies nach ärztlichem Zeugnis wegen erheblicher Nachteile für seine Gesundheit erforderlich ist.

(2) .....

(3) Entscheidungen werden mit der Bekanntmachung an den Betreuer wirksam .....

§ 69 b

(1) Der Betreuer wird mündlich verpflichtet. Er ist über seine Aufgaben zu unterrichten. Die Sätze 1 und 2 gelten nicht für Vereinsbetreuer, Behördenbetreuer, Vereine und die zuständige Behörde.

(2) Der Betreuer erhält eine Urkunde über seine Bestellung. .....

(3) .....

§ 69 c

(1) Hat das Gericht einen Verein oder die zuständige Behörde zum Betreuer bestellt, so prüft es in Abständen von höchstens einem Jahr, ob anstelle des Vereins oder der Behörde eine oder mehrere natürliche Personen zum Betreuer bestellt werden können.

(2)

.

.

.

(3)

§ 69 d

(1) Das Gericht hat den Betroffenen vor einer Entscheidung nach den §§ 1821, 1822, 1823, 1825, 1904, § 1907 Abs. 1 und § 1908 des Bürgerlichen Gesetzbuchs persönlich anzuhören. .....

(2)

.

.

.

(3)

§ 69 l

(1) Entscheidungen teilt das Vormundschaftsgericht anderen Gerichten, Behörden oder sonstigen öffentlichen Stellen mit, soweit dies unter Beachtung berechtigter Interessen des Betroffenen nach den Erkenntnissen im gerichtlichen Verfahren erforderlich ist, um eine erhebliche Gefahr für das Wohl des Betroffenen, für Dritte oder für die öffentliche Sicherheit abzuwenden.

(2) Ergeben sich im Verlauf eines gerichtlichen Verfahrens Erkenntnisse, die eine Mitteilung nach Absatz 1 vor Abschluß des Verfahrens erfordern, so hat das Gericht unverzüglich Mitteilung zu machen.

(3) Das Vormundschaftsgericht unterrichtet zugleich mit der Mitteilung den Betroffenen, seinen Pfleger für das Verfahren und seinen Betreuer über deren Inhalt und über den Empfänger. Die Unterrichtung des Betroffenen unterbleibt, wenn

1. der Zweck des Verfahrens oder der Zweck der Mitteilung durch die Unterrichtung gefährdet würde,
2. nach ärztlichem Zeugnis hiervon erhebliche Nachteile für die Gesundheit des Betroffenen zu besorgen sind oder
3. der Betroffene nach dem unmittelbaren Eindruck des Gerichts offensichtlich nicht in der Lage ist, den Inhalt der Unterrichtung zu verstehen.

Sobald die Gründe nach Satz 2 entfallen, ist die Unterrichtung nachzuholen.

(4) Der Inhalt der Mitteilung, die Art und Weise ihrer Übermittlung, der Empfänger, die Unterrichtung des Betroffenen oder die Gründe für das Unterbleiben dieser Unterrichtung sowie die Unterrichtung des Pflegers für das Verfahren und des Betreuers sind aktenkundig zu machen.

(5) Der Empfänger darf die übermittelten personenbezogenen Informationen, soweit gesetzlich nichts anderes bestimmt ist, nur zu dem Zweck verwenden, zu dem die Informationen übermittelt worden sind.

(6) Der Empfänger löscht die mitgeteilte personenbezogene Information, soweit er sie zur Erfüllung seiner Aufgabe nicht mehr benötigt. Stehen der Löschung gesetzliche Aufbewahrungsfristen entgegen oder ist die Löschung nur mit unverhältnismäßigem Aufwand möglich, tritt an ihre Stelle eine Sperrung.

IV. Unterbringungssachen

§ 70

(1) Die folgenden Vorschriften gelten für Verfahren über Unterbringungsmaßnahmen. Unterbringungsmaßnahmen sind

1. die Genehmigung einer Unterbringung, die mit Freiheitsentziehung verbunden ist,
   a) eines Kindes (§§ 1631 b, 1705, 1800, 1915 des Bürgerlichen Gesetzbuchs) und

b) eines Betreuten (§ 1906 Abs. 1 bis 3 des Bürgerlichen Gesetzbuchs);

2. die Genehmigung einer unterbringungsähnlichen Maßnahme (§ 1906 Abs. 4 des Bürgerlichen Gesetzbuchs) und

3. die Anordnung einer freiheitsentziehenden Unterbringung nach den Landesgesetzen über die Unterbringung psychisch Kranker.

(2) Für Unterbringungsmaßnahmen sind die Vormundschaftsgerichte zuständig. Die §§ 65, 65 a finden entsprechende Anwendung. Ist bereits ein Verfahren zur Bestellung eines Betreuers, eine Betreuung, eine Vormundschaft oder Pflegschaft anhängig, so ist dieses Gericht zuständig.

(3)

.

.

.

(4)

§ 70 e

(1) Vor einer Unterbringungsmaßnahme hat das Gericht das Gutachten eines Sachverständigen einzuholen, der den Betroffenen zu untersuchen oder zu befragen hat. Der Sachverständige soll in der Regel Arzt für Psychiatrie sein; in jedem Fall muß er Arzt mit Erfahrungen auf dem Gebiet der Psychiatrie sein.

(2) § 68 b Abs. 3 und 4 gilt entsprechend.

§ 70 g

(1)

.

.

.

(4)

(5) Die zuständige Behörde hat den Betreuer, die Eltern, den Vormund oder Pfleger auf ihren Wunsch bei der Unterbringung nach § 70 Abs. 1 Satz 2 Nr. 1 zu unterstützen. Gewalt darf die zuständige Behörde nur auf Grund besonderer gerichtlicher Entscheidung anwenden. Die zuständige Behörde ist befugt, erforderlichenfalls die Unterstützung der polizeilichen Vollzugsorgane nachzusuchen.

Karl-Dieter F. Pardey, Dr. jur., Vorsitzender Richter am Landgericht Braunschweig, Fachhochschullehrer an dem Fachbereich Rechtspflege der Nds. Fachhochschule für Verwaltung und Rechtspflege, Hildesheim.
Geb. 2.11.1948. Nach dem Studium (1967 - 1971) Referendardienst im OLG-Bezirk Braunschweig. 1974 bis 1977 Richter. Zum Staatsanwalt ernannt. 1979 bis 3/1983 Fachhochschullehrer. 4/1983 bis 10/1986 Richter. Seitdem wieder Fachhochschullehrer.

Veröffentlichungen:

Vormundschaft und Pflegschaft, Bielefeld 1988

Verfassungsrechtliche Rahmenbedingungen einer gesetzlichen Neuregelung der bürgerlich-rechtlichen Betreuung Volljähriger, Diss. Göttingen 1988

Aufsätze:

- Vermögensherausgabe und Rechenschaftslegung, DAVorm 1987, 415
- Vermeidung von Diskriminierung durch Verzicht auf Begriffsbildung, Rpfleger 1987, 402
- Vormundschaftsgerichtliche Genehmigungen bei der Regelung des Unterhalts für nichteheliche Kinder, FamRZ 1987, 873
- Gesetzlich Vertretene als Erben eines Kaufmannes oder Komplementärs, FamRZ 1988, 460
- Betreuung für Volljährige, ZRP 1988, 330
- Wider die Formulare zur Bestimmung von Aufgabenkreisen, Rpfleger 1988, 451

Sowie: Klausurenkursreihe in RpflStud Hefte 2/87 bis 2/88, wird 1989 fortgesetzt.